붓다와 39인의 제자

붓다와 39인의 제자

2015년 2월 23일 초판 1쇄 발행
2015년 5월 20일 초판 2쇄 발행
2021년 9월 30일 재판 1쇄 발행

지은이 이자랑
펴낸이 박기련
펴낸곳 도서출판 한걸음 · 더

출판등록 제2020-000110호(2020.7. 9.)
주소 04626 서울시 중구 퇴계로36길2 신관1층 105호
전화 02-2264-4714
팩스 02-2268-7851
Homepage http://dgpress.dongguk.edu
E-mail abook@jeongjincorp.com

편집디자인, 인쇄 (주)도반HC

ISBN 978-89-93814-42-2 03220
값 15,000원

- 이 책의 무단 전재나 복제 행위는 저작권법 제98조에 따라 처벌받게 됩니다.
- 잘못된 책은 바꾸어 드립니다.

붓다와 39인의 제자

이자랑 지음

한걸음 · 더

프롤로그
-재판 인사를 겸하여-

우리는 지금도 붓다를 만나고 있다

이 책 속에는 비구 19명, 비구니 9명, 우바새 6명, 우바이 5명의 이야기가 담겨 있다. 45년이라는 결코 짧지 않은 전법 기간 동안 부처님을 만나 가르침을 받은 수많은 사부대중四部大衆 가운데, 특히 그 삶이나 부처님과의 만남이 인상적이라고 느낀 사람들을 자의적으로 선정하여 이야기 형식으로 소개하였다.

부처님 당시의 인도 사회는 정치·경제·사회·종교적으로 큰 변화를 겪고 있던 격동기였다. 정치적으로는 대국의 소국 병합을 위한 피비린내 나는 전쟁의 혼란기였고, 경제적으로는 매우 풍요로웠으며 특히 도시를 배경으로 등장한 거대한 부의 소유자인 자산가들의 활약이 돋보였다. 사회적으로는 국왕이나 자산가들이 인도사회의 상층계급을 형성하며 사성계급이라는 바라문 중심의 기존 가치 체계에 변화를 일으키고 있었다. 그리고 종교적으로는 바라문들의 제식 효과를 의심하기 시작한 사람들이 좀 더 고차원적인 가르침을 원하며 자신이 믿고 의지할 스승과 가르침을 갈구하고 있었다.

정치적 혼란과 경제적 풍요로움, 기존 질서의 변화, 가치관의 혼란 등, 이 책에서 소개하고 있는 39명의 불제자(마지막에 소개한 마간디야는 제자라 볼 수 없기 때문에, 엄밀히 말하면 38명이다)의 삶 속에는 이러한 시대적 배경이 고스란히 담겨 있다. 전쟁에서 남편과 자식을 잃은 여인들의 슬픔과 고통, 눈 먼 권력욕에 부왕을 살해하는 천륜까지 저지르며 왕위에 오른 자의 뒤 늦은 후회, 풍요로운 삶 속에서 방황하며 자신을 잃고 헤매는 젊은이들의 절규, 날마다 불을 섬기며 제식의 효능을 맹신하는 종교인들의 자만, 질긴 애욕의 덫에서 빠져 나오지 못한 채 고통스러워하는 가엾은 여인들의 절망, 천한 신분으로 태어난 자들의 고뇌 등 애절하고 안타까운 사연이 넘쳐난다. 도대체 이들의 고통은 어떻게 끝을 맺을 수 있을까? 그 고통의 끝은 있는 것일까?

이들과 부처님의 만남은 그 고통의 끝을 위해 준비된 선물이었다. 이들이 부처님을 만났을 때, 그 애절하고 안타까운 삶은 오히려 깨달음을 얻기 위한 하나의 동인으로 작용하며, 그들에게 삶의 지혜와 평안을 주고 있다. 고통의 원인을 꿰뚫어 볼 수 있는 혜안을 갖추게 된 그들에게 있어 고통은 더 이상 고통으로 머물지 않게 된 것이다. 그리고 이들과 부처님의 만남은 거기서 끝나지 않았다. 부처님을 통해 행복을 얻은 이들과 이들을 만난 사람들 역시 탐·진·치의 깊은 그늘에서 벗어나 평온하고 행복한 삶을 발견해 갔다. 보리수 아래에서 정각을 이룬 한 수행자의 깨달음이 사람과 사람을 통해 끝없이 이어져 간 것이다.

지금까지도 그 흐름이 이어지고 있다면 과언일까? 사람의 삶이란 것이 2,600여 년 전의 인도이든 21세기의 현대이든 본질적으로 뭐 그리 다를 것이 있겠는가. 부와 명예에 대한 탐욕, 사랑하는 것에 대한 애착, 증오하는 것에 대한 분노 등 고통을 유발하는 원인은 크게 다르지 않다. 분명 우리 주변에도 붓다가 있을 것이다. 지금도 우리는 붓다를 만나고 있을 것이다. 그들과의 만남을 통해 우리 역시 붓다가 되어 세상을 밝혀 가야 한다.

이 책에 실린 39편의 글은 '붓다를 만난 사람들'이라는 제목으로 2010년 4월부터 2011년 12월에 걸쳐 〈법보신문〉에 연재했던 것임을 밝혀 둔다. 〈법보신문〉의 이재형 기자님께 감사드린다. 연재 제안을 해 주었을 뿐만 아니라, 원고를 넘기면 항상 의견을 들려주며 격려를 잊지 않았다.

부처님과의 만남을 통해 삶의 고통을 극복하고 불제자가 되어 깨달음을 추구해 간 39명의 이야기는 예상보다 훨씬 많은 분들이 좋아해 주셨다. 인물을 통해 초기불교에 대한 이해가 깊어졌다는 분도 계셨고, 한 명 한 명의 극적인 삶에서 위안과 용기를 얻었다는 분도 계셨다. 본인의 유튜브 채널에서 매회 한 명씩 소개해 주는 분도, 강의에서 교재로 사용해 주는 분도 계셨다. 또한 법보시해 주는 분도 적지 않았다. 덕분에 이렇듯 재판의 영광을 누리게 되었다. 녹록치 않은 교계 출판 사정에도 불구하고 재판이 가능했던 것은 오로지 이 모든 분들의 관심과 사랑 덕분이다. 진심으로 감사드린다. 그리고 재판을 결정하고, 이후 표지나 교정 등 다방면에 걸쳐 세심하게 애써주신 동국대학교 출판문화원의 관계자 선생님들에게도 이 자리를 빌려 감사의 인사를 전한다.

"정말 고맙습니다."

끝으로, 이 책에 나오는 기구한 운명의 여성들 못지않게 굴곡 많은 인생을 살면서 부처님과 그 법에 의지하여 살아온 한 여인에게 이 책을 바친다. 내 어머니… 6년 전 이 책을 처음 출판할 때와 달리 이제는 고인故人이 되었지만…. 불법에 대한 믿음과 실천을 기반으로 한 치의 흐트러짐도 없이 담담히 삶을 마감하는 모습을 보며, 누구나 겪을 수밖에 없는 노병사의 고통 속에서 부처님의 가르침이 얼마나 큰 빛을 발할 수 있는지 새삼 경외감을 느꼈다.

이 책이 고된 삶을 살아가는 혹은 좀 더 가치 있는 삶을 바라는 사람들에게 조금이나마 위안이 되고 격려가 된다면 더할 나위 없이 기쁘고 감사할 것 같다.

2021년 9월 6일
이자랑

차례

프롤로그 _ 우리는 지금도 붓다를 만나고 있다 | 004

비구比丘 • 남자 승려

부처님의 첫 번째 제자 _ **콘단냐** Kondañña | 013
사치와 호화로운 삶에서 길을 잃은 _ **야사** Yasa | 021
불을 피우고 불을 섬긴 _ **캇사파** Kassapa **3형제** | 030
10대 제자 중에서도 제1의 제자 _ **사리풋타** Sāriputta | 041
카리스마 넘치는 행동형 수행승 _ **목갈라나** Moggallāna | 049
고행이 하나도 힘겹지 않은 _ **마하캇사파** Mahākassapa | 057
물질 대신 법의 유산을 받은 부처님의 아들 _ **라훌라** Rāhula | 065
감관을 제어한 자들 가운데 최상 _ **난다** Nanda | 074
육체의 눈을 잃고 법의 눈을 얻은 _ **아누룻다** Anuruddha | 083
눈짓만으로도 부처님의 마음을 헤아린 _ **아난다** Ānanda | 091
명문가 자제들과 함께 출가한 궁중 이발사 _ **우팔리** Upāli | 100
법을 알기 쉽게 풀어 전하는 능력자 _ **마하캇차야나** Mahākaccāyana | 108
해상무역의 대상인, 빛나는 화술을 지닌 _ **푼나** Puṇṇa | 116
'지붕이 있으나 없으나' 공의 진리에 으뜸인 _ **수부티** Subhūti | 124

불교를 무척 싫어한 이교도 _ **바라드와자** Bhāradvāja _| 132

사람을 죽여 손가락을 목에 걸고 다닌 _ **앙굴리말라** Aṅgulimāla _| 140

총명함 대신 우직함으로 진리를 깨우친 _ **출라판타카** Cūḷapanthaka _| 148

탐진치의 불에 스스로 타 죽고 만 _ **데와닷타** Devadatta _| 156

부처님의 마부였다는 이유로 교만해진 _ **찬나** Channa _| 164

비구니比丘尼 • 여자 승려

최초의 비구니가 된 부처님의 양모 _ **마하파자파티** Mahāpajāpatī _| 175

남편과 아들을 모두 출가시킨 부처님의 아내 _ **야소다라** Yasodharā _| 183

자식 잃은 슬픔을 딛고 수행자로 다시 태어난 _ **키사 고타미** Kisa_Gotamī _| 191

온가족을 잃은 슬픔에 알몸으로 헤맨 _ **파타차라** Paṭācārā _| 199

어머니와 딸에게 남편을 빼앗긴 기구한 운명 _ **웁파라완나** Uppalavaṇṇā _| 207

전신의 노화를 시로 생생하게 읊은 미녀 _ **암바팔리** Ambapālī _| 215

허망함을 깨달은 순간 버릴 줄 안 용기, 왕비 _ **케마** Khemā _| 223

남편과 나란히 출가의 뜻을 펼친 _ **밧다 카필라니** Bhaddā Kapilānī _| 231

어느 날 갑자기 남편의 사랑을 잃은 _ **담마딘나** Dhammadinnā _| 239

우바새 優婆塞 • 남자 재가신도

부처님의 평생 친구로 불교에 공헌한 왕 _ **빔비사라** Bimbisāra_| 249

부처님을 모델로 선정을 펼친 왕 _ **파세나디** Pasenadi_| 257

막대한 재산을 올바로 사용할 줄 안 _ **수닷타** Sudatta_| 265

뛰어난 의술과 환자에 대한 진정한 자비, 명의 _ **지와카** Jivaka_| 273

권력욕 때문에 아버지를 죽음으로 내몬 _ **아자타삿투** Ajātasattu_| 281

부처님의 고향 석가 족을 멸망시킨 _ **위두다바** Viḍūdabha_| 289

우바이 優婆夷 • 여자 재가신도

말리 화원의 옥의 티, 노예 출신 _ **말리카** Mallikā_| 299

시아버지를 교화한 며느리 _ **위사카 미가라마타** Visākhā Migāramātā_| 307

남편의 시중을 들어 달라는 제안을 받은 유녀 _ **시리마** Sirimā_| 315

이교도 교리의 모순을 적나라하게 지적한 _ **푼니카** Puṇṇikā_| 323

부처님과의 만남이 누구보다 아쉬운 여자 _ **마간디야** Māgandiyā_| 331

비구比丘 ●남자 승려

부처님의 첫 번째 제자
콘단냐 Kondañña

> 깨달은 이들의 출현은 기쁘고, 참된 진리의 가르침도 기쁘다.
> 승가僧伽의 화합도 기쁘고, 화합한 이들의 수행도 기쁘다.
> - 『담마파다』 194게

"콘단냐야, 마침내 네가 깨달음을 얻었구나."

깨달음을 얻은 첫 제자가 탄생하자 부처님은 크게 기뻐하셨다. 자신의 가르침을 듣고 자신과 똑같이 깨달음의 문을 연 사람이 생긴 것이다. 부처님에게 그 모습을 드러냈던 진리가 콘단냐에게로 이어졌다. 이제 그 진리의 빛은 세상 곳곳을 비추며 퍼져 갈 것이다. 콘단냐의 깨달음은 그 가능성을 보여 주는 것이었다.

스스로 깨달음의 경지를 체득했다는 것과 이를 다른 사람에게 전달한다는 것은 분명 또 다른 문제였다. 네란자라 강변의 보리수 밑에서 깨달음을 얻었을 때, 부처님은 자신이 발견한 법法의 미묘함을 재인식하며 과연 이를 다른 사람에게 전할 것인가 아니면 그냥 침묵하고 말 것인가 망설였다. 자신이 깨달은 진리를 세간 사람들에게 말해도 결국 이해받지 못한 채 피로하기만 한 것은 아닐까, 자신이 가르침을 전해도 탐진치貪瞋癡(탐욕, 성냄, 어리석음)로 덮여 있는 사람들이 과연 그 심원하고 난해하며 미묘한 진리를 이해할 수 있을까. 이와 같은 생각은 점차 부처님에게서 설법과 교화에 대한 의욕을 빼앗아 갔다.

전승傳承에 의하면, 이때 부처님의 마음을 읽은 범천梵天 사함파티는 간곡히 청했다고 한다.

"세존이시여! 바라옵건대 법을 설說해 주십시오. 선서善逝시여! 바라옵건대 법을 설해 주십시오. 세상에는 천성적으로 그리 때 묻지 않은 사람들도 있습니다. 만약 그들조차도 법을 듣지 못한다면 퇴보해 버리고 말 것입니다. 하지만 법을 듣는다면 진리를 깨달을 것입니다."

범천의 청을 들은 부처님은 중생에 대한 연민을 가지고 다시 한번 세간을 둘러보셨다. 세상에는 더러움이 많은 자도 있지만 더러움이 적은 자도 있었다. 또한 영리한 자도 있지만 어리석은 자도 있었다. 그리고 내세의 죄과에 대한 공포를 알고 생활하는 자도 있었다. 이 모든 것을 관찰한 부처님은 그 자리에서 일어나신다. 생로병사의 고통 속에서 신음하는 많은 사람들을 위해 진리를 말하리라 결심하신 것이었다.

'범천의 권청勸請'이라 표현되는 이 사건은 '깨달은 자(覺者)'인 부처님이 깨닫기 전의 자신과 똑같은 괴로움을 짊어지고 살아가는 세간 사람들에게 눈을 돌리고, 먼저 진리를 본 자로서 그 길을 세상 사람들과 더불어 함께할 것을 결심하게 되기까지의 미묘한 심리 변화를 표현한 것으로, 부처님의 깨달음이 개인의 것으로 끝나지 않고 세상 속으로 퍼져 가게 되는 과정을 보여 주는 중요한 에피소드다.

이렇게 해서 설법을 결심한 부처님이 다음으로 고민한 것은 설법 대상이었다. 자신이 깨달은 그 미묘한 법을 들려주었을 때 이를 이해할 수 있는 근기根機를 지닌 사람이 필요했다. 가장 먼저 떠올린 것은 알라라 칼라마와 웃다카 라마풋타. 당시 선정禪定 수행의 대가로 알려졌던 이들은 부처님이 깨달음을 얻기 전에 스승으로 삼았던 사람들이다. 하지만 아쉽게도 이들은 이미 저 세상으로 가고 없었다. 다음으로 떠올린 것이 바로 부처님이 한때 더불어 고행 생활을 했던 다섯 명의 동료 수행자였다. 콘단냐, 빗디야, 왑파, 마하나마, 그리고 앗사지. 싯닷타 태자가 죽음을 불사하고 맹렬히 고행을 실천하고 있다는 소문을 들은 부왕 숫도다나가 석가 국의 바라문 계급 자제들 중에서 선발해 태자의 비호庇護를 위해 보낸 자들이었다. 이들은 혹독한 고행을 실천하는 싯닷타를 존경하며 함께 수행하고 있었는데, 어느 날 그가 고행을 버리고 네란자라 강에서 목욕하고 수자타라는 여인이 건네준 우유죽을 먹는 것을 본 후 타락했다고 오해하며 곁을 떠난 자들이었다.

부처님은 다섯 명의 수행자가 있는 바라나시의 미가다야를 향해 길을 떠났다. 미가다야는 사슴 동산(녹야원鹿野苑)이라는 의미인데, 당시 선인타처仙人墮處, 즉 선인들이 모여 사는 곳이라 불릴 정도로 온갖 종교인들이 모여 생활하고 있었다. 부처님과 헤어진 후 이들은 이곳에서 자기들끼리 수행을 계속하고 있었다. 저 멀리서 부처님이 자신들을 향해 걸어오고 있는 것을 본 그들은 서로 약속했다.

"저기 수행자 고타마가 오고 있네. 그는 고행을 싫어해서 사치스런 생활로 되돌아간 타락한 자가 아니던가. 그가 와도 우리는 인사도 하지 말고, 일어나 맞이하지도 말고, 발우와 가사를 받아 주지도 말도록 하세."

하지만 부처님이 점점 가까이 다가오자 그 위의威儀에 감화된 그들은 자신들이 한 약속을 잊어버리고 일어나서 부처님을 맞이했다고 한다. 예전과 마찬가지로 이름으로, 혹은 벗이라는 말로 자신을 부르는 그들에게 부처님은 말씀하셨다.

"수행승들이여, 여래를 이름이나 벗이라는 말로 불러서는 안 된다. 여래는 마땅히 공양받아야 할 분이며, 바르고 원만하게 깨달은 분이다. 수행승들이여, 귀를 기울여라. 나는 불사不死의 경지를 증득證得했다. 이제 법을 설하겠노라. 너희가 배운 대로 행한다면 머지않아 양가의 자식들이 출가할 때 품었던 목적인 범행梵行의 궁극적인 완성을 이 세상에서 스스로 알고 증득하고 체현하게 될 것이다."

그러나 다섯 명의 수행자는 오히려 부처님을 힐난했다.
"벗 고타마여, 고행을 닦고 실천하고 수행해도 인간의 영역을 넘어서는 성스러운 지견智見을 얻기 어려운데, 하물며 고행을 싫어해 사치스런 생활로 돌아간 타락한 자인 네가 어떻게 인간의 영역을 넘어서는 성스러운 지견을 얻을 수 있단 말인가?"
두 번 세 번에 걸쳐 힐난이 반복되자, 부처님은 말씀하셨다.
"수행승들이여, 잘 생각해 보거라. 내가 예전에 이와 같이 말한 적이 있었느냐?"
"없습니다."
부처님은 이어서 말씀하셨다.

"수행승들이여, 여래는 바르고 원만하게 깨달은 분이다. 수행승들이여, 귀를 기울여라. 나는 불사의 경지를 증득했다. 이제 법을 설하겠노라. 너희가 배운 대로 행한다면 머지않아 양가의 자식들이 출가할 때 품었던 목적인 범행의 궁극적인 완성을 이 세상에서 스스로 알고 증득하고 체현하게 될 것이다."

마음을 연 다섯 비구는 부처님의 말씀에 귀를 기울여 잘 들으려 했고, 참된 지혜를 얻고자 하는 마음을 일으켰다. 이렇게 해서 부처님은 바라나시의 미가다야에서 다섯 비구를 대상으로 쾌락과 고행의 양 극단을 떠나는 중도中道의 가르침을 주제로 초전법륜初轉法輪을 하게 되었다.

"비구들이여, 두 가지 극단이 있으니 출가자들은 결코 가까이해서는 안 된다. 두 가지란 무엇인가? 하나는 여러 가지 애욕에 빠져 그것을 즐기는 것이니, 이는 열등하고 세속적이고 범부凡夫의 짓이며 성스럽지 못하고 이익 되는 바가 없느니라. 다른 하나는 스스로를 괴롭히는 짓에 빠져 고통스러워하는 것이니, 이 역시 성스럽지 못하고 이익 되는 바가 없느니라. 비구들이여, 여래는 이 두 가지 극단을 버리고 중도를 원만히 잘 깨달았다. 중도는 눈을 뜨게 하고 앎을 일으킨다. 그리고 고요함과 수승殊勝한 앎과 바른 깨달음과 열반에 도움이 된다.

그렇다면 비구들이여, 여래가 원만히 잘 깨달았고, 눈을 뜨게 하고, 앎을 일으키고, 고요함과 수승한 앎과 바른 깨달음과 열반에 도움이 되는 중도란 무엇인가? 그것은 곧 여덟 가지 성스러운 길(八正道)을 말하는 것이니, 정견正見, 정사유正思惟, 정어正語, 정업正業, 정명正命, 정정진正精進, 정념正念, 정정正定이니라. 비구들이여, 이것이 여래가 원만히 잘 깨달았고 열반에 도움이 되는 중도이니라."

이와 같은 설법을 듣고 다섯 명의 수행자 가운데 가장 먼저 깨달음을 얻은 것이 바로 콘단냐, 즉 교진여憍陳如였다. 이어 밧디야와 왑파 두 사람이, 그리고 마지막으로 마하나마와 앗사지 두 사람이 깨달음을 얻었다고 한다.

아쉽게도 이 다섯 비구에 관해서는 개인적인 신상이나 출가 후의 생활에 관한 구체적인 정보를 얻기 힘들다. 하지만 『테라가타』에 전해지는, 이들이 읊은 게송의 내용 등으로 보아 부처님이 첫 설법 대상으로 삼기에 조금도 손색이 없을 정도로 수행이나 위의 면에서 모두 뛰어난 자들이었던 것 같다. 사리풋타가 첫눈에 그 위의에 반해 개종을 결심하게 된 것은 다섯 비구 가운데 한 명인 앗사지였다. 특히 가장 먼저 깨달음을 얻었던 콘단냐는 다섯 비구 가운데 대장 역할을 하던 인물로, 관대하고 인자한 성품에 박식함까지 갖춰 대중에게 큰 존경을 받았다고 한다. 카필라 성 근처의 마을에서 바라문의 아들로 태어난 그는 점성가의 명인으로 일찍이 부처님이 탄생했을 때 그 장래 예언을 위해 초대된 바라문 가운데 최연소자였다. 이미 고령이었던 그는 자신을 어려워하는 사리풋타나 목갈라나 같은 유능한 후배들을 배려해 부처님께 숲 속에 있는 만다키니 호숫가에서 살도록 허락해 달라고 간절히 청했다. 부처님이 허락하시자 그는 그곳에서 조용히 홀로 수행하며 살았다고 한다. 그렇게 12년을 보낸 후 그는 이 세상에서의 삶이 얼마 남지 않았음을 알고는 부처님을 찾아와 마지막 작별 인사를 고하고 다시 호숫가로 돌아가 곧 입멸했다. 숲 속에서 홀로 지내는 그를 위해 음식을 날라 주던 많은 코끼리들이 장례를 해 주고, 히말라야 산이 그의 죽음을 슬퍼해 통곡했다고 하는 전승을 통해 콘단냐가 얼마나 위대하고 따뜻한 수행자였는지를 엿볼 수 있다.

이런 저런 수식이 뭐가 필요하겠는가. 부처님이 첫 번째 설법 대상으로 선택하셨고, 그 가르침에 따라 깨달음을 얻어 평생 수행자답게 살아간 콘단냐, 그리고 밧디야, 왑파, 마하나마, 앗사지. 이렇게 부처님을 포함한 여섯 명의 훌륭한 아라한阿羅漢으로 승가는 첫 발을 내디뎠고, 이후 진리는 온 세상을 비추며 고통 받는 사람들의 마음으로 퍼져 나갔다. 콘단냐를 비롯한 다섯 비구의 존재가 그 누구보다 소중한 이유다.

사치와 호화로운 삶에서 길을 잃은
야사Yasa

> 항상 불길에 싸여 있으면서 무엇이 그리 재미있고 무엇이 그리 즐거운가.
> 암흑에 둘러싸인 채 등불은 찾지 않을 것인가.
> - 『담마파다』 146게

다섯 명의 비구에게 초전법륜을 하신 지 얼마 지나지 않은 어느 날 새벽이었다. 좌선坐禪을 즐기시던 부처님은 피로를 느껴 잠시 쉬고자 경행經行을 하고 계셨다. 그때였다. 어디선가 절규하듯 외치는 소리가 들렸다.

"아, 싫다. 괴롭다. 너무나도 고통스럽다."

소리가 나는 쪽을 돌아본 부처님의 눈에 들어온 것은 한 젊은이였다. 무엇이 그리도 힘겨운지 그는 괴롭다는 말을 연발하며 주위도 아랑곳하지 않은 채 정처 없이 새벽녘의 산야山野를 헤매고 있었다. 잠시 그를 관찰하던 부처님은 경행처에서 내려가 준비된 자리에 앉으셨다. 부처님이 바라보고 있는 줄도 모른 채 그는 울부짖으며 걸어왔다. 부처님은 따뜻한 어조로 말을 건네셨다.

"이곳에는 괴로움이 없다네, 비참함도 없다네. 어서 이리 와 앉으시게. 내 그대를 위해 법을 설하겠네."

갑자기 자신 앞에 나타난 수행자, 그리고 그의 입에서 흘러나온 말에 그는 한줄기 가느다란 희망을 느꼈다. 앞에 앉은 그를 위해 부처님은 먼저 이렇게 설법을 시작하셨다.

"보시를 실천하고 계율을 지키면 하늘에 나게 되느니라. 여러 애욕에는 환난患難과 공허함과 번뇌가 있기 마련이니, 애욕에서 벗어나면 큰 공덕이 드러날 것이다."

부처님은 그에게 보시의 가르침, 지계의 가르침, 생천의 가르침, 모든 욕망의 재난과 해악과 더러움 및 출리出離의 뛰어난 이익에 대해 말씀하셨다. 가난한 자나 종교가 등에게 자비의 마음으로 보시를 행하고, 생물을 괴롭히거나 다른 사람의 재물을 빼앗거나 거짓말하거나 간음하거나 술을 마시는 것과 같은 잘못된 생활을 하지 않는다면, 그 과보로 내세에는 하늘에 태어나 행복한 생활을 할 수 있다고 하는 시론施論·계론戒論·생천론生天論의 이 설법은 원래 불교 이전부터 당시 인도의 일반 민중들 사이에서 널리 신앙되고 있던 사상으로, 부처님은 난해한 교리가 아닌 일반적인 인과응보의 도덕론으로 그의 마음을 먼저 사로잡고

자 하신 것이었다. 이는 부처님이 재가신도를 대상으로 주로 펼친 설법 형식인데, 상대방이 업보 사상을 이해하고 인과의 도리를 올바르게 신앙하게 되면 이어 불교적인 고집멸도苦集滅道의 사제를 설하는 것이 일반적이었다. 이를 차제설법次第說法이라고 한다. 만일 상대방의 마음이 인과의 도리를 인정하지 않는다면, 아무리 사제나 인연법을 설해도 받아들이지 않을 것이기 때문이다.

보시·지계·생천의 가르침을 듣고 그의 마음이 건전하고 유연하며 편견에 사로잡히지 않고 환희용약歡喜勇躍하는 마음이 되었음을 아신 부처님은 이어 사제를 설하셨다. 그는 마치 청정하고 오점 하나 없는 천이 깨끗하게 물들듯이, 그 자리에서 '인연법에 의해 모이고 생기生起하는 성질이 있는 것은 모두 멸滅하는 성질이 있는 것이다'라며, 즉시 사제의 도리를 이해하고 진리를 보는 눈을 얻어 제1단계의 성자가 되었다고 한다. 부처님과 운명적 만남을 이룬 이 젊은이의 이름은 야사. 다섯 비구 이후, 다시 부처님의 깨달음의 빛을 이어받은 자다.

야사는 초전법륜의 땅인 미가다야가 있는 바라나시의 한 부호 상인의 아들이었다. 바라나시는 일찍이 인도의 16대국 가운데 하나였던 카시 국의 수도로 갠지스 강을 따라 수륙교통의 요충지로 자리 잡고 있었다. 그 때문에 상업무역의 중심지로 항상 사람과 물건이 넘쳐나는 활기찬 곳이었으며 부유한 상인들도 많았다. 야사의 아버지는 바라나시에서도 유명한 대부호 상인이었다. 부자 아버지를 둔 덕에 야사는 어려서부터 물질적으로 더할 나위 없이 풍요로운 생활을 했다. 여름, 겨울, 그리고 우기雨期를 위한 세 개의 궁전을 갖고 있었으며, 그 궁전에서 수많은 시녀들에게 둘러싸여 밤낮으로 환락을 즐겼다. 누구나 부러워할 만한 사치스럽고 호화로운 생활……. 하지만 야사는 뭔가 모를 공허함을 느꼈다. 아름다운 부인도, 기녀들과 함께 하는 환락도 그에게 큰 위안이 되지는 못했다.

그러던 어느 날, 야사는 자신이 즐기고 있는 쾌락의 본질을 꿰뚫어 보게 되는 사건에 직면하게 된다. 그날도 역시 아름다운 시녀들과 밤늦도록 향연을 즐기다 잠이 들었다. 목이라도 말랐던 것일까, 새벽녘 문득 잠에서 깨어나 주변을 둘러본 야사는 순간 역겨움에 정신이 아찔했다. 그토록 어여쁜 모습으로 교태를 부리던 여인들은 어디로 가고, 머리카락이 뒤엉킨 채 침까지 흘리며 잠꼬대하는 추한 여인들이 자고 있었다. 여기 저기 쓰러져 있는 그녀들은 마치 버려진 시체처럼 해괴망측해 마치 자신이 무덤가에 서 있기라도 한 듯한 착각을 불러일으킬 정도였다. 너무나도 큰 충격에 야사는 그길로 집을 나섰다. 혐오감과 무상함이 전신을 휘감았다. 괴로운 마음을 호소하며 정처 없이 홀로 헤매다가 미가다야를 향하게 되었다. 부처님이 그를 발견하신 것은 바로 이때였던 것이다.

　고타마 싯닷타와 출가 과정이 너무나도 유사한 야사. 하지만 두 사람이 깨달음에 이르는 과정은 사뭇 다르다. 싯닷타는 오랜 세월 정진하며 스스로 깨달음의 길을 열어야 했지만, 부처님이라는 훌륭한 스승과 조우할 수 있었던 야사는 훨씬 쉽게 그 길로 다가갈 수 있었다.

　한편, 아침 무렵이 되어서야 야사가 사라진 것을 알게 된 그의 집에서는 소동이 일어났다. 야사의 부모는 사방으로 수소문한 끝에 그가 미가다야로 향한 것을 알고 서둘러 그쪽으로 향했다. 부처님은 저 멀리 야사의 아버지가 오고 있는 것을 보자, 신통력神通力으로 그 자리에 있던 야사를 아버지의 눈에 보이지 않게 했다. 눈앞에 아들이 있는 줄도 모른 채, 야사의 아버지는 부처님에게 다가와 물었다.

"혹시 야사라는 청년을 못 보셨습니까?"

"이리 와서 앉으시오. 여기 앉아 있으면 야사를 발견할 수 있을 것이오."

부처님의 대답을 들은 야사의 아버지는 기뻐하며 그 자리에 앉았다. 그러자 부처님은 그를 위해 야사에게 했던 것과 마찬가지로 시론·계론·생천론 등을 설하셨고, 그 역시 진리를 보는 눈을 얻었다. 감격한 그는 부처님께 귀의의 뜻을 밝히고 우바새가 되었다.

이렇게 자신의 아버지가 가르침을 받는 동안 야사는 있는 그대로 자신의 경지를 관찰해 집착을 여의고 마음이 번뇌에서 해탈했다. 그러자 부처님은 더 이상 그가 욕망에 사로잡히는 일이 없을 것이라 생각하며 신통에 의한 신변神變을 거두셨다. 야사의 아버지는 아들이 앉아 있는 것을 보자 이렇게 말했다.

"야사야, 네 어머니는 밤낮으로 슬픔에 젖어 살고 있단다. 어서 가서 어머니의 목숨을 구해 다오."

그러나 야사는 자신은 이미 진리를 보았고, 집착을 여의었으며 번뇌에서 마음이 해탈했다고 하며, 더 이상 세속 생활로 돌아가 재가자의 몸으로 여러 가지 욕망을 누리며 살 수 없음을 전했다. 결국 야사의 아버지는 아들의 말을 받아들일 수밖에 없었다.

아버지가 떠나자 야사는 부처님께 이렇게 말씀드렸다.

"부처님, 저는 부처님 밑에서 출가해 계戒를 받고 싶습니다."

부처님은 말씀하셨다.

"잘 왔구나, 비구여. 내 가르침이 잘 전해졌다. 괴로움을 완전히 멸하기 위해 청정한 수행을 해라."

부처님의 이 말씀은 그대로 야사의 구족계具足戒가 되었고, 이렇게 해서 이때 세상에는 부처님과 다섯 비구를 포함해 일곱 명의 아라한이 존재하게 되었다.

한편, 야사 아버지의 공양 초대를 받아 그들의 집으로 가신 부처님은 야사의 어머니와 야사의 출가 전 처妻를 교화하셨으며, 이들 역시 재가신도가 되었다. 이렇게 해서 야사의 아버지와 어머니, 처는 각각 불법승佛法僧 삼보三寶에 귀의한 최초의 우바새와 우바이가 된다. 또한 이때 야사의 친구인 위말라, 수바후, 푼나지, 가왐파티 네 명도 출가하게 된다. 이들 역시 바라나시 대장자大長者의 아들이었는데, 야사가 출가했다는 소식을 듣자 '야사 정도의 양갓집 아들이 출가했다면, 그것은 아마도 훌륭한 가르침일 것이다'라고 생각하며 야사를 찾아갔다. 야사는 자신을 찾아온 네 명의 친구를 데리고 부처님께 가서 이렇게 말씀드렸다.

"부처님, 이들은 제가 재가 생활을 할 때 친하게 지냈던 친구들입니다. 이들을 위해 가르침을 주셔서 부디 깨우쳐 주십시오."

부처님은 기꺼이 법을 설해 주셨고, 이들 역시 야사처럼 진리를 보는 눈을 얻어 출가했다. 한편, 야사의 다른 친구 50명도 그의 소식을 듣고 찾아와 앞의 네 명의 친구와 마찬가지 과정을 거치며 출가하게 되었다. 이렇게 해서 세상에는 61명의 아라한이 존재하게 되었으며, 이때 부처님은 제자들에게 고통 받는 모든 이들의 이익과 안락을 위해 적극적으로 포교 활동을 펴라는 취지의 '전도 선언'을 하셨다고 한다.

"비구들아! 나는 천계의 것이든 인간의 것이든, 그 모든 덫에서 벗어났다.

비구들아! 너희 또한 천계의 것이든 인간의 것이든, 그 모든 덫에서 벗어났다.

비구들아! 길을 떠나라. 많은 사람들의 이익을 위해서, 많은 사람들의 행복을 위해서, 세상 사람들에 대한 연민으로, 신과 인간의 이익과 행복, 그리고 안락을 위해. 둘이서 한 길을 가지 마라.

비구들아! 처음도 좋고 중간도 좋고 끝도 좋은, 이치와 표현을 겸비한 법을 설하라.

오로지 완전하고 순수한, 청정한 범행을 설하라. 세상에는 마음의 눈이 때와 먼지로 뒤덮이지 않은 사람들이 있건만 가르침을 듣지 않기 때문에 타락해 버리는 것이다. 듣는다면 깨달음을 얻게 될 것이다. 비구들아! 나 또한 법을 설하기 위해 우루웰라의 세나니 마을로 갈 것이다."

이와 같이 야사와 그의 친구들의 귀의는 부처님의 가르침이

온 세상으로 퍼져 가는 직접적인 동인이 되었다.

야사와 그 친구들의 귀의는 시작에 불과했다. 이들의 귀의 후, 우루웰라에서는 30명의 청년들이 부처님께 귀의한다. 이들은 모두 왕족 출신이었는데, 부부동반으로 혹은 미혼인 자는 기녀妓女를 동반해 야외에서 놀다가 잠든 사이 기녀들에게 귀중품을 도둑맞았다. 잠에서 깬 후 이 사실을 알고 미친 듯이 기녀를 찾아 헤매는 이들에게 부처님은 질문을 던지신다.

"청년들이여, 자기 자신을 찾는 일과 기녀 한 명을 찾는 일 중 너희에게 있어 어느 쪽이 더 중요한가?"

이렇듯 부처님의 가르침은 당시 갠지스 강 주변의 비옥한 땅을 중심으로 이루어진 급격한 물질적 풍요 속에 매몰되어 욕망의 노예로 살아갈 수도 있는 많은 젊은이들의 마음을 사로잡으며 이들의 삶을 진리로 인도했다.

불을 피우고 불을 섬긴
캇사파 Kassapa 3형제

> 백 년 동안 숲에서 불을 섬기는 것보다
> 스스로 잘 수행한 한 사람을 잠깐이나마 공양하는 것,
> 바로 그 공양이 백 년 동안의 제사보다 훌륭하다.
> - 『담마파다』 107게

　미가다야에서 초전법륜을 하시고 이어 바라나시에서 야사 및 그 친구들을 교화해 이 세상에 부처님을 포함해, 모두 61명의 아라한이 존재하게 되었을 때 부처님은 전도 선언을 하신다. 부처님 자신이 향한 곳은 우루웰라의 세나니 마을. 우루웰라는 깨달음을 얻기 전에 부처님이 6년 동안 고행을 했던 곳이기도 하며 또 깨달음을 얻은 곳이기도 하다. 60여 명의 제자를 거느리며 이제 막 승가의 기초를 형성한 시점에 부처님이 다시 이곳을 찾은 이유는 무엇일까. 구체적인 사정은 알 길 없지만, 이곳에서 이루어진 부처님과 캇사파 3형제의 만남을 통해 그 이유를 추측해 볼 수 있다.

　당시 우루웰라 마을에는 캇사파 3형제라 불리는 자들이 사람

들에게 큰 존경을 받으며 인기를 누리고 있었다. 캇사파 3형제란 '캇사파'라는 성을 가진 고령의 3형제, 즉 장남 우루웰라 캇사파, 차남 나디 캇사파, 막내 가야 캇사파를 말한다. 이 3형제는 모두 바라문 출신의 종교가로 우루웰라는 500명, 나디는 300명, 가야는 200명으로 모두 1,000명의 제자를 거느린 대규모 종교 집단이었다. 바라문의 전통에 따라 베다(Veda)를 읽으며 불을 절대적으로 신성시하고 존중해 불의 신인 아그니(Agni)에게 제사 지내는 이른바 배화교도拜火敎徒였다.

출가해서 머리를 땋고 산야에 머물며 고행하는 이들은 불을 섬기며 제사의 중요성을 강조했다. 이들은 특별한 주력呪力의 소유자로 마가다 국과 그 동쪽에 위치한 앙가 국의 백성들에게 큰 존경을 받고 있었다. 마가다 국의 빔비사라 왕도 이들에게 큰 신심信心을 가지고 있었다고 한다. 부처님이 우루웰라로 들어가 처음 방문한 곳은 다름 아닌 바로 캇사파 3형제 가운데 맏형인 우루웰라 캇사파의 처소였다. 이로 보아 부처님의 우루웰라 방문 목적은 이들의 교화에 있었던 것이 아닌가 생각된다.

우루웰라 캇사파의 처소를 찾아간 부처님은 그곳에 있는 성화당聖火堂에서 하룻밤 묵게 해달라고 청하신다. 성화당이란 불을 모셔 놓은 방 혹은 불씨를 보존해 두는 방을 말한다. 그러자 우루웰라는 "뭐 상관없지만, 그 화당에는 포악하기 그지없는 무시무시한 독룡毒龍 한 마리가 살고 있습니다. 당신을 해칠지도 모릅니다."라고 말하며 저지한다. 하지만 부처님은 별일 없을 테니 걱정 말라며 계속 부탁했고, 세 번에 걸쳐 거듭 거부하던 우루웰라도 할 수 없이 승낙한다. 이렇게 해서 성화당에 들어가신 부처님은 그곳에 풀을 깔고 앉으셨다. 결가부좌結跏趺坐한 채 상체를 꼿꼿하게 세우고 생각을 면전面前에 모았다.

'겁도 없이 성화당에 들어온 것도 화가 나는데 게다가 침착하고도 굳건한 모습으로 선정에 들고 있는 이 자는 도대체 뭐란 말인가.'

부처님의 모습을 지켜보고 있던 독룡은 매우 불쾌하게 여기며 연기를 뿜어 댔다. 그러자 부처님은 이 독룡에 대해 이렇게 생각하셨다.

'나는 이 독룡의 피부나 살, 근육, 뼈, 골수를 다치지 않게 하면서, 나의 불로 이 자의 불을 소멸시켜야겠다.'

부처님은 신통력으로 연기를 뿜어내셨다. 이를 본 독룡은 분노에 휩싸여 스스로를 불태우며 불을 뿜어냈다. 부처님도 화계삼매火界三昧에 들어 불을 뿜었다. 부처님과 독룡, 이 둘이 불꽃에 휩싸이자 성화당 안은 마치 불타고 있는 것처럼 눈부시게 빛났다. 밖에서 이를 지켜보고 있던 우루웰라 캇사파와 그 제자들은 중얼거렸다.

"아, 그 잘생긴 사문도 결국 독룡에게 죽었구나."

하지만 다음 날 아침 성화당에서 모습을 드러낸 것은 부처님이었다. 마력을 잃어버린 듯 힘없고 초라해 보이는 작은 뱀 한 마리가 담겨 있는 발우를 우루웰라 캇사파에게 내밀며 부처님은 말씀하셨다.

"캇사파여, 이것이 그대의 독룡이다. 이 독룡의 불꽃은 나의 불꽃에 의해 소멸되었다."

우루웰라 캇사파는 부처님의 신통력에 내심 깜짝 놀랐지만, 결코 자신의 주력에는 미치지 못할 것이라 깔보며 패배를 인정하지 않았다. 하지만 부처님의 신통력에 관심을 갖게 된 것일까. 그는 부처님께 이곳에 머물 것을 제안한다. 부처님은 그의 제안을 받아들여 우루웰라 캇사파의 수행처 근처에 있는 숲에서 지내며 이후로도 갖가지 신변을 보여 주셨다.

어느 날 밤, 사대천왕四大天王이 숲 전체를 밝히며 부처님께 다가왔다. 그들은 부처님께 예를 갖춘 후 사방四方에 서 있었는데 그 모습이 마치 거대한 불기둥 같았다. 이 모습을 기이하게 보고 있던 우루웰라 캇사파는 다음 날 아침 부처님께 어제 숲 전체를 밝히며 와서 사방에 서 있던 그 불기둥 같은 자들은 누구였냐고 묻는다. 부처님께 이들이 사대천왕이었다는 소리를 들은 그는 부처님의 위력에 다시 한번 놀랐지만 역시 자신의 패배를 인정하지는 않았다.

그러던 또 어느 날이었다. 우루웰라 캇사파는 부처님이 머물고 계시는 곳에 가서 아침 식사를 같이 하자고 한다. 그러자 부처님은 "캇사파여, 나는 할 일이 있으니 먼저 식당에 들어가 계시오. 잠시 후에 뒤따라가겠소."라고 하시며 그를 먼저 보냈다. 하지만 우루웰라 캇사파가 식당에 들어갔을 때 부처님은 이미 잠부나무의 열매를 따 가지고 와 앉아 계셨다. 그는 부처님의 신통력에 감탄했지만 여전히 속으로는 자신이 더 우수한 능력을 지녔다고 생각했다. 이를 눈치 챈 부처님은 또 다른 신통력을 보이셨다.

우루웰라 캇사파의 제자가 불을 붙이기 위해 장작을 준비하고 있었는데 어찌 된 일인지 도무지 장작이 쪼개지지 않았다. 그러자 부처님은 우루웰라 캇사파에게 "캇사파여, 제자들을 위해 장작을 쪼개 주어도 되겠습니까?"라고 물었다. 그가 마음대로 하시라고 대답하자마자 500개의 장작이 순식간에 쪼개졌다. 이어 500명의 제자들이 불을 지피려 했지만 아무리 노력해도 불을 지필 수가 없었다. 부처님은 이들이 보고 있는 앞에서 장작에 불을 붙였다. 불을 끌 때도 결국 부처님의 도움을 받을 수밖에 없었다.

이 외, 부처님은 3,500여 가지나 되는 신통력을 보이며 우루웰라 캇사파의 마음을 움직여 갔고 결국 그는 자신이 아무리 애써도 부처님을 이길 수 없다는 사실을 깨닫게 되었다. 그는 부처님의 곁으로 출가해 구족계를 받고 싶다는 뜻을 전한다. 그러자 부처님은 말씀하셨다.

"캇사파여, 그대는 500명의 제자를 이끌고 있는 스승입니다. 그대는 그들이 자신의 생각대로 행동할 수 있도록 해야 합니다."

스승의 결정에 맹목적으로 따른 귀의가 아닌, 그들 스스로 진정 원해 승가의 일원이 되도록 해야 한다는 신중하고도 따뜻한 부처님의 배려였다. 우루웰라 캇사파는 즉시 제자들을 소집했다.

"나는 저 위대한 사문 곁에서 청정한 수행을 하고자 한다. 너희들은 각자 원하는 대로 해라."

그러자 제자들은 말했다.

"캇사파여, 우리들은 이미 오래전부터 저 위대한 사문을 지켜보고 있었습니다. 저희들 역시 그렇게 하겠습니다."

이렇게 해서 우루웰라 캇사파와 그 제자들은 제사 도구 등을 모두 네란자라 강물 속으로 던져 버린 후 머리카락을 자르고 불제자가 되었다.

한편 네란자라 강의 하류 쪽에 머물고 있던 나디 캇사파, 그리고 이보다 더 하류에 머물고 있던 가야 캇사파는 형의 제사 도구가 강물에 흘러 내려오는 것을 보고는 형에게 무슨 일이 생긴 것은 아닐까 염려하며 우루웰라 마을을 찾았다. 그리고 자초지종을 모두 들은 이들은 자신들도 제자 500명을 데리고 부처님의 제자가 되었다. 이렇게 해서 모두 1,000명의 제자를 얻은 부처님은 이들을 전부 이끌고 마가다 국의 수도 라자가하로 향하셨다. 이제 6년 전에 마가다 국의 빔비사라 왕과 했던 약속을 지킬

때가 되었다고 생각하셨던 것 같다.

 마가다 국의 수도 라자가하를 향하던 중 라자가하 교외에 있는 가야시사, 즉 상두산象頭山에 머물며 부처님은 그 유명한 '불의 설법'을 하신다.

 "비구들이여, 모든 것은 불타고 있다. 비구들이여, 무엇이 불타고 있는가? 눈이 불타고, 색色이 불타고, 안식眼識이 불타고, 안촉眼觸이 불타고, 안촉에 의해 발생한 느낌, 즉 유쾌한 것이든 불쾌한 것이든 그 어느 것도 아닌 것이든 그 역시 모두 불타고 있다. 무엇에 의해 불타고 있는가? 탐욕의 불, 노여움의 불, 어리석음의 불, 그리고 태어남·늙음·죽음·걱정·슬픔·괴로움·근심·번민에 의해 불탄다. 귀도, 코도, 혀도, 몸도, 마음도 마찬가지다.

비구들이여, 이와 같이 보고 배운 훌륭한 제자는 눈도 싫어하고 색도 싫어하고 안식도 싫어하고 안촉도 싫어하고 안촉에 의해 발생한 느낌, 즉 유쾌한 것이든 불쾌한 것이든 그 어느 것도 아닌 것이든 그 모두를 싫어한다. 싫어하면 탐욕에서 떠난다. 탐욕에서 떠나면 해탈한다. 해탈하면 '나는 해탈했다'고 하는 앎이 생겨나고 '나의 괴로운 생존은 끝났다. 청정한 수행은 완성되었다. 해야 할 일은 모두 다 했다. 이제 더 이상 괴로운 생존을 반복하지 않는다' 하는 것을 명확히 알게 된다."

얼마 전까지만 해도 캇사파 3형제와 그 제자들은 실제로 불을 피우고 이를 섬기며 살아왔다. 하지만 자신의 내부에서 타오르는 불길, 그 불길을 잠재우고 소멸시키는 것이야말로 진정한 해탈의 길임을 부처님은 비유적으로 말씀하신 것이다. 불의 설법을 들은 1,000명의 비구들은 그 자리에서 집착을 여의고 모든 번뇌에서 해탈했다고 한다.

부처님이 많은 제자를 이끌고 라자가하로 들어가자 사람들이 몰려들었다. 12만 명의 바라문과 자산가들이 자리를 메웠는데 그 속에는 소문을 듣고 온 빔비사라 왕도 앉아 있었다.

"도대체 저들은 무슨 관계일까? 저 수행자가 우루웰라 캇사파 밑에서 수행을 하는 거야, 아니면 우루웰라 캇사파가 저 수행자 밑에서 수행을 하는 거야?"

당시 대중들에게 큰 존경과 신망을 얻고 있던 연로한 대종교가 우루웰라 캇사파가 제자들과 함께 나타났다. 그런데 뭔가 모르게 평소와는 사뭇 다른 분위기다. 낯선 젊은 수행승을 한 명 동반하고 있는데 어찌 된 일인지 이 자가 무리를 이끌고 있고 우루웰라 캇사파는 다른 사람들과 함께 그의 뒤를 조용히 따르고 있는 것이다. 사람들의 동요하는 마음을 읽은 부처님은 우루웰라 캇사파에게 이렇게 말씀하신다.

"우루웰라여, 당신은 무엇을 보고 성화聖火를 버렸습니까? 그 이유를 들려주시오. 왜 당신은 제화祭火를 버렸습니까?"

"제사는 색에 대해서도, 소리에 대해서도 또 맛, 애욕, 여자에 대해서도 말합니다. 생존을 제약하는 이 모든 요소가 더러움이라는 걸 알았기 때문에 제사도 공양도 즐기지 않게 되었습니다."

"우루웰라여, 당신의 마음은 색도 소리도 맛도 즐기지 않습니다. 신과 인간의 세계에서 당신의 마음이 즐기는 것은 무엇입니까?"

"평온한 경지, 즉 집착하지 않고 욕망에 사로잡히지 않으며 변이變異하지 않는 경지를 보았기 때문에 저는 제사도 공양도 즐기지 않는 것입니다."

그리고 우루웰라 캇사파는 자리에서 일어나 상의를 한쪽 어깨에 걸치고 부처님의 발에 머리를 조아리며 예를 갖춘 후 이렇게 말씀드렸다.

"부처님이시여, 부처님은 저의 스승이시며 저는 부처님의 제자입니다."

수많은 사람들에게 존경과 신심을 얻고 있던 노老바라문의 선언에 사람들은 깜짝 놀랐다.

'아, 우루웰라 캇사파가 저 젊은 수행승의 제자가 되다니 참으로 놀라운 일이구나!'

사람들의 관심이 일제히 젊은 사문에게로 집중되었음은 말할 것도 없다.

보리수 밑에서 깨달음을 얻을 때 부처님은 육신통六神通이라는 능력을 몸에 지니게 되었다고 하는데, 사실 부처님이 신통력을 사용했다는 기록은 그리 많은 편은 아니다. 자신의 친족들이 몰살당할 위기의 순간, 목갈라나가 철로 된 바구니로 석가 국을 완전히 덮어 버리자는 제안을 했지만 일언지하一言之下에 거절하신 부처님이었다. 혹독한 기근으로 인해 부처님도 제자들도 말의 모이로 간신히 연명할 때, 목갈라나는 신통력으로 대지를 뒤집어 대지의 부산물로 배를 채우자고 했지만 이 역시 부처님은 단호하게 거부하셨다. 그만큼 신통력의 사용에 신중하셨다. 하지만 캇사파 3형제의 귀의와 관련해서는 3,500여 가지의 신통력을 사용하셨다고 한다. 왜일까.

그것은 이들을 설득하는 데 있어 신통력보다 더 유효한 수단은 없다고 생각하셨기 때문일 것이다. 평생 주력에 의존하며 그것이 전부라 생각해 왔을 종교가들이다. 이들 앞에서 논리적인 설법이나 주장을 펼쳐놓아 보아야 별 효과가 있을 리 없다. 그보다는 오히려 그들이 그토록 중요시하는 주력으로 맞섬으로써 자신들의 주력이 별것 아니라는 사실을 깨닫게 해 주는 편이 훨씬 더 나을 것이라 판단하셨던 것이리라.

여하튼 이렇게 해서 불교 교단은 일시에 큰 성장을 이루게 된다. 당시 모든 종교가들이 모여 활동하던 마가다 국에서, 그것도 최고의 존경과 인기를 구가하던 종교가와 그 제자들을 모두 흡수해 버림으로써 부처님은 단시간에 사람들의 이목을 집중시켰던 것이다. 부처님과 캇사파 3형제의 만남 속에는 부처님의 이런 의도가 담겨 있었고, 멋지게 성공을 거두었다. 자신이 깨달은 진리를 세상에 펼쳐 가고자 하는 부처님의 적극적인 의지, 그 의지가 만들어 낸 놀라운 결과다.

10대 제자 중에서도 제1의 제자
사리풋타 Sāriputta

> 자기보다 뛰어나거나 동등한 친구와는 가까이 친해야 한다.
> 이러한 좋은 친구를 만나지 못할 때에는 허물을 짓지 말고
> 무소의 뿔처럼 혼자서 가라.
> - 『숫타니파타』 47게

    부처님 당시, 갠지스 강 주변 일대는 비옥한 땅을 중심으로 놀라운 경제적 성장을 이루고 있었다. 이는 대도시의 번영과 강력한 신흥대국의 출현으로 이어졌고, 나아가 기존의 계급제도에서 정점을 차지하고 있던 바라문이라는 사제 대신에 국왕이나 자산가 같은 새로운 상층 계급을 만들어 내는 등 인도 사회 전반에 걸쳐 막대한 변화를 초래했다. 그리고 이와 같은 변화는 사람들의 정신세계에도 적지 않은 영향을 미쳤던 것으로 보인다. 특히 아직 삶의 가치관을 확립하지 못한 젊은이들은 하루가 다르게 변화해 가는 주변 환경에 방황하며, 자신들의 삶을 이끌어 줄 만한 고차원적인 가르침을 갈망하고 있었다. 이와 같은 요구가 반영되어서일까. 반反 바라문주의를 외치는 사문沙門이라 불리는 새

로운 사상가들이 등장해 윤회와 해탈 등에 관한 독자적인 가르침을 제시하며 사람들을 매료시켰다. 부처님 역시 사문이었다.

불교 문헌에서는 이 무렵 활동하던 사문 가운데 대표적인 여섯 명을 육사외도六師外道라고 부른다. 육사외도란 불교에서 볼 때 받아들일 수 없는 가르침을 전파하는 여섯 명의 외도를 가리키지만, 당시 이들의 가르침을 따르는 이들도 적지 않았던 것으로 보인다. 이 육사외도 가운데 산자야 벨라티풋타라는 사상가가 있다. 그는 회의론자로, 예를 들어 '내세는 존재하는가?'라는 질문을 받으면 "만약 내가 내세는 존재한다고 생각한다면 내세는 존재한다고 대답할 것이다. 그러나 나는 그렇다고 생각하지 않는다. 그럴 거라고 생각하지도 않는다. 그것과 다르다고도 생각하지 않고 그렇지 않다고도 생각하지 않는다. 또한 그렇지 않은 것이 아니라고도 생각하지 않는다."고 주장하며 형이상학적 문제에 대해 명확한 대답을 회피했다. 그의 주장은 뱀장어처럼 미끈미끈해 좀처럼 붙잡을 수 없는 교설敎說이라고 해서 만론鰻論이라 불리기도 한다.

이 산자야에게는 250여 명의 바라문 제자가 있었다는 것으로 보아 주로 지식층 계급의 사람들에게 공감대를 형성할 만한 점이 있었던 것으로 추측된다. 내세가 있는가 없는가와 같은 형이상학적인 문제는 당시의 새로운 사상가들이 즐겨 논한 주제였는데, 사실 이는 그 누구도 증명할 수 없는 것으로, 어찌 보면 이런 문제에 대한 논의 자체가 우스운 것인지도 모른다. 산자야는 이와 같은 애매한 답변 형식을 통해 헛된 논의를 반복하고 있는 세상의 어리석음을 조소하고 싶었던 것이리라.

산자야의 제자 가운데 특히 스승의 총애를 받는 청년이 있었다. 그의 이름은 사리풋타. 어머니의 이름이 루파사리였기 때문에 '사리의 아들'이라는 의미에서 사리풋타라 불렸지만, 때로는 우파팃사라고도 불렸다. 작은 체구지만 이목구비가 매우 아름다운 미소년이었다. 그는 라자가하의 북쪽에 위치한 한 마을에서 거부巨富 바라문의 아들로 태어났는데, 16세 때 동네 친구인 목갈라나와 함께 산자야 밑으로 출가했다. 어느 날 목갈라나와 함께 산정제山頂祭를 보러 갔다가 '이 화려한 축제도 100년 후에는 무엇이 남으리……' 하고 문득 무상함을 느껴 친구에게 자신의 생각을 말했더니, 친구 역시 같은 생각을 하고 있었다고 대답했다. 이를 계기로 두 사람은 당시 크게 번영하고 있던 산자야의 교단으로 들어가게 되었고, 누구든지 먼저 깨달음을 얻게 되면 다른 한 사람을 인도해 주자는 약속을 주고받으며 더불어 열심히 수행 정진했다. 그러나 산자야의 교설을 이해하는 데 그리 오랜 시간은 걸리지 않았고, 이해한 후에도 그들은 여전히 마음의 평안을 얻을 수 없었다.

그러던 어느 날이었다. 라자가하를 거닐고 있던 사리풋타의 눈에 한 사문의 모습이 들어왔다. 가지런히 가사를 갖추어 입고 단정하게 발우를 들고 있는 그 사문은 걸음걸이에서도 시선에서도 움직임에서도 당당한 위의를 느낄 수 있었다. 사리풋타는 두근거리는 마음으로 생각했다.

'이 세상에 존경할 만한 사람이 있다면, 바로 이런 사람이리라.'

그는 다름 아닌 부처님의 제자 앗사지 비구였다. 부처님께서 초전법륜의 대상으로 삼은 다섯 비구 가운데 한 명이다. 앗사지가 식사를 끝내자 사리풋타는 다가가서 물었다.

"당신은 누구 밑으로 출가했습니까? 스승이 누구입니까? 당신은 누구의 가르침을 신봉하고 있습니까?"

앗사지는 대답했다.

"석가 족의 집에서 출가한 위대한 수행자입니다. 저는 그분 밑으로 출가했습니다. 저의 스승은 그분입니다. 저는 그분의 가르침을 신봉하고 있습니다."

사리풋타는 또 물었다.

"그렇다면, 당신의 스승은 무엇을 주장하고 무엇에 대해 이야기합니까?"

"저는 아직 출가한 지 얼마 지나지 않아 그 가르침과 계율을 이제 막 배우고 있습니다. 당신에게 그분의 가르침을 상세히 말씀드릴 수는 없지만, 요점만 간단히 말씀드리면 이렇습니다. '모든 것은 원인이 있어 발생하느니, 여래는 그 원인에 대해 말한다. 모든 법이 소멸하는 것에 관해서도 여래는 또한 그와 같이 말한다.'"

 이를 들은 사리풋타는 순간 눈이 번쩍 뜨였다. 산자야 밑에서 수행을 하면서도 뭔가 채워지지 않는 갈증을 느끼고 있던 차에 이제야 진정 추구할 만한 길을 찾은 느낌이었다. 사리풋타는 환희했다. 그길로 달려가 친구 목갈라나에게 자초지종을 설명했고, 의기투합한 두 사람은 부처님을 찾아가기로 결심했다. 스승인 산자야에게도 함께 갈 것을 권했지만 거부당하고, 결국 두 사람은 뜻을 같이하는 산자야의 제자 250여 명의 바라문과 함께 부처님이 계신 죽림정사竹林精舍로 향했다. 제자들이 떠나가는 뒷모습을 바라보며 산자야는 입에서 피를 토하며 통분했다고 한다.

 한편, 저 멀리서 사리풋타와 목갈라나가 동료 수행자들을 이끌고 걸어오고 있는 모습을 보신 부처님께서는 이렇게 말씀하셨다.

 "보아라. 저기 두 명의 벗이 오고 있구나. 그들은 언젠가 내 제자들 가운데서 쌍벽을 이루며 가장 훌륭한 두 제자가 될 것이다."

 부처님 앞에 다가온 두 사람은 부처님의 두 발에 머리를 대고 예를 올리며 이렇게 말씀드렸다.

 "존귀한 분이시여, 저희들은 존사尊師 밑에서 출가하고 싶습니다."

 "잘 왔구나, 비구여. 내 가르침이 잘 전해졌다. 괴로움의 올바른 소멸을 위해 수행해라."

부처님의 말씀은 곧 구족계가 되었고, 이렇게 해서 그들은 불교승가의 수행자로 다시 태어났다.

사리풋타와 목갈라나는 부처님의 가르침에 따라 열심히 수행했고, 점차 부처님의 예언대로 불교 교단을 대표하는 수행자가 되어 갔다. 그러나 처음에는 우여곡절도 많았던 것 같다. 특히 사리풋타는 매우 온화하고도 순수한 성품의 소유자였기에 다른 비구들에게 불이익을 당하거나 놀림을 받는 일도 있었다. 부처님께서 제자들과 더불어 라자가하에서 사왓티의 기원정사祇園精舍를 향해 가시던 어느 날이었다. 해가 지자 서둘러 비구들이 숙소를 차지하는 바람에 늦게 온 사리풋타는 잘 곳이 없어 할 수 없이 근처의 한 나무 밑에서 잠을 청했다. 이른 아침 부처님께서 밖으로 나와 기침을 하시자 때마침 저쪽 나무 밑에서도 기침을 하는 소리가 들려왔다.

"거기에 있는 자는 누구냐?"

"부처님, 사리풋타입니다."

"사리풋타냐? 그런데 너는 왜 거기 있느냐?"

사정을 들으신 부처님께서는 비구들을 소집해 법랍法臘, 즉 출가한 햇수에 따라 와좌처臥坐處 등을 분배할 것을 제정하셨다고 한다.

또 이런 일도 있었다. 그는 자신에게 불법을 처음 알려 준 앗사지 비구의 은혜를 평생 잊지 못하고 감사하게 생각했다. 그래서 사리풋타는 죽는 날까지 앗사지가 머물고 있는 곳을 향해서는 발을 뻗고 자지 않았다. 이 연유를 잘 모르는 일부 비구들은 외도에서 전향한 사리풋타를 비꼬아 방향 숭배자라 놀리곤 했지만, 그는 굳이 이유를 설명하려 하지 않았다고 한다. 다른 비구들이 다 남쪽으로 발을 뻗고 자고 있는데 혼자서만 북쪽으로 발을 뻗고 자는 모습을 상상해 보라. 다른 수행자들의 눈에 이상하게 보이는 것도 무리는 아닐 것이다. 그러나 앗사지에게 진정 감사의 마음을 느끼고 있던 사리풋타에게 있어 다른 비구들의 조롱쯤은 아무 문제도 아니었던 것이다.

지혜로운 사리풋타는 이 모든 어려움을 이겨내고 결국 부처님의 10대 제자 가운데서도 첫 번째로 거론될 만큼 유력한 사람으로, '가르침을 전하는 장군'이라는 말로 칭송될 정도에 이르렀다. 지혜知慧제일로 평가되는 그는 부처님의 가르침을 이해하고 전하는 데 탁월한 능력을 보였고, 이 점은 부처님께도 충분히 평가받았다. 한번은 세라라는 바라문이 부처님께 여쭈었다.

"당신의 상속자는 누구입니까? 당신이 굴린 법륜法輪을 이어서 굴릴 제자는 누구입니까?"

"세라여, 내가 굴린 법륜, 무상無上의 법륜은 사리풋타가 굴린다. 그는 여래를 따라 나타난 사람이니라."

부처님의 법의 상속자로까지 표현되고 있는 것으로 보아, 사리풋타에 대한 부처님의 신뢰가 얼마나 두터운 것이었는지 엿볼 수 있다. 사리풋타는 동료 수행자들 사이에서도 점차 존경의 대상이 되어 갔다. 그들은 사리풋타에 대해 '성내는 일 없고, 욕심도 없으며, 선하고, 스스로를 잘 제어하며, 스승의 칭찬을 받는 선인'이라고 입을 모아 칭찬했다.

부처님께 최고의 신뢰를 받으면서도 결코 자만하는 일 없이 묵묵히 불법을 배우고 실천하며 불교 교단의 안정과 발전을 위해 평생 노력했던 사리풋타. 데와닷타가 반역을 일으켜 500명의 비구들을 데리고 승가에서 떠나갔을 때 그들을 다시 데려온 것도 그였고, 부처님이 만년에 병환으로 설법이 어려울 때 대신 설법하도록 의탁을 받은 것도 다름 아닌 바로 그였다.

카리스마 넘치는 행동형 수행승
목갈라나 Moggallāna

> 머리가 백발이라 해서 장로인 것은 아니다.
> 그는 나이만 많을 뿐이니, 헛되이 늙어 버린 자라 불린다.
> 진실과 진리, 불살생과 절제, 그리고 자제심이 있는 이,
> 추함을 내버리고, 굳건한 그야말로 진정 장로라 불린다.
> - 『담마파다』 260게

"부처님의 제자 가운데 가장 위대한 자는 사리풋타와 목갈라나다."

지혜제일 사리풋타와 더불어 부처님의 2대 제자로 꼽히는 목갈라나. 목갈라나는 라자가하의 북쪽에 위치한 콜리타 마을에서 태어났다. 어릴 적 이름은 콜리타. 인근 마을에 사는 사리풋타와는 어릴 적부터 함께 뛰놀며 자란 죽마고우였다. 부유한 바라문 가문에서 태어난 목갈라나는 유복한 청년기를 보내며 멋진 청년으로 성장해 가고 있었다. 그러던 16세의 어느 날, 그는 사리풋타와 함께 산정제를 구경하고 있었다. '참으로 화려한 축제구나. 하지만 100년 후에는 무엇이 남으리……' 하고 생각한 목갈라나는 사리풋타와 정확히 생각이 똑같은 걸 확인하고, 그 어떤 행

복이나 아름다움도 시간이 지나면 한순간 꿈처럼 저 멀리 사라질 수밖에 없는 무상한 것임을 느꼈다. 의기투합한 두 사람은 의지해 수행할 스승을 찾다가 당시 라자가하에서 크게 번영하고 있던 산자야의 교단으로 들어가지만, 그의 교설에서 마음의 평안을 얻을 수 없어 낙담하고 있었다. 그러던 어느 날, 라자가하에서 우연히 앗사지라는 비구를 만나 불법을 접하게 된 친구 사리풋타와 함께 부처님을 찾게 된 목갈라나.

한편, 저 멀리에서 두 사람이 오는 것을 본 부처님은 "저 두 사람이야말로 내 제자 가운데 신통·지혜제일이 될 것이다."라고 예견하시며, 둘을 캇사파 3형제 위에 앉게 하셨다고 한다. 이를 보고 캇사파 3형제의 제자들 가운데 불만을 터뜨리는 자도 있었으나 부처님은 사리풋타와 목갈라나는 특별하다고 하시며 단호한 모습을 보이셨다. 이후 두 사람은 항상 부처님의 좌우를 장식했다. 오른쪽에는 지혜제일의 사리풋타가, 왼쪽에는 신통제일의 목갈라나가 앉았다. 이 둘은 서로 최고의 자리에 있으면서도 결코 상대방을 견제하거나 비방하는 일 없이, 서로가 서로를 칭찬하며 수행에 힘쓰는 그야말로 최고의 도반道伴이었다.

온화하고도 순수한 성품을 지닌 지혜로운 수행승 사리풋타와는 달리 목갈라나는 행동형의 전통적인 수행승이었다. 아마도 서로 다른 성격이기에 두 사람은 더욱더 서로에게 끌렸는지도 모른다. 한때 부처님께서 아마라키 원에 계실 때였다. 안거安居를 끝낸 목갈라나와 사리풋타는 각자 500명의 비구를 데리고 부처님이 계신 곳을 찾았다. 안거 기간 동안 잘 지내셨는지 안부도 묻고 그동안 못 들었던 가르침도 듣기 위해서였다. 그런데 먼저 와 있던 비구들과 나중에 도착한 비구들 사이에 그만 싸움이 일어나고 말았다. 부처님은 각 무리를 이끄는 지도자였던 목갈라나와 사리풋타의 부덕을 꾸짖으신 후 그곳에서 떠나도록 하셨다. 그리고 시간이 흐른 훗날 부처님은 두 사람에게 그때 무슨 생각을 했냐고 물으셨다. 그러자 사리풋타는 이렇게 말했다.

"저는 500명의 비구를 버리고 홀로 조용한 곳에 가서 살고 싶어졌습니다."

한편 목갈라나는 대답했다.

"저는 어떻게 하면 비구들의 분열을 막을 수 있을까 궁리했습니다."

그러자 부처님은 목갈라나를 칭찬하시며 사리풋타에게 "그렇게 생각해서는 안 된다. 그들은 너를 의지하고 있지 않느냐?"라고 하셨다고 한다. 대조적인 두 사람의 성격이 명확히 드러나는 이야기다.

목갈라나의 신통력은 출중한 것이었다. 불교에서는 6신통이라고 해서 원하는 장소에 자유롭게 출현할 수 있는 신족통神足通, 사람들의 미래의 운명을 예견하는 천안통天眼通, 멀리 떨어진 곳에서 나는 소리도 들을 수 있는 천이통天耳通, 다른 이의 마음을 읽을 수 있는 타심통他心通, 자신이나 타인의 과거세 모습을 알 수 있는 숙명통宿命通, 그리고 세계와 인생에 관한 진리를 깨달을 수 있는 지혜인 누진통漏盡通을 든다. 깨달은 자는 누구든 이 여섯 가지 신통력을 갖추게 된다고 하는데, 목갈라나는 특히 뛰어난 신통력을 지니고 있었다. 엄지발가락을 가지고 제석천帝釋天이 사는 궁전을 흔들어 대기도 하고, 동원정사東園精舍 건축의 감독을 맡아 9개월 만에 완성시키는 위력을 발휘하기도 했다.

목갈라나가 지닌 신통력 때문이었을까. 후대의 전승에 의하면 아귀도餓鬼道에 떨어진 어머니를 구하고 싶어 하는 그에게 부처님은 우안거雨安居가 끝나는 날 비구들에게 공양할 것을 권했다고 한다. 어느 날 신통력을 사용해 죽은 어머니가 있는 장소를 찾던 목갈라나는 아귀의 세계에서 먹을 것이 없어 뼈와 살이 말라붙은 채 굶주림과 목마름으로 고통 받고 있는 어머니를 발견했다. 놀란 목갈라나는 곁으로 다가가 어머니에게 먹을 것을 주려 해보지만 음식은 입에 들어가기도 전에 불이 되어 버려 결국 어머니가 먹게 할 수는 없었다. 목갈라나는 크게 울며 슬퍼했다. 그리고 부처님을 찾아가 사정을 고했다. 그러자 부처님은 "너의 어머니의 죄업은 너무나도 뿌리 깊은 것이라 너 혼자의 힘으로는 어찌할 수 없다. 신들 역시 어쩔 수 없다. 그러나 열여섯 명의 비구를 공양한다면 그 위신력威神力에 의해 어머니를 괴로움에서 해탈시킬 수 있을 것이다."라고 하셨다. 부처님의 지시대로 하자 목갈라나의 어머니는 그날 일 겁―劫에 걸친 아귀의 괴로움에서 벗어날 수 있었다고 한다.

그런데 부처님은 누진통 이외의 신통력에 대해서는 남발하지 않도록 목갈라나에게 주의를 주셨다. 한때 웨란자라는 곳에 심한 기근이 들어 걸식이 어렵게 되자 목갈라나는 신통력으로 대지를 뒤집어 대지 밑에 존재하는 갖가지 음식들로 비구들의 허기를 채워 주자고 부처님께 제안드린다. 하지만 부처님께서는 만약 그런 일을 한다면 중생들이 잘못된 생각을 가질 수 있다며 막으셨다고 한다. 즉 기근이란 지금만 있는 것이 아닌, 장래에도 얼마든지 일어날 수 있는 일이다. 하지만 그때 목갈라나처럼 범행을 갖춘 신통자가 없다면 결국 비구들은 걸식을 해야 할 것이고, 사람들은 이를 보며 '부처님이 계실 때는 비구들이 훌륭해서 기근일 때 땅을 뒤집어 땅에서 나오는 맛난 음식들을 먹었다. 그런데 지금은 그런 신통력을 발휘할 훌륭한 비구가 없는 것이다'라고 생각해 성자가 있음에도 '성자는 없다'는 전도된 생각을 갖게 되고, 이로 인해 성자를 비난하고 경멸해 악처惡處로 향하는 자가 나타나게 될 것이라는 이유에서였다.

또한 부처님의 만년, 석가 족의 멸망을 목전에 두었을 때 목갈라나는 신통력으로 이를 막자고 제안한다. 이전에 어머니의 고향인 석가 족을 방문했을 때 자기 어머니의 비천한 혈통을 둘러싼 내막과 이를 모욕하는 발언을 들은 코살라 국의 위두다바 왕은 부왕에게서 왕위를 물려받자마자 부처님의 고향 석가 국을 공격하고자 했다. 복수의 칼날을 갈던 위두다바는 어느 날 군을 일으켜 카필라 성으로 향했다. 이른 아침 세상을 관찰하다 이를 알게 된 부처님은 카필라 성 교외에 있는 마른 나무 밑에 앉아 명상을 하고 계셨다. 부처님의 뜻을 안 위두다바는 차마 석가 국을 공격하지 못한 채 돌아갔다. 그렇게 두 번, 세 번……. 부처님을 무시하지 못한 위두다바 왕은 군을 돌려 코살라 국으로 돌아갔다. 하지만 끝내 분노를 가라앉히지 못했다. 그는 결국 네 번째 공격을 감행했다. 이때 목갈라나는 부처님에게 제안했다. "신통력을 써서라도 석가 국을 지켜야 합니다. 철로 된 바구니로 석가 국을 완전히 덮어 버리면 어떻겠습니까?" 하지만 부처님은 일언지하에 거절하셨다. "석가 국 사람들이 쌓은 업의 과보를 누가 대신 받을 수 있단 말이냐?" 아무리 훌륭한 신통력으로도 업으로 인한 과보는 지울 수 없는 것이었다.

훗날 목갈라나는 부처님이 말씀하신 업의 과보를 스스로 체험하게 된다. 과거세過去世에 지은 업의 과보로 인해 이교도에게 폭행을 당해 생을 마감하게 된 것이다. 목갈라나는 사리풋타와 더불어 초기 불교 교단의 안정과 발전에 지대한 영향을 미친 인물이다. 부처님은 당신이 설법하기 어려운 상황이 오면 이 두 제자를 통해 사람들에게 가르침이 전해지도록 하셨고, 교단 안에 문제가 생겼을 때에도 이들을 통해 문제를 수습하도록 하셨다.

그 유명한 데와닷타의 파승破僧 사건이 발생했을 때도 이들이 비구들을 설득해 사태를 수습했다. 하지만 이런 모습은 불교 교단의 발전을 시기하는 다른 종교가들의 눈에는 곱게 보이지 않았다. 특히 갖가지 신통력으로 사람들을 압도하는 카리스마 넘치는 목갈라나의 존재는 매우 불안하고 달갑지 않은 것이었다. 그러던 어느 날, 결국 목갈라나는 니간타파 사람들의 계략에 의해 살해당하고 만다.

목갈라나는 신통력으로 여러 세계를 방문한 뒤 돌아와 '부처님의 가르침을 따른 사람들은 좋은 세상에 가서 행복하게 살고 있었지만, 이교도의 가르침을 따른 사람들은 악처에 태어나 비참한 생활을 하고 있었다'고 전했다. 이를 듣고 이교도의 신도 수는 현저하게 감소했고, 격분한 이교도들은 악한을 보내 목갈라나를 죽이고자 했다. 몇 번은 신통력을 써서 사태를 피할 수 있었지만 결국에 목갈라나는 이들에게 붙잡혀 뼈가 부러지고 살이 너덜너덜해질 정도로 폭력을 당하게 된다. 거의 죽도록 맞아서 누워 있는 목갈라나에게 달려간 사리풋타는 말했다.

"벗이여, 그대는 신통제일이라 불릴 정도로 훌륭한 법력을 가지고 있지 않나? 그 자리를 피하고자 했으면 충분히 피할 수 있었을 텐데 어찌해서 맞고 있었단 말인가?"

그러자 목갈라나는 대답했다.

"나는 전생에 부모를 괴롭힌 적이 있다네. 이제 그 과보를 받은 것뿐이니 너무 슬퍼하지 말게나."

목갈라나는 전생에 자신의 처의 말에 넘어가 눈먼 양친을 숲으로 데리고 가서 죽이는, 씻을 수 없는 엄청난 죄를 저질렀다. 이 악업으로 인해 그는 헤아릴 수 없이 긴 세월 동안 지옥에서 고통을 당하고 이제 마지막 생을 맞이하며 폭력으로 목숨을 잃게 된 것이었다. 어쩔 수 없는 업의 과보라는 것을 알지만, 피투성이가 되어 눈앞에 누워 있는 친구의 모습에 사리풋타는 괴로웠다.

"우리는 함께 진정한 깨달음을 얻고자 출가해서 부처님의 제자가 되었고 이제 깨달음도 얻었네. 이제 함께 입멸해도 좋지 않겠는가?"

부처님을 찾아간 사리풋타는 그 뜻을 고하며 허락을 구했다. 이미 모든 것을 알고 계신 부처님은 허락할 수밖에 없었다. 부처님께 작별 인사를 고한 사리풋타는 고향인 나라다 마을로 가서 친척들에게 마지막 가르침을 전하고 조용히 입멸했다고 한다. 그리고 그가 떠난 2주 후, 목갈라나 역시 그 뒤를 따라 입멸했다. 위대한 두 거목을 잃은 부처님 역시 그들의 입멸 후 얼마 지나지 않아 열반에 드셨다고 한다.

고행이 하나도 힘겹지 않은
마하캇사파 Mahākassapa

> 들뜨지도 건들거리지도 않고 현명해서,
> 일체의 감관을 잘 다스릴 줄 아는 사람은
> 누더기 옷을 걸치고 있어도 훌륭하게 보인다.
> 마치 산속 동굴에 사는 사자처럼.
> - 『테라가타』 1081게

부처님은 제자 가운데 누구를 가장 신뢰하셨을까? 오랜 세월 자신을 그림자처럼 따르며 시중을 들어 주었던 아난다였을까, 아니면 법의 상속자라 칭하며 칭찬을 아끼지 않으셨던 사리풋타였을까. 혹은 자신의 핏줄을 이어받은 아들 라훌라였을까. 10대 제자라 꼽히는 훌륭한 제자들을 중심으로 몇몇 이름을 떠올리다 보니, 유독 마음이 가는 이름 하나가 있다. 바로 마하캇사파, 즉 대가섭大迦葉이다. 부처님의 10대 제자 가운데 한 명이자 두타頭陀제일이라 평가되는 마하캇사파야말로 그 누구보다 부처님에게 깊은 신뢰를 받은 제자가 아니었을까. 왜냐하면, 부처님은 그에게 당신의 자리를 나누어 앉게 하셨으며 또한 옷을 물려주셨기 때문이다. 이런 영광을 누린 제자가 또 어디 있을까.

어릴 적 핍팔라야나 혹은 핍팔리라고도 불렸던 마하캇사파는 라자가하 근처의 한 마을에 살던 대부호 바라문의 아들로 태어났다. 타고난 성품이었는지 아니면 후천적인 것인지 알 수 없지만 어릴 적부터 그는 세간 생활에 늘 부족함을 느끼며 출가를 꿈꾸었다. 결혼에도 뜻이 없어 이 핑계 저 핑계 둘러대며 미루다가 결국 부모님의 뜻을 어기지 못하고 웨살리 교외에 살던 밧다 카필라니라는 절세의 미인과 혼인하게 되었다. 하지만 참으로 기이하게도 그녀 역시 출가에 뜻을 두고 있던 여인이었다. 두 사람은 결혼 후에도 각자 따로 침대를 쓰며 12년 동안이나 서로 접촉하는 일 없이 살았다. 부모님이 세상을 떠나자, 두 사람은 상의해서 함께 오랫동안 꿈꿔 왔던 출가를 감행한다. 물론 각자 향한 길은 달랐다.

핍팔라야나와 부처님과의 만남은 곧 이루어졌다. 수염과 머리카락을 자르고 가사를 걸친 채 이곳저곳을 편력하던 핍팔라야나는 라자가하와 나란다 마을의 중간 지점에 위치한 바후풋타 사당에 앉아 있는 한 명의 수행자를 보았다. 바로 부처님이었다. 그는 부처님에 대해 아무것도 아는 바가 없었지만 직감했다.

'이분이야말로 내가 의지해야 할 스승이구나!'

그는 부처님께 예를 갖춘 후 말씀드렸다.

"존귀한 분이시여, 존사야말로 제 스승이십니다. 저는 당신의 제자입니다."

부처님은 이미 그가 올 것을 알고 계셨던 듯 따뜻하게 맞이해 가르침을 들려주셨다. 성도成道 3년째 되는 해의 일이었다. 부처님의 가르침을 들은 핍팔라야나는 출가 8일째 되는 날 깨달음을 얻어 아라한의 경지에 도달했고, 수행자들은 이미 출가하고 있던 캇사파 3형제와 구별해 그를 마하캇사파라고 불렀다.

마하캇사파는 그 누구보다 청렴한 인격의 소유자였는데 부처님은 이를 꿰뚫어 보고 계셨다. 어느 날, 부처님이 탁발을 마치고 정사로 돌아가는 도중에 한 나무 아래 앉아 쉬려고 했다. 그러자 마하캇사파는 자신이 입고 있던 대의大衣를 벗어 네 겹으로 접은 후 부처님이 앉을 자리를 만들었다. 대의란 불교수행자가 소지해야 할 삼의三衣 가운데 하나로, 설법이나 탁발 등을 할 때 겉에 입는 가장 큰 가사다. 그가 마련해 준 자리에 앉으신 부처님은 칭찬의 마음을 곁들여 "캇사파야, 이 대의는 참으로 부드럽구나."라고 말씀하셨다. 마하캇사파는 자신이 부처님보다 좋은 옷을 가지고 있었다는 사실에 죄송한 마음을 느끼며 "세존이시여, 부디 제 대의를 받아 주십시오." 하고 부탁드렸다. "옷을 내게 주고 나서 넌 무엇을 입으려 하느냐?"라고 부처님이 물으시자, 그는 부처님이 입고 있는 누더기 옷을 달라고 했다.

"캇사파야, 내 옷은 오래 입어 낡을 대로 낡았느니라."

그러자 마하캇사파는 그 누더기 옷이야말로 이 세상에서 최상의 것이라 말하며 옷의 교환을 간곡히 청했다. 이후 마하캇사파는 부처님의 누더기 옷을 항상 걸치고 다녔으며 이를 계기로 의식주에 대한 탐욕을 완전히 떨쳐 버렸다. 이런 사정을 알 리 없는 수행자들은 그를 비웃었다.

"불결하기 짝이 없는 너덜너덜한 누더기 옷을 걸친 채 부처님을 따라다니는 저 자는 도대체 누구란 말이냐?"

아직 그에 대해 잘 모르던 수행자들의 눈에 그의 모습은 더럽고 불쾌할 뿐이었다.

부처님이 코살라 국의 수도 사왓티의 기원정사에 계실 때였다. 초라한 그의 행색을 본 다른 수행자들이 또 다시 수군거리며 조롱했다. 그러자 부처님은 설법을 중단하시고는 모두가 보는 앞에서 마하캇사파를 부른 후 당신의 자리 반을 내어 주시며 앉을 것을 권하셨다. 이 모습을 지켜본 수행자들은 마치 온몸의 털이 거꾸로 솟구치는 듯한 공포를 느꼈고, 부처님은 캇사파야말로 부처님과 같은 경지에 도달한 성자라고 말씀하시며 수행자들을 교화시켰다고 한다. 이렇듯 마하캇사파에 대한 부처님의 신뢰는 절대적인 것이었다. 그렇다면 부처님은 왜 그를 이렇듯 신뢰하신 것일까. 그것은 어떤 환경에서도 변하지 않는 그의 고결한 인격과 행동 때문이었을 것이다.

불교 수행자들은 원래 유행遊行 생활을 기본으로 했으며, 의식주 생활도 유행 생활에 걸맞는 사의四依가 권장되었다. 사의란 걸식, 분소의糞掃衣, 수하좌樹下坐, 진기약陳棄藥을 말한다. 걸식이란 탁발로 얻은 음식으로 식사를 해결하는 것, 분소의란 쓰레기장이나 무덤가에 버려진 헌 옷감 등을 주워 덧붙여 만든 옷을 입는 것, 수하좌란 나무 밑이나 수풀 등 지붕이 없는 야외에서 자는 것, 진기약이란 소의 오줌을 발효시켜 만든 것을 약으로 사용하는 것이다. 이 사의는 부처님도 실천하신 것으로, 가능하다면 모든 수행자들이 실천해야 할 원칙이었다. 하지만 중도를 지향했던 부처님은 이 사의만을 고집하지는 않으셨다. 사의를 기본으로 하지만 만약 신도들의 보시가 있다면 그것이 너무 사치스럽지 않은 한 청식請食도 거사의居士衣도 또한 정사精舍도 받아들여도 좋다고 하셨다.

이는 고행적인 내용의 사의에 근거한 의식주 생활 그 자체가 또 하나의 집착으로 작용하지는 않을까, 또한 의식주 역시 수행을 위한 도구이므로 수행에 최상의 조건을 제공할 수 있다면 그것으로 충분하지 않을까 생각하셨기 때문일 것이다. 하지만, 신도들의 보시를 통해 안락함을 맛본 대부분의 수행자들은 점차 사의의 생활에서 멀어져 갔다. 사의를 실천하는 수행자들을 존경하지 않는 것은 아니었지만, 굳이 자신이 그런 고딜픈 생활을 하고 싶지는 않았다. 아니, 어떤 수행자는 아예 사의를 실천하는 수행자들을 경시輕視하며 그 지저분한 모습에 대해 노골적으로 불쾌감을 표현하기도 했다.

마하캇사파는 이와 같은 승가의 변화에 전혀 동요하지 않는 대표적 인물이었다. 그는 고행에 가까운 두타행을 철저하게 실천했다. 두타행은 의식주 전반에 걸쳐 탐하는 마음을 갖지 않고 심신을 단련해 모든 번뇌를 제거하는 수행으로, 만족이나 욕망의 제어와 같은 덕을 키워 준다는 점에서 중요시되었다. 마하캇사파는 그 누구도 탐하는 마음을 일으키지 않는 너덜너덜한 헝겊 조각을 가져다 기워 입었으며, 음식은 오전 중에 한 번, 그것도 항상 일정한 양만을 탁발해서 먹었다. 그리고 항상 숲 속이나 야외, 무덤가 등에 거주했다. 나이가 들어서도 너무나 가혹한 생활을 계속하는 마하캇사파를 염려해 한번은 부처님이 이렇게 말씀하셨다.

"캇사파야, 너도 많이 늙었구나. 언제까지나 힘든 두타행을 계속할 필요는 없다. 누더기 옷도 숲에서 거주하는 것도 이제 그만두어도 좋지 않겠느냐?"

그러자 마하캇사파는 대답했다.

"저는 두타행을 실천하는 삶 그 자체가 즐겁습니다. 그리고 이런 저의 모습이 후배들에게 조금이나마 격려가 될까 싶습니다."

그에게 있어 두타행은 힘든 수행이 아니었다. 오히려 그 자체가 이미 즐거운 경지에 있었다. 이런 그를 어찌 부처님이 신뢰하지 않을 수 있을까. 또 구성원들이 존경하지 않을 수 있을까.

"한때 나는 침상에서 내려와 시내로 탁발을 나갔다. 밥을 먹고 있는 한 문둥병자에게 다가가 그의 곁에 가만히 섰다. 그는 문드러진 손으로 밥 한 덩어리를 집어 나에게 주었다. 발우 안에 밥을 담는 순간 그의 문드러진 손가락이 툭하고 그 안에 떨어졌다. 담벼락 아래에서 나는 그가 준 밥을 먹었다. 그것을 먹고 있는 동안 그리고 식사를 마치고 나서도 내게는 혐오스러운 마음이 일어나지 않았다."

『테라가타』라는 초기 경전에 마하캇사파의 말로 전해지는 시구詩句다. 좋고 나쁨, 더럽고 깨끗함, 추하고 아름다움, 이 모든 분별을 떠난 그의 경지가 느껴진다.

마하캇사파는 특히 부처님의 만년에 큰 활동을 하게 된다. 사리풋타도 목갈라나도 일찍이 모두 입멸해 버리자, 승가는 아난다와 마하캇사파 두 사람 체재로 들어갔던 것 같다. 아난다는 포근하고 상냥한 성품으로 모든 이들에게 사랑받았지만 마음이 너무 유약한 탓에 지도자로서의 역할을 하기에는 역부족이었다. 한편 마하캇사파는 지나치게 엄격한 성격 때문에 인기는 없었지만, 수십 년을 통해 보여준 청렴하고도 고고한 그의 인격은 위기 상황에서 승가를 집결시키는 위대한 힘으로 빛을 발하게 된다. 부처님의 열반 후, 500명의 아라한을 소집해 라자가하의 칠엽굴七葉窟에서 제1결집을 실행함으로써 교단의 동요와 분열을 막았던 것이다.

말수도 적고 거의 결벽에 가까운 성격으로 다른 수행자들에게 놀림도 당하고 멸시도 당했던 그이지만, 일찍이 그의 강한 의지와 우직함을 꿰뚫어 보셨던 부처님은 그에게 자신의 분소의를 물려주고 자리를 나누어 앉게 함으로써 승가에서의 그의 위치를 확고하게 해 주셨다. 부처님의 열반 후, 그 유해遺骸를 넣은 관이 마하캇사파가 도착할 때까지 아무리 애써도 불이 붙지 않아 다비茶毘를 행할 수 없었다는 전승은 부처님의 마음 저 깊은 곳에 마하캇사파라는 제자가 얼마나 크게 존재하고 있었는지를 보여준다.

물질 대신 법의 유산을 받은 부처님의 아들
라훌라 Rāhula

> 마음에 상相을 두지 말라.
> 교만이라고 하는 잠재적인 번뇌를 버려라.
> 교만을 없앤 너는 평안하게 행동하게 될 것이다.
> - 『숫타니파타』 342게

보드가야의 보리수 밑에서 깨달음을 얻은 후 얼마 지나지 않아 부처님은 고향인 석가 국의 카필라 성을 찾았다. 전륜성왕轉輪聖王이 되어 석가 국을 번영시켜 주기를 바라는 아버지 숫도다나 왕, 그리고 어린 아들을 품에 안은 채 불안한 눈길로 남편의 행보를 염려하던 아내 야소다라를 뒤로 한 채, 이른 새벽 카필라 성을 넘어 출가의 세계로 몸을 던졌던 그가 이제 붓다, 즉 '깨달은 자'가 되어 고향땅을 다시 밟은 것이다. 가족과 친지를 비롯한 많은 석가 족 사람들이 부처님을 크게 환영하며 존경의 예를 표했다. 그러나 아버지 숫도다나 왕과 아내 야소다라, 그리고 아들 라훌라의 심경은 좀 더 미묘하고도 복잡했을 것이다. 명망 높은 성인이 되어 돌아온 아들, 남편, 아버지를 앞에 두고 그들은 어떤 생각을 했을까? 이들에게 있어 부처님은 성인이기 이전에 여전히 변함없는 내 아들이자 남편이자 아버지였다.

특히 아들 라훌라의 마음은 더욱더 곤혹스러웠을 것이다. 말로만 듣던 아버지가 모든 사람들의 존경을 받는 훌륭한 성인이라는 사실에 내심 자부심을 느꼈겠지만, 또 한편으로는 가까이 다가갈 수 없는, 왠지 모를 거리감에 상심했을 것이다. 결국 부처님과 아들 라훌라의 만남은 부처님이 카필라 성을 방문한 지 7일째 되는 날 이루어졌다. 야소다라는 아들 라훌라에게 이렇게 말했다.

"라훌라야, 저분이 바로 너의 아버지시다. 가서 네 유산을 달라고 하렴."

라훌라는 용기를 내 부처님께 다가갔다.

"아버지, 저에게 유산을 주십시오."

부처님께서 아무런 대답이 없자 라훌라는 반복했다.

"아버지, 저에게 유산을 주십시오."

그러나 부처님은 끝내 말없이 교외에 있는 니그로다 동산으로 가셨다.

자신이 출가를 결심하고 있을 무렵 아들 라훌라는 탄생했다. 아들이 태어났다는 소식을 들은 고타마 싯닷타의 입에서는 "장애가 생겼구나, 속박이 생겼구나."라는 말이 탄식처럼 흘러나왔다. 가계를 이을 후계자가 생겼으니 출가하기는 더 쉬워졌지만,

자식에 대한 애정으로 인해 출가의 결의가 흔들릴 수도 있음을 우려한 것이다. 이 말 때문에 아들의 이름은 '라훌라(장애)'가 되었다고 한다. 여하튼 고타마 싯닷타는 어린 아들을 남겨 둔 채 결국 출가의 길을 선택했고, 이제 이렇게 마주하게 된 것이다.

아들을 마주한 부처님이 이런 저런 생각 끝에 내린 결론은 바로 그를 출가시키는 것이었다. 부처님은 가장 신뢰하는 제자인 사리풋타와 목갈라나에게 그를 맡기기로 결심한다. 사리풋타는 아홉 살인 라훌라를 사미(沙彌)로 출가시키는 역할을 맡았고, 목갈라나는 출가 후의 교육을 담당하게 되었다. 당시 불교 교단을 대표하던 훌륭한 두 제자에게 아들의 출가와 교육을 맡겨 불법의 세계로 입문시키는 것은 부처님이 사랑스러운 아들에게 줄 수 있는 최고의 유산이었던 것이다.

한편 라훌라의 출가 소식을 들은 숫도다나 왕은 허전한 마음을 달랠 길이 없었다. 아들 싯닷타를 떠나 보낸 후 얼마나 그를 그리워하며 살았던가. 그나마 손자 라훌라가 있어 인내할 수 있던 세월이었다. 그런데 이제 그 라훌라마저 자신의 곁을 떠나 출가해 버렸다고 한다. 부처님을 찾아간 왕은 이렇게 말했다.

"부처님, 부처님이 출가하실 때 저는 얼마나 괴로웠는지 모릅니다. 난다(부처님의 이복동생)가 출가할 때도 그랬습니다. 그런데 이제 라훌라마저 출가해 버리다니 저는 정말 너무나도 괴롭습니다. 부처님, 자식에 대한 애정이 저의 피부를 도려내고, 살점을 도려내며, 힘줄을 끊고, 뼈를 자르고, 골수를 뽑아내는 듯합니다. 부처님이시여, 부디 부모의 허락을 받지 않은 자는 출가시키지 말아 주십시오."

이제 나이 들어 왕의 자리를 지킬 날도 멀지 않았건만……. 어찌해서 싯닷타와 난다, 그리고 마지막 남은 핏줄인 라훌라마저 떠나 버린단 말인가. 살을 도려내고 뼈를 절단하는 것 같은 아픔을 느낀다는 숫도다나 왕의 말이 어찌 과장된 것이겠는가. 부처님은 왕의 간청을 받아들여 부모의 허락을 받은 자만이 출가할 수 있다는 조문을 제정하셨다고 한다.

이제 라훌라의 수행자로서의 삶이 시작되었다. 왕족으로 고이고이 자라던 라훌라에게 수행은 고통스럽고 힘들었다. 게다가 아직 나이도 어린 탓에 수행자로서의 자각이 없는 라훌라는 수행 생활에 전념하는 게 더 어려웠다. 그래서 출가 초기에는 늘 주위 사람들을 놀리거나 사소한 거짓말을 하곤 해 주변의 평은 나날이 나빠졌다. 사리풋타와 목갈라나를 비롯한 장로 비구들이 라훌라를 훈계했지만 별 효과가 없었다. 이 소문을 듣고 걱정하던 부처님이 하루는 라훌라의 처소를 찾아가셨다. 라훌라가 준비한 물로 발을 씻으신 부처님은 이렇게 물으신다.

"라훌라야, 너는 이 물을 마실 수 있겠느냐?"

"아니요, 마실 수 없습니다."

"왜 마실 수 없다는 것이냐?"

"발을 씻어서 이미 더러워졌기 때문입니다."

"그렇다. 라훌라야, 너도 바로 그와 같다. 비록 나의 제자요, 국왕의 손자로서 세상의 영화榮華를 버리고 사문이 되었지만, 정진해 행동을 삼가고 말을 조심하지 않고 더러운 세 가지 독毒(탐진치)이 네 가슴에 가득 차서 이 물과 같기 때문에 다시 쓸 수 없는 것이니라."

아무 말도 못하고 고개를 떨군 채 서 있는 라훌라에게 부처님은 또 이렇게 말씀하셨다.

"라훌라야, 이 물을 내다 버리고 그릇만 가져오너라."

라훌라는 시키는 대로 했다. 라훌라가 가져온 그릇을 가리키며 부처님은 물으셨다.

"라훌라야, 이 그릇에 음식을 담아 먹을 수 있겠느냐?"

"없습니다."

"왜 그러하냐?"

"손발을 씻던 그릇이기 때문입니다."

"그렇다. 너 역시 이 물그릇과 다를 바 없느니라. 사람들에게 거짓말을 일삼고 수행을 게을리 해 더러워진 너라는 그릇에 어찌 깨달음이라는 귀한 보물을 담을 수 있겠느냐?"

부처님의 말씀을 들으며 깨달은 바가 있던 라훌라는 그날 이후 열심히 수행에 전념했다.

그러나 부처님의 아들이라는 사실은 라훌라에게 쉽게 벗어

버리기 힘든 짐을 안겨 주었던 것 같다. 무엇보다 라훌라 스스로 자신이야말로 부처님의 유일한 혈육이라는 자만심을 버리기 어려웠을지도 모른다. 이를 간파하신 부처님은 "라훌라야, 함께 사는 것에 너무 익숙해져 때때로 너는 현자賢者를 경시하지는 않느냐? 사람들을 위해 횃불을 밝히는 사람(사리풋타 장로)을 너는 존경하고 있느냐?"고 물으셨다. 라훌라는 대답했다.

"경시하지 않습니다. 저는 그분을 존경하고 있습니다."

행여 라훌라가 왕족 출신이자 부처님의 아들이라는 자만심으로 인해 다른 수행자들을 경시하지는 않을까, 항상 경계하며 가르침을 주셨던 것이다.

다른 수행자들 역시 부처님의 아들인 라훌라를 그저 평범한 수행자로만 대하기는 어려웠던 것 같다. 한때 라훌라가 부처님과 함께 기원정사에 머물게 되었는데, 그곳에 많은 비구들이 찾아와 방이 부족하게 되었다. 승가의 질서는 법랍, 즉 출가한 후의 햇수에 따라 유지되므로 라훌라는 그때까지 사용하고 있던 방을 선배 비구에게 양보할 수밖에 없었다. 그리고 자신은 부처님이 거주하시는 향방香房 앞 복도에서 쭈그리고 자야 했다. 이 모습을 본 수행자들 가운데는 부처님이 자식을 밖으로 내쫓고 자신은 편하게 방에서 자고 있다고 비난하는 자가 있었다고 한다.

이렇게 여러 가지 어려움이 있었지만, 라훌라는 부처님과 다른 수행자들의 보살핌과 가르침으로 인해 서서히 참된 수행자로 거듭나고 있었다. 그러던 어느 날, 라훌라에게 참기 힘든 사건이 터졌다. 사리풋타를 따라 마을로 걸식을 나섰던 라훌라가 길에서 한 무리의 깡패를 만나 봉변을 당한 것이다. '하는 일 없이 걸식으로 편하게 사는 놈들'이라는 욕설과 함께 휘두르는 몽둥이에 맞아 라훌라는 머리에서 피가 흘렀다. 이에 분노에 휩싸여 금방이라도 깡패에게 달려들 기세인 라훌라를 보며 스승 사리풋타는 조용히 타일렀다.

"라훌라야, 네가 진정 부처님의 제자라면 이런 때야말로 인욕忍辱해야 한다. 성내는 마음을 참고 항상 자비로운 마음으로 중생을 가엾이 여기라고 부처님께서 말씀하시지 않더냐."

마음을 가라앉힌 라훌라는 부처님께서 항상 강조하시던 인욕의 진정한 의미를 알게 된 기분이었다. 이 일을 전해 들은 부처님께서는 "잘했구나. 라훌라야, 바로 그것이 출가한 사람과 출가하지 않은 사람의 다른 점이니라. 참는다는 것은 정말 훌륭한 일이다."라고 하시며 라훌라를 따뜻하게 격려해 주셨다. 하루하루 다르게 수행자로 거듭나는 아들 라훌라의 모습을 보며 부처님은 더할 나위 없는 기쁨을 느끼셨다. 이 사건을 계기로 자비와 인욕의 진정한 의미를 알게 된 라훌라는 수행에 더욱더 정진하게 되었고 깨달음에도 가까워져 가고 있었다. 그리고 어느 날, 홀로 앉아 고요히 선정을 즐기던 중 홀연히 깨달음을 얻었다. 이 소식을 들은 부처님은 크게 기뻐하시며 "깨달았다는 아만심我慢心

을 일으키지 말고 지금보다 더 열심히 정진 수행하라."고 당부하셨다.

만년의 어느 날, 라훌라는 다음과 같이 회상했다.

"사람들은 나를 '행복한 라훌라'라고 부른다. 나는 두 가지 행운을 얻었다. 하나는 내가 부처님의 아들이라는 사실이며, 또 하나는 내가 모든 도리를 꿰뚫어 보는 눈을 가지고 있다는 사실이다."

여기서 '부처님의 아들'이란 말을 라훌라가 그저 부처님의 제자라는 뜻으로 사용한 건지, 아니면 부처님의 혈육을 의미하는 말로 사용한 건지 알 수 없으나, 아마도 두 가지 의미를 모두 함축하고 있는 것이리라. 부처님의 아들이라는 사실 때문에 어쩌면 더 험난한 수행 생활을 할 수밖에 없었던 라훌라지만, 또 한편으로는 부처님의 아들이기에 불도에 입문해 사리풋타와 목갈라나 같은 훌륭한 스승을 만나 지도를 받는 혜택을 누릴 수 있었다.

부처님의 아들이라는, 때로는 장점일 수도 또 때로는 단점일 수도 있는 현실 속에서 밀행密行제일이라 불리며 부처님의 10대 제자 가운데 한 명으로 꼽힐 만큼 훌륭하게 성장한 라훌라. 이는 스승이자 아버지인 부처님, 그리고 주변의 현명한 스승들의 도움이 있기에 가능한 일이었지만, 그들의 가르침을 자신의 삶 속에서 살려 낸 라훌라의 노력이야말로 가장 큰 요인이었다. 소중한 아들에게 부처님이 가장 주고 싶었던 유산은 바로 물질적인 재보財寶가 아닌 법이라는 재보였고, 라훌라는 그 기대에 훌륭하게 부응했다.

감관을 제어한 자들 가운데 최상
난다 Nanda

> 허술하게 지붕을 인 집에 비가 새듯이,
> 수행이 안 된 마음에는 탐욕이 스며든다.
> 지붕을 잘 인 집에 비가 새지 않듯이,
> 수행이 잘 된 마음에는 탐욕이 스며들지 못한다.
> - 『담마파다』 13~14게

    고타마 싯닷타가 '깨달음을 얻은 자'가 되었다는 소식을 들은 숫도다나 왕은 여러 차례 부처님께 사람을 보내 카필라 성을 방문해 달라고 요청했다. 성자가 된 아들의 모습, 아니 그냥 있는 그대로의 아들의 모습을 다시 한 번만이라도 보고 싶은 늙은 아버지의 간절한 소망이었을 것이다. 아버지의 마음을 읽은 것일까. 부처님은 청을 받아들여 고향을 찾았다. 그리고 친족들을 위해 설법을 하셨다. 첫째 날도 둘째 날도 그렇게 시간을 보낸 후 3일째 되는 날, 부처님은 난다가 카필라 성의 태자로 책봉되어 새로 마련된 궁전으로 들어간다는 소식, 그리고 결혼을 한다는 소식을 들으셨다. 난다는 부처님의 이복동생이었다. 부처님의 어머니인 마야 부인이 세상을 떠나자 남편인 숫도다나 왕은 마야 부인의 동생이었던 마하파자파티를 후비로 간택했는데, 바로 이들 사이에서 태어난 이가 난다였다.

소문을 들은 부처님은 난다를 제도濟度할 때가 되었다고 생각하셨는지 그의 집으로 발걸음을 옮기셨다. 부처님이 오신다는 소식을 듣고 난다가 기다리다 나와 보니 부처님께서는 걸식을 위해 빈 발우를 들고 계셨다. 부처님께 음식을 드리고자 빈 발우를 받아 들자, 부처님께서는 아무 말도 없이 그길로 오던 길을 되돌아가셨다. 당황한 난다는 발우를 돌려드리기 위해 황급히 뒤를 쫓았다. 결국 부처님의 처소까지 따라가게 된 난다는 부처님의 말씀을 듣다 얼떨결에 출가하고 말았다.

삶의 고통이나 깨달음에 대한 열망, 그 어느 것도 일찍이 느껴 본 적 없는 난다였다. 태어나는 순간부터 지금까지 왕의 아들로서 그 무엇 하나 부족할 것 없는 삶을 살아 온 그이다. 앞으로는 또 어떤가? 앞날을 예기豫期할 수 없는 것이 삶이라고는 하지만, 그에게는 왕이라는 지위가 기다리고 있었다. 어디 그뿐인가. 그에게는 카필라 성에서 가장 아름다운 미모를 지녔다는 자나파다 칼야니라는 매력적인 아내가 있었다. 이제 막 신혼의 단꿈을 즐기려던 참인데 출가라니……. 출가해야 할 이유도 하고 싶은 생각도 없었지만, 깨달음을 얻어 성인이 되어 고향을 찾은 형의 권유를 차마 뿌리치지 못해 저질러 버린 일이었다.

결국 출가는 했으나 난다의 심신은 여전히 카필라 성의 태자로 머물러 있었다. 생각보다 너무나도 고된 출가 생활은 그를 더욱더 곤혹스럽게 만들었다. 난다는 출가하기 전에 아내가 헤어지면서 남긴 "빨리 돌아오세요."라는 한마디를 잊지 못한 채, 그녀의 모습을 떠올리며 혼자 실없는 웃음을 짓거나 그녀와 즐거운 시간을 보내는 공상을 하며 넋을 잃고 앉아 있곤 했다. 또 왕자 시절의 습성을 버리지 못한 채 온몸을 치장하기를 좋아했으며, 때로는 좋은 옷과 발우를 든 채 희희덕대며 시내를 걸어 다니기도 하는 등 출가자로서 어울리지 않는 행동을 해 부처님께 꾸중을 듣곤 했다.

  부처님의 제자 가운데서도 꽃미남 중의 꽃미남이었기에 그의 행동은 더욱더 눈에 띄었다. 부드러우면서도 또렷한 느낌의 단정한 모습은 부처님을 능가할 정도는 아니었지만, 매우 유사한 모습이었다. 형제이니 닮을 수밖에 없었을 것이다. 저 멀리 난다가 오는 모습을 본 비구들이 그를 곧잘 부처님으로 착각해 일어나서 예를 갖추고 맞이하는 일이 발생하기도 해, 훗날 그를 위한 특별한 색깔의 옷을 만들어 입힐 정도였다고 한다. 오죽하면 '아름다운 난다'라는 의미의 '순다라난다'라고까지 불렸겠는가. 이 잘생긴 난다는 자신이 두고 온 권력과 부, 그리고 아름다운 아내에 대한 집착을 버리지 못한 채 깊이 방황했다. 게다가 너무 왕성한 그의 성욕 역시 골칫거리였다. 결혼하자마자 부처님의 손에 이끌려 출가 생활을 시작한 그는 솟구치는 성욕을 억제하지 못해 고통스러워했다.

 이처럼 난다는 세속의 보통 사람들이 갖고 싶어 하는 모든 요소를 다 갖추고 있었다. 권력과 재물, 잘생긴 외모, 건강, 게다가 아름다운 배우자까지……. 부처님의 뜻을 어기지 못해 반강제로 출가한 난다는 화려한 세속 생활을 꿈꾸며 자나 깨나 환속할 궁리만 했다. 그러나 부처님 역시 질세라 그가 밤중에 도망가는 것을 막기 위해 정사의 문을 잠그게 하기도 하시고, 또 음욕(婬欲)이 초래하는 재난을 적극적으로 설하시는 등 그의 환속을 막고자 필사적인 노력을 하셨다. 그러나 난다의 머리에는 하루라도 빨리 환속해 아내가 있는 궁전으로 돌아가 예전처럼 살고 싶다는 생각만이 가득했다.

 그러던 어느 날이었다. 부처님께서는 난다를 데리고 히말라야의 깊은 산속으로 들어가셨다. 그러고는 그곳에 있는 늙은 암컷 원숭이를 가리키며 "네 아내인 자나파다칼야니는 매우 미인이라고 들었다. 그렇다면 이 늙은 원숭이와 네 아내 가운데 누가 더 아름답다고 생각하느냐?"라고 물으셨다. 난다는 어이없다는 듯 퉁명스럽게 대답했다. "부처님, 제 아내는 정말 아름답습니다. 어찌 저런 늙은 원숭이와 비교하십니까?" 그러자 이번에는 그를 데리고 천상계로 올라가 그곳 궁전에 살고 있는 500명의 천녀(天女)들의 모습을 보여 주시며 "난다야, 이 500명의 천녀들과 네 아내를 비교하면 어떠하냐? 누가 더 아름다우냐?"라고 물으셨다.

난다는 겸연쩍어하며 대답한다. "그야 뭐, 늙은 원숭이와 제 아내를 비교할 수 없었듯이, 이 천녀들과 제 아내도 비교할 수 없습니다. 제 아내에 비해 이 천녀들이 훨씬 아름답습니다."

이 대답을 들으신 부처님은 난다에게 열심히 수행하면 목숨이 다한 미래세未來世에 이 천녀들과 즐기며 살 수 있을 거라고 말씀하셨다. 이후, 난다는 열심히 수행하기는 했지만 그 수행은 애욕을 근본적으로 끊기 위해서가 아닌 천상에 태어나 천녀들과 즐거운 날들을 보내기 위한 것이었다. 이런 난다의 모습을 지켜보시던 부처님은 그를 다시 지옥으로 데려가셨다. 가마솥에 펄펄 물이 끓고 있는 모습을 본 난다는 옥졸에게 다가가 물을 끓이는 연유를 물었다. 그러자 그는 부처님의 동생인 난다를 위한 것이라고 대답했다. 천녀들과의 즐거운 삶이 끝난 후에는 이 지옥에 떨어져 고통 받을 것이라는 말이었다. 난다는 아연실색했다. 천녀들과의 즐거운 삶이 끝이 아닌 것이었다. 홀연히 깨달은 바가 있던 난다는 지난날 자신의 행동을 진심으로 뉘우치며 열심히 정진했고, 머지않아 깨달음을 얻었다.

난다의 이런 변화를 미처 알아차리지 못한 비구들은 그가 아직 출가 생활에 만족하지 못하고 있다고 생각하며 난다에게 그동안 어떻게 지냈느냐고 물었다. 이에 대해 난다는 "이제 저는 더 이상 재가 생활에 미련이나 집착이 없습니다."라고 대답했다. 그가 거짓말하고 있다고 생각한 비구들이 부처님께 난다가 거짓말하고 있다고 아뢰자, 부처님께서는 예전에는 난다의 성품이 지붕을 허술하게 인 집과 같았으나 지금은 지붕을 잘 인 집과 같다고 하시며, 다음과 같은 게송을 읊으셨다.

"허술하게 지붕을 인 집에 비가 새듯이, 탐욕은 평정과 통찰의 수행을 닦지 않은 마음에 스며드는 법이다. 지붕을 잘 인 집에 비가 새지 않듯이, 탐욕은 평정과 통찰의 수행으로 잘 닦은 마음에는 스며들지 않느니라."

난다 역시 예전의 자신의 모습을 돌이켜보며 이런 게송을 읊었다고 한다.

"나는 올바르게 사유하지 못했기 때문에 치장에 빠지고, 들떠 있었으며, 희희덕대고, 애욕으로 고뇌하고 있었다. 태양의 후손이며 능숙하게 인도하는 부처님의 도움으로 나는 올바르게 실천해 미혹의 생존으로 향하는 마음을 뿌리째 뽑아 버렸다."

코살라 국의 파세나디 왕도 난다를 걱정해서 방문했다가 난다의 굳건한 마음을 확인하고는 안심하며 "이제 난다 존자가 아라한이라는 사실에 추호의 의심도 없다."고 말하며 돌아갔다고 한다. 이를 들은 부처님은 단정한 비구로 난다를 이길 자가 없다고 하시며 그를 '감관感官을 제어한 자들 가운데 최상의 자'라고 평가하셨다. 깨달음을 얻은 난다는 왕성한 성욕을 제어해 두 번 다시 성욕에 지배당하지 않았으며, 그 어떤 유혹에도 넘어가지 않는 강한 의지의 소유자가 되었다.

난다는 설법교계說法敎誡에도 상당한 능력을 보여 주었다. 설법교계란 보름마다 한 번 있는 포살布薩일마다 한 명의 비구가 비구니 승가에 가서 설법하는 것을 말한다. 그의 설법교계 능력에 대해 부처님은 "난다야, 네가 비구니를 교계하는 것이 나와 전혀 다를 바가 없구나."라고 칭찬하셨다. 또 비구니들도 그의 설법을 매우 즐겨 한번은 기원정사에서 법을 듣던 중 날이 저물어 버려, 사왓티로 돌아갔을 때는 이미 늦어 성문이 닫혀 있었기 때문에 문밖에서 하룻밤을 보내는 일이 벌어질 정도였다고 한다.

훗날 난다는 홀로 조용히 명상하며 이렇게 생각했다.

'부처님이 이 세상에 나타나시는 것은 마치 우담바라 꽃이 피듯이 진귀한 일이다. 게다가 그 여래를 만난다는 것은 정말 희귀하고도 희귀한 일이다. 모든 것이 휴식하듯 그분 덕에 나는 번뇌를 남김없이 멸할 수 있었다.'

진리의 세계를 미처 알지 못했을 때, 그는 자신을 반강제적으로 출가시킨 부처님을 죽도록 원망했을 것이다. 왜 원하지 않는 자신조차 출가시켜 이런 고통을 받게 하는 것인지 도무지 이해할 수 없었을 것이다. 그러나 진리에 눈뜬 난다는 이제야 부처님의 깊은 뜻을 알게 되었다. 그리고 자신을 깨달음의 세계로 인도해 주신 부처님께 진심으로 감사드렸다. 부처님의 애정 어린 가르침이 없었다면, 평생 실체 없는 무상한 것들에 집착하며 고통받는 삶에서 벗어나지 못했을 것을, 그분의 인도로 심신의 평안을 얻고 이제 완전한 정신적 자유를 경험하고 있는 것이다. 아우난다의 이런 변화가 부처님은 또 얼마나 기쁘셨을까. 무상한 재물의 상속이 아닌, 영원한 법의 상속이 이루어짐으로써 부처님과 난다는 피를 함께 나눈 세속의 인연을 이어 다시 한번 성자로서의 끈끈한 인연을 나누게 되었던 것이다.

육체의 눈을 잃고 법의 눈을 얻은
아누룻다 Anuruddha

> 참된 이들은 히말라야 산처럼 멀리서도 빛난다.
> 참되지 않은 자들은 밤에 쏜 화살처럼 가까이서도 보이지 않는다.
> - 『담마파다』 304게

    부처님의 명성이 고향 카필라 성까지 전해지자, 부처님과 같은 종족인 석가 족 젊은이들의 가슴은 두근거렸다.

    '우리 종족에서 부처님이 나타나셨다니, 이 얼마나 영광스러운 일인가!'

    그 무렵 부처님의 사촌 동생인 마하나마, 아누룻다 형제도 이 소식을 전해 들으며 출가의 뜻을 키우고 있었다. 그러던 어느 날 부처님이 석가 족의 영역 근처에 있던 아누피야라는 마을에 머물고 계신다는 소식을 접한 두 사람은 흥분해 진지하게 의논했다.

    "석가 족에서 그렇게 훌륭한 분이 나오셨는데 우리 가문에서도 누군가 출가해야 하지 않겠나? 만약 하지 않는다면 정말 부끄러운 일이네."

하지만 둘 다 출가할 수는 없었다. 누군가 한 명은 대를 이어야 하기 때문이었다. 의논 끝에 결국 아누룻다가 출가하고 마하나마는 집에 남기로 했다.

아누룻다는 자신의 꿈을 실현시키고자 서둘러 어머니를 찾아가 출가의 뜻을 전했다. 하지만 어머니는 완강하게 거부했다. 죽어도 사랑하는 아들과 헤어지고 싶지 않다는 어머니의 간곡한 마음을 이해 못하는 것은 아니었지만, 아누룻다 역시 단념할 수는 없었다. 두 사람 간에 언쟁이 되풀이되던 어느 날, 아누룻다의 어머니는 한 가지 제안을 했다.

"만약 밧디야가 출가한다면 네 마음대로 해도 좋다."

석가 족의 명문 귀족 출신이었던 밧디야는 아누룻다의 친구이자 이미 석가 족의 왕이라 불리며 정치적 입지를 굳힌 자였다. 이런 밧디야가 모든 것을 버리고 출가의 길을 선택할 리 없다고 판단한 어머니의 묘안이었다. 아누룻다는 한 가닥 희망을 품고 그길로 밧디야에게 달려가 함께 출가하자고 제안했다. 평소 부처님의 인격에 호의를 갖고 있던 밧디야는 출가에 대해 부정적이지 않았지만, 이미 높은 지위에 있던 터라 신변을 정리할 시간이 필요했다.

"7년만 기다려 주게. 그러면 내 모든 것을 정리하고 함께 출가하겠네."

"7년씩이나 어찌 기다리라는 말인가?"

이런 식으로 7년이 6년, 6년이 5년, 5년이 4년이 되다가 결국 밧디야의 입에서 "그럼 7일만 기다려주게."라는 말이 나오기에 이르렀다. 아누룻다의 열렬한 의지가 밧디야를 움직인 것이다. 이렇게 해서 둘은 출가하게 되었다. 이때 소식을 들은 아난다와 데와닷타, 바구, 캄빌라 그리고 이발사였던 우팔리가 합류하면서 결국 일곱 명의 석가 족 청년이 출가하게 된다. 아누룻다의 열의가 석가 족 명문가의 청년들, 그리고 이발사 우팔리의 꿈을 현실로 만들어 준 순간이었다.

이렇듯 강한 열망을 가지고 출가한 아누룻다였지만, 이상과 현실 사이에는 항상 채우기 어려운 부분이 있기 마련. 태어나서부터 줄곧 안락한 생활을 해 왔던 그에게 있어 수행 생활은 그리 만만하지 않았다. 부처님께서 사왓티의 기원정사에서 설법을 하실 때의 일이었다. 많은 제자들이 부처님의 설법에 귀를 기울이고 있는 가운데, 부처님의 말씀을 마치 자장가 삼아 꾸벅꾸벅 고개를 떨구며 조는 한 수행승이 있었다. 바로 아누룻다였다. 코까지 살짝 골았던 것일까. 아니 어쩌면 평소에도 아누룻다는 정신이 깨어 있지 못한 게으른 수행승으로 낙인찍혀 있었는지도 모른다. 사람들의 곱지 않은 시선이 그에게 쏠렸다. 그러자 부처님은 "법을 들으면서 기분 좋게 잘 수 있는 것, 이 또한 좋은 일 아니겠느냐."라고 하시며 아누룻다를 감싸 주셨다.

법회가 끝나자 부처님은 따로 아누룻다를 부르셨다. 그리고 조금 전과는 전혀 다른, 냉기가 흐르는 목소리로 엄하게 꾸짖으셨다.

"아누룻다야, 너는 깨달음을 구해 출가한 것이 아니더냐? 출가한 지 얼마나 되었다고 벌써 설법을 들으며 꾸벅꾸벅 존다는 말이냐? 정신이 해이해졌다고밖에 생각할 수 없구나. 네가 출가할 때 지녔던 강한 의지를 한번 떠올려 보거라."

부처님의 호된 꾸중에 아누룻다는 너무나도 부끄럽고 죄송해 어찌할 바를 몰랐다.

"부처님, 죄송합니다."

몸을 가다듬고 합장한 후 조용히 꿇어앉은 그는 부처님께 말씀드렸다.

"부처님, 오늘 이후로 저는 설사 몸이 문드러진다 할지라도, 또 제 손발이 녹아내린다 할지라도 맹세코 부처님 앞에서 앉아 조는 일은 없을 것입니다."

이후, 아누룻다와 수마睡魔와의 싸움이 시작되었다. 아누룻다는 눕지도 자지도 않았다. 눕는다는 것은 쉽게 수면으로 빠질 수 있는 환경을 만드는 것이므로 거부했다. 부처님과의 약속을 지키기 위해, 또 자신과의 약속을 지키기 위해 스스로를 제어하며 고행의 시간을 보냈다. 아예 수면을 거부하는 아누룻다의 눈은 눈병을 앓았고 부어오르다 못해 드디어 문드러져 갔다. 부처님은 안타까운 마음에 아누룻다에게 수면을 취하도록 권하셨다.

"아누룻다야, 고행은 좋지 않다. 게으름도 피해야 하지만, 고행 또한 피해야 하느니라. 내가 항상 말하는 중도야말로 최상이니라."

하지만 아누룻다는 듣지 않았다. 이미 부처님 앞에서 세운 원願을 번복하고 싶지 않았다. 부처님은 명의名醫 지와카에게 아누룻다의 눈을 치료해 달라고 의뢰했다. 지와카는 아누룻다에게 수면을 취하라고 설득했지만 아누룻다는 "이제 저는 수면을 취하는 것이 오히려 고통스럽습니다."라며 끝내 거부했다. 아무리 명의라 해도 수면을 거부하는 아누룻다를 치료하는 것은 불가능했다. 결국 아누룻다는 실명失明하게 되었다. 하지만 육체의 눈을 잃어버린 대신, 그는 법의 눈을 얻게 되었다. 천안天眼제일이라는 평가가 걸맞는 혜안慧眼의 소유자가 된 것이다. 한편, 실명한 채 수행 정진하는 아누룻다를 바라보는 부처님의 마음은 어떠하셨을까. 용맹 정진하는 모습이 대견하고 기쁘신 한편, 측은한 마음도 있었을 것이다. 부처님과 아누룻다 사이에는 너무나도 따뜻한 나음과 같은 일화가 전해진다.

수행승들은 스스로 삼의三衣를 기워 입어야 하는데, 실명한 아누룻다에게 있어 이 일은 가장 힘든 일 가운데 하나였다. 꿰매는 것은 손의 감각으로 어느 정도 가능하지만, 바늘구멍에 실을 넣는 것은 쉽지 않았다. 둔한 동작으로 몇 번이나 바늘구멍을 찾아실을 넣으려 애쓰던 아누룻다는 결국 포기한 채 누군가에게 도움을 청하려 했다.

"혹시 옆에 누구 있습니까? 있으면 저를 위해 바늘에 실 좀 끼워 주세요. 큰 공덕이 될 것입니다."

그러자 누군가 다가오더니 바늘과 실을 받아 들며 "그럼 내가 그 공덕을 쌓을까요?"라고 했다. 그 목소리는 틀림없는 부처님의 목소리였다. 아누룻다는 깜짝 놀랐다.

"부처님 아니십니까? 죄송합니다. 저는 누군가 다른 사람이 곁에 있는 줄 알고……."

"아누룻다야, 나라고 공덕을 쌓고 싶지 않겠느냐? 나 역시 그 누구보다 공덕을 쌓아 행복해지고 싶은 사람 가운데 한 명이니라. 이리 주거라."

부처님의 말씀에 당황한 아누룻다는 말했다.

"부처님, 부처님께서는 이미 생사生死의 대해大海를 건너 깨달음의 저 언덕에 도달하신 분입니다. 이미 충분히 공덕을 쌓아 행복하신 분인데 새삼스럽게 무슨 말씀이십니까?"

그러자 부처님은 따뜻한 목소리로 이렇게 말씀하셨다.

"아누룻다야, 세간에서 공덕을 쌓은 자는 많지만 나를 능가할 자는 없다. 나는 보시나 설법 등에서 부족한 바가 없다. 하지만 여래는 여섯 가지 법에 있어 질리는 법이 없나니, 즉 보시와 교계, 인욕, 설법, 중생衆生 애호愛好, 그리고 무상정등각無上正等覺의 추구이니라. 내가 쌓는 공덕은 나 자신을 위한 것이 아닌 모든 중생들을 위한 것이니라."

수행 정진하다 실명한 제자, 그리고 그 제자를 위해 바늘구멍에 실을 넣어 주시며 어쩔 줄 몰라 당황하는 제자에게 자신 역시 중생들의 행복을 위해 공덕을 쌓고 싶다고 말씀하시는 부처님. 이미 육신의 시력은 잃어 눈앞에 계신 부처님을 볼 수 없는 아누룻다였지만, 따뜻한 부처님의 목소리는 아마도 아누룻다의 온몸에 잔잔하게 퍼지며 스며들었을 것이다.

출가 후 익숙지 않은 생활에 지쳐 수마에게 굴복당했지만, 출가 당시 그가 보여 주었던 강한 의지, 그리고 부처님과의 약속을 지키기 위해 이후 50여 년의 세월 동안 항상 앉아 있었으며 눕지도 자지도 않았다는 사실을 통해서도 실은 그가 매우 강한 의지의 소유자였음을 엿볼 수 있다. 불전에는 그가 훌륭한 외모 탓에 많은 여인들의 유혹에 시달렸지만, 결코 동요하지 않고 불법에 대한 깊은 이해와 믿음으로 수행을 지속해 간 사실이 전해진다. 부처님을 비롯해 석가 족은 모두 뛰어난 외모를 지니고 있어, 부처님의 이복형제인 난다도 시자였던 아난다도 여성들에게 많은 구애를 받았다. 아누룻다도 타고난 미남이었는데 수행을 계속하면서 안색이 이전보다 더 좋아져 천녀까지 그의 환심을 사고자 찾아와 춤과 노래로 그를 현혹시키려 했다. 전생에 그의 처였으나 지금은 33천天의 신들 가운데 한 명이 된 잘리니라는 여신은 아누룻다 존자에게 다가가서 이렇게 속삭였다.

"그 옛날 당신이 살고 있던 그곳, 모든 욕락欲樂을 갖춘 33천에 다시 태어나고자 하는 원을 일으키십시오. 그곳에서 당신은 천녀들에게 둘러싸여 공경받으며 빛나고 있었습니다."

하지만 아누룻다는 조금의 동요도 없이 대답했다.

"자신의 몸에 대한 생각에 사로잡혀 있는 천녀들이야말로 재앙덩어리다. 천녀들을 원하는 사람들 역시 재앙덩어리다."

잘리니는 질세라 대꾸했다.

"33천에 사는 사람들이나 신들의 주거住居인 난다나 원을 보지 못한 사람들은 즐거움에 대해 모릅니다."

"이 어리석은 것아, 너는 부처님의 말씀이 어떤 것인지 모를 것이다. 만들어진 것은 모두 무상하다. 태어나서 다시 멸해 가는 성질의 것이다. 그것들은 생기해서는 멸한다. 그것이 가라앉은 평안함이야말로 안락이니라."

어쩌면 아누룻다에게 있어 실명은 혜안을 얻기 위한 그만의 길이었을지 모른다. 그 누구보다 정열적이고 강한 의지의 소유자였기에 깨달음에 이르는 과정 역시 그 누구보다 치열할 수밖에 없었던 것은 아닐까.

눈짓만으로도 부처님의 마음을 헤아린
아난다 Ānanda

> 존경, 겸손, 만족, 감사, 때로 가르침을 듣는 것,
> 이것이 최상의 행복이다.
> 인내, 온순, 수행자들과의 만남, 때로 가르침을 논하는 것,
> 이것이 최상의 행복이다.
> - 『숫타니파타』265~266게

부처님께서 깨달음을 얻은 지 20년째 되는 해, 그러니까 아마도 부처님의 나이 55세경이었던 것으로 보인다. 사리풋타, 목갈라나, 마하캇사파, 아누룻다, 밧디야 등 내로라하는 대제자들과 더불어 라자가하 근처에 머물고 계시던 부처님께서는 어느 날 그들을 불러 모은 후 이렇게 말씀하셨다.

"비구들아, 이제 나도 나이가 들었나 보다. 몸도 늙고 힘도 예전 같지 않구나. 요사이 부쩍 시자가 있으면 좋으련만 하고 생각할 때가 많아졌다. 내 시중을 들어줄 만한 시자 한 명을 골라 주지 않겠느냐? 그렇게 되면 그가 여러모로 나를 돌보아 줄 것이고, 또 내가 사람들에게 설법할 때는 그가 요점을 잘 기억해 줄 것이다."

하루가 다르게 노쇠해 가는 육체, 그리고 기억력……. 많은 제자들이 있지만 이제 곁에 머물며 일상생활을 돌봐 주고, 또 자신의 설법 내용을 기억해 줄, 누군가 특별한 한 사람이 필요하다고 느끼신 것이었다. 죄송스러운 마음에 제자들 사이에서는 잠시 무거운 침묵이 흘렀다. 누구보다 존경하고 사모하는 스승이건만 어찌 그분의 마음을 미리 헤아려 드리지 못했단 말인가.

가장 먼저 침묵을 깬 것은 바로 콘단냐였다.

"제가 시자가 되어 부처님을 모시고 싶습니다."

콘단냐는 초전법륜의 대상이었던 다섯 비구 가운데 한 사람으로, 그들 가운데 가장 먼저 깨달음을 얻었던 제자다. 그런 그가 부처님의 시자를 하겠다는데 누가 감히 이의를 제기하겠는가. 침묵이 흘렀다. 그러나 부처님께서는 말씀하셨다.

"콘단냐야, 너 또한 나이 들지 않았느냐. 육체 또한 많이 늙었다. 너 역시 시자를 두는 것이 좋을 것이다. 너의 제안은 정말 고맙지만 받아들일 수는 없구나."

생각해 보니 부처님과 거의 같은 나이. 더 이상 우길 수도 없어 콘단냐는 물러났다. 이어 사리풋타와 마하캇사파를 비롯해 몇 명의 제자들이 시자를 자청하고 나서 보지만, 부처님은 콘단냐의 경우와 같은 이유로 모두 거절하셨다. 자신들도 누군가의 시중을 받아야 할 노인들이건만 스승에 대한 존경심과 애틋한 마음에 시자 되기를 자청하며 나서는 제자들, 그리고 그 제자들의 마음이 더할 나위 없이 고맙지만 자신과 다를 바 없는 노인들에게 시자 역할을 맡길 수 없다며 거절하시는 부처님. 이렇듯 서로를 생각하는 스승과 제자들의 마음이 오갔다.

그때 목갈라나는 이 모습을 쭉 지켜보며, 과연 스승이 원하는 시자는 어떤 사람일까 곰곰이 생각하고 있었다. 신통제일로 다른 사람의 마음을 읽는 능력을 지니고 있던 목갈라나는 부처님의 마음을 조용히 살펴보았다. 그리하여 부처님이 마음에 두고 계신 사람이 다름 아닌 아난다라는 사실을 알게 되었다. 몇 명의 비구와 상의한 후, 목갈라나는 아난다를 찾아가 자초지종을 이야기했다. 그리고 부처님의 시자가 되어 일상생활의 시중을 들어 드리고, 또 설법하실 때 그 요지를 기억해 달라고 말했다. 아난다는 펄쩍 뛰었다.

"저에게는 그런 능력이 없습니다. 제가 시자가 되어 부처님을 모시다니 말도 안 되는 일입니다."

도저히 자신이 감당할 수 있는 일이 아니라고 생각했던 것이다. 그러나 부처님의 의향이 그러하다는 대선배들의 끈질긴 설득에 결국 아난다는 부처님의 시자 역할을 받아들이고 만다.

단, 자신의 세 가지 바람이 허락된다면 받아들이겠다는 조건이었다. 그 세 가지 바람이란, 첫째 새것이든 오래된 것이든 부처님을 위해 만들어진 옷은 입지 않을 것, 둘째 부처님을 위해 마련된 식사는 먹지 않을 것, 셋째 때가 아닌 때에 부처님을 뵙지 않을 것이었다. 아난다의 이 세 가지 조건에는 자신이 시자로서 받을 수도 있는 특별한 혜택을 결코 누리지 않겠다는 의지가 담겨 있었다. 부처님의 시자가 되면 부처님께 공양된 옷을 나누어 받을 기회가 있을 수도 있고, 부처님을 위해 마련된 공양식을 함께 먹을 수도 있다. 또 시자가 되면 때가 아닌 때라도 마음대로 부처님을 만날 기회도 있다.

시자가 되면 자연스럽게 누릴 수도 있는 이런 모든 특권을 자신은 누리지 않겠노라, 오로지 부처님께서 말씀하신 일상생활의 시중과 가르침의 기억만을 위해 시자가 되겠노라 스스로 원을 세우고 있는 것이었다. 이 얼마나 겸허한 태도인가. 아난다는 부처님의 시자라는 지위를 결코 개인적인 욕심을 채우는 자리로 삼지 않겠다고 다짐했던 것이다. 부처님은 아난다의 이 세 가지 바람을 기꺼이 받아들여 주셨고, 이렇게 해서 아난다는 부처님의 시자가 되었다. 많은 제자들 가운데 한 명이었을 아난다, 먼발치에서 동경하며 바라보던 스승. 이 멀지도 가깝지도 않은 관계를 넘어 이후 두 사람은 마치 하나의 몸처럼 25년여의 세월을 함께 보내게 된다.

그렇다면 부처님께서는 왜 그 많은 제자들 가운데 특히 아난다를 원하셨던 것일까. 자세한 이유는 알 수 없지만, 아마도 아난다가 자신보다 스무 살 이상이나 어리며, 또 친족이었다는 점이 먼저 고려되었던 것으로 보인다. 아난다는 부처님의 아버지인 숫도다나 왕의 남동생의 아들로, 말하자면 부처님과는 사촌 형제였다. 부처님께서 성도 후 고향 카필라 성을 찾았을 때, 아난다는 동생 데와닷타, 그리고 이복형제인 아누룻다 등 석가 족의 양갓집 청년들과 더불어 출가했다. 스승과 제자라는 점에서 사실 친족이든 아니든 무슨 상관이 있겠는가. 하지만 일상생활에서의 시중은 역시 친족에게 부탁하는 것이 편했을 것이다.

게다가 아난다는 부처님보다 나이도 훨씬 어리기 때문에 시중을 들게 하기도 편하고 또 오랫동안 부처님을 모실 수 있었다. 그러나 부처님이 아난다를 시자로 선택하신 가장 중요한 이유는 어질고도 성실한 아난다의 성품 때문이었을 것이다. 부처님께서는 입멸 직전, 아난다를 칭찬하며 이렇게 말씀하셨다. "비구들이여, 과거제불過去諸佛의 시자는 지시받은 일만 했다. 하지만 아난다는 내가 눈짓만 해도 이미 내 마음을 다 읽고 알아서 일을 해주었다."

불교 경전 곳곳에서 아난다의 따뜻한 성품을 엿볼 수 있는 일화들을 접할 수 있다. 한때 부처님께서 위사카 미가라마타라는 우바이가 세운 동원녹자모東園鹿子母 강당에 계실 때였다. 목욕 후 등을 말리고 있는 부처님의 뒷모습을 바라보던 아난다는 부처님의 육체가 늙어가고 있다는 사실에 그 등을 어루만지며 슬퍼했다고 한다. 또한 부처님의 양모養母인 마하파자파티가 출가를 원했지만 부처님께 거절당하고 낙심하고 있을 때, 그녀의 출가가

받아들여지도록 부처님께 청을 올린 것도 그였다. 이렇듯 배려 깊은 아난다였기에, 그는 출가·재가를 불문한 많은 사람들에게 인기가 높았다.

사왓티의 재가불자들은 집안에 경사가 있어 특별한 행사를 할 때면 항상 아난다를 초대했다. 또한 코살라 국의 파세나디 왕의 부탁으로 아난다는 말리카 왕비를 비롯한 여러 왕비들을 위해 후궁에 들어가 가르침을 전하는 중책을 맡기도 했다. 코삼비에도 친분이 깊은 사람이 많아, 그곳의 사마와티 왕비에게서는 500벌의 옷 보시를 받았다. 남편인 우데나 왕이 비구가 그렇게 많은 옷의 보시를 받다니 너무 사치스럽다고 비난했지만, 오히려 사마와티는 아난다가 얼마나 물건을 소중히 하는 사람인지 그 예를 들어 설명했고, 이를 들은 왕은 500벌의 옷을 더 보시했다고 한다.

하지만 누구에게나 상냥하고 따뜻한 아난다의 태도는 여인들의 마음을 뒤흔들어 놓았고, 이로 인해 아난다는 입장이 난처해지는 일도 있었다. 보수적인 입장을 견지하는 일부 비구들의 눈에는 이런 아난다가 곱게 보일 리 없었다. 특히 보수적 성향이 강했던 마하캇사파는 항상 아난다를 어린아이 취급하며 무시하는 발언을 했는데, 비구니들이 이런 마하캇사파의 행동을 노골적으로 비난하고 때로는 침까지 뱉으며 야유를 퍼부은 탓에 마하캇사파와 아난다의 관계는 더욱더 나빠졌다. 이런 우여곡절이 있었지만, 아난다는 부처님의 시자로서 조금도 손색없이 자신의 의무를 다했다.

부처님의 만년, 쿠시나가라를 향한 마지막 유행 길도 아난다는 부처님과 함께했다. 아픈 몸을 이끌고 힘겹게 쿠시나가라의 말라 족 영토인 우파왓타나 동산의 사라 숲에 도착하신 부처님은 아난다에게 말씀하셨다.

"아난다야, 나를 위해 저 사라쌍수沙羅雙樹 사이에 머리를 북으로 향하게끔 자리를 펴 다오. 너무 피곤해서 좀 눕고 싶구나."

아난다가 자리를 펴자 부처님은 오른쪽 옆구리를 밑으로 하고 발 위에 발을 포개신 후 조용히 누우셨다. 쿠시나가라로 함께 여행을 하며 항상 마음을 졸여 왔던 아난다, 스승과의 이별이 이제 더 이상 피할 수 없는 현실임을 직감했다. 한쪽에서 눈물을 흘리며 서 있는 아난다를 보신 부처님은 말씀하셨다.

"아난다야, 울지 말거라. 슬퍼하지 말거라. 아난다야, 내가 항상 말하지 않았더냐? 아무리 사랑하고 친한 사람일지라도 언젠가는 헤어지고, 떠나며, 변화한다는 것을……. 어찌 그것을 피할 수 있겠느냐? 아난다야, 모든 것은 멸하기 마련이다. 한번 태어난 것이 언제까지나 파괴되지 않고 존재한다는 것은 있을 수 없는 법이니라."

아난다는 부처님의 말씀에 고개를 끄덕거렸지만, 두 눈에서는 하염없이 눈물이 흘러내렸다. 그 모습을 측은한 듯 지켜보시던 부처님께서는 말을 이으셨다.

"아난다야, 너는 참으로 오랫동안 사려 깊은 행동과 말과 배려로 나에게 이익과 안락을 주며 게으름 피우지 않고 잘 시봉侍奉했다. 아난다야, 너는 많은 복덕福德을 지었다. 앞으로 더욱더 정진해 빨리 번뇌를 멸한 최고의 경지에 이르러라."

부처님과 함께했던 25년의 세월, 아난다는 그 누구보다 행복한 사람이었을 것이다. 부처님과의 추억을 안고 아난다는 제1결집에서 경經을 편찬하는 대임무를 맡게 된다. 마치 시자로서의 임무를 완성이라도 하듯이…….

명문가 자제들과 함께 출가한 궁중 이발사
우팔리 Upāli

믿음에 의해 세속을 떠나 새롭게 출가한 신참의 수행승은
승가 안에 살면서 총명하게 계율을 배워야 한다네.
- 『테라가타』 250게

부처님 당시 인도 사회는 사성四姓 계급이라는 엄격한 신분 제도하에 움직이고 있었다. 바라문교의 사제司祭 계급 브라흐마나, 왕족 크샤트리아, 상업이나 농업에 종사하는 평민 바이샤, 그리고 이들 세 계급을 섬기며 궂은일을 도맡아 하는 노예 수드라. 이 네 가지 신분 가운데 어느 신분에 속하는가에 따라 삶은 크게 달랐다. 특히 노예 계급인 수드라 출신은 평생 가난하고 비참한 삶 속에서 차별받는 인생을 살아야 했다. 하지만 부처님은 세속에서의 신분을 전혀 문제 삼지 않았다. 최상층인 브라흐마나 출신이든 최하층인 수드라 출신이든 기꺼이 승가의 일원으로 차별 없이 받아들였던 것이다. 마치 여러 개의 강江이 있지만 이들이 흘러가서 대해大海에 이르면 이전의 강 이름을 버리고 그저 '대

해'라는 이름으로 불리듯이, 승가에 들어오는 순간 모든 사람은 불교의 출가 수행승으로서만 존재하게 되는 것이었다.

사회에서 차별받으며 한 많은 삶을 살던 수드라 계급의 사람들에게 있어 부처님의 이런 자비가 얼마나 가슴 깊이 와 닿았을지 상상하기 어렵지 않다. 『테라가타』에는 부정물不淨物, 즉 사람들의 대소변을 청소하는 천한 직업을 갖고 있던 수니타라는 비구가 읊었다고 하는 다음과 같은 게송이 전해진다.

'나는 천한 집에 태어나 그 비천한 가업을 이어 부정물을 청소하는 가난한 사람이었다네. 사람들은 나를 꺼렸고 싫어했다네. 그들은 노골적으로 나를 비난하고 조롱했다네. 나는 마음을 낮추고 많은 사람들 앞에서 머리를 숙였다네. 그러던 어느 날 나는 정각자正覺者이신 부처님께서 비구들에게 둘러싸여 마가다 국의 수도로 들어오시는 것을 보았다네. 내가 짐을 풀어 두고 예배하려 다가가자 그분은 나를 자비롭고도 연민에 가득 찬 눈빛으로 바라보셨네. 나는 부처님의 발에 예배를 올리고 그분의 얼굴을 우러러보며 이 일체생류一切生類 가운데 최고자最高者이신 그분께 출가를 허락해 주십사 청을 올렸다네. 그러자 연민의 마음으로 모든 세간을 보신 부처님은 나에게 말씀하셨네. "잘 왔구나, 비구여." 그것은 바로 나의 수계受戒가 되었다네.'

정淨과 부정不淨의 관념이 강했던 인도인에게 있어 천한 일을 하는 사람은 그 자체로 기피의 대상이었다. 스치기만 해도 그 부정한 기운이 자신에게 옮겨 붙는다고 생각했기 때문이다. 사람들의 이런 인식 속에서 수니타가 받았을 고통은 이루 말로 표현할 수 없는 것이었다. 그런 그를 측은하게 바라보며 "잘 왔구나, 비구여."라고 말씀해 주신 부처님을 수니타는 결코 잊을 수 없었던 것이리라.

그런데 부처님의 10대 제자로 승가의 발전에 큰 영향을 미쳤던 비구 가운데에도 수니타처럼 하층 계급 출신이 있었다. 바로 지계持戒제일이라 평가되는 우팔리다. 원래 우팔리는 부처님의 출신 종족인 석가 족의 궁중 이발사였다. 이발사는 사성 계급 가운데 제일 하층에 속하는 수드라다. 석가 족은 자신들이 크샤트리아 계급이라는 자부심이 강했고 아만심 역시 강하고 교만했다고 전해지는데, 만약 정말 그랬다면 우팔리의 삶도 고달팠으리라 추측된다.

여하튼 이런 우팔리가 석가 족 명문가 자제들과 함께 출가하게 되는 기이한 일이 발생한다. 부처님의 득도得道 소식을 들은 석가 족 청년들은 앞을 다투어 부처님 밑으로 출가하고자 했는데, 그 가운데 가장 먼저, 그것도 강렬하게 출가를 원한 것은 아누룻다였다. 아누룻다는 자신의 출가를 완강히 거부하는 어머니를 납득시키기 위해 당시 석가 족의 왕이라 불리며 정치적 입지를 굳히고 있던 친구 밧디야를 설득해 함께 출가하기로 한다. 한편 이들의 출가 소식을 들은 아난다와 데와닷타, 바구, 캄빌라가 합류함으로써 전부 여섯 명의 양갓집 자제들이 출가하게 된다. 우팔리는 평소 이들을 모시던 이발사였는데, 무슨 이유인지 알 수 없으나 그 여섯 명은 출가 길에 우팔리를 동반하고 부처님이 계신 곳을 향해 길을 떠났다. 출가할 때 머리를 자르는 일이라도 거들게 할 셈이었던 것일까.

여하튼 카필라 국의 국경 근처에 이르자 이들은 몸에 걸치고 있던 갖가지 장신구를 벗어 상의에 싼 후 그것을 우팔리에게 주면서 말했다.

"우팔리야, 너는 이것을 가지고 돌아가거라. 적지 않은 재산이 될 것이다."

석가 족의 귀공자 여섯 명이 모두 풀어 놓은 장신구는 그야말로 눈이 번쩍 뜨일 정도로 값비싼 것들이었다. 엉겁결에 그것을 받아 든 우팔리는 저 멀리 떠나가는 그 여섯 명의 뒷모습을 멍하니 바라보며 서 있었다. 그런데 문득 우팔리의 머릿속을 스쳐가는 생각이 있었다.

'저분들은 모두 석가 족의 명문가 자제분들이다. 그런 분들이 집도 지위도 재산도 버리고 저렇듯 당당하게 떠나고 있다. 분명 멋진 일이 기다리고 있을 것이다. 그렇다면 나도 가야겠다.'

우팔리는 받은 것을 길가에 있는 나뭇가지에 걸쳐 둔 후 걸음을 재촉하며 여섯 명의 뒤를 쫓았다. '누구든 원한다면 가져가시오'라는 표시였다.

아누룻다를 비롯한 여섯 명의 석가 족 청년, 그리고 우팔리가 향한 곳은 말라 족의 영역인 아누피야라는 마을이었다. 부처님을 만난 이들은 예를 올린 후 출가의 뜻을 밝혔다. 부처님은 흔쾌히 허락하셨다. 그런데 문제가 있었다. 승가에 들어오는 순간 세속에서의 지위나 신분, 나이 등은 모두 의미가 없어진다. 오로지 법랍에 따라 수계식受戒式을 먼저 치른 사람이 선배가 되는 구조였다. 따라서 나중에 출가한 자는 하루라도 먼저 출가한 자에게 선배로서의 예를 다해야 하는 것이다. 그렇다면 이들 일곱 명 가운데 누구를 가장 먼저 출가시켜야 하는가. 약간의 동요가 있은 후, 여섯 명의 석가 족 청년들은 제안한다.

"우팔리를 가장 먼저 출가시켜 주십시오. 저희들은 지금까지 매우 교만했습니다. 여기 있는 우팔리는 오랫동안 그런 저희들을 잘 섬겨 왔습니다. 부처님, 부디 그를 가장 먼저 출가시켜 주십시오. 저희들은 지금부터 그를 장로로 존경하고 합장하고 경례하겠습니다. 그럼으로써 저희들은 지금까지의 교만을 제거할 수 있을 것입니다."

세속에서 천대받던 우팔리를 선배로 모심으로써 자신들의 교만심을 제거하겠다니 이 얼마나 놀라운 일인가. 이렇게 해서 이발사 우팔리는 여래의 법과 율에 의해 살아가는 승가의 정식 구성원, 그것도 다른 여섯 명의 공경을 받는 장로로 다시 태어나게 된다.

평생 남의 머리를 잘라 주며 살던 우팔리였다. 수드라였기에 베다를 비롯한 그 어떤 학문적 소양을 쌓을 자격도 또 기예技藝를 닦을 기회도 없었다. 하지만 그 누구보다 성실한 삶을 살아 오며 몸에 밴 그만의 좋은 습성이 있었다. 부처님은 이를 간파하셨던 것 같다. 어느 날 우팔리는 부처님 앞에 나아가 이렇게 말씀드렸다.

"부처님, 저도 아란야阿蘭若에 들어가 수행하고 싶습니다. 허락해 주십시오."

아란야란 인적이 드문 한적한 장소를 말한다. 홀로 명상하기 좋았기 때문에 콘단냐나 마하캇사파 등과 같은 비구들은 아란야에서의 수행을 매우 즐겼다. 그런데 부처님은 허락하지 않으셨다.

"우팔리야, 아란야에서 수행을 한다는 것은 어려운 일이니라. 인적이 드문 곳에 머문다는 것은 참으로 쓸쓸한 일이고, 홀로 산다는 것 역시 힘든 일이니라. 특히 아직 정심定心을 얻지 못한 비구에게 있어 삼림森林은 그의 마음을 위축시킬 것이며, 들판은 그의 뜻을 뺏을 것이다. 너는 하지 말거라."

'왜 다른 수행자들은 가능한 수행을 나는 안 된다고 하시는 것일까?'

시무룩한 얼굴로 서 있는 우팔리에게 부처님은 다음과 같은 비유를 들어 말씀하셨다.

"우팔리야, 예를 들어 여기 하나의 큰 연못이 있다고 하자. 한 마리의 큰 코끼리가 찾아와 그 연못에 들어가 등을 씻고 귀를 씻는다. 참으로 보기만 해도 즐거운 광경이다. 그런데 멀리서 물끄러미 그 광경을 지켜보고 있던 한 마리의 토끼, 혹은 고양이가 그 즐거운 모습에 이끌려 코끼리가 떠난 후 연못 속에 들어가려고 한다. 하지만 그들은 한쪽 발을 연못에 넣는 순간 갑자기 두려움을 느껴 뛰어나오고 말았다. 무슨 이유겠느냐? 코끼리의 신체에 비해 그들의 신체는 너무나도 작기 때문이다."

우팔리의 수행에 대한 열정은 가상하지만, 아란야에서의 수행은 그에게 적합하지 않다고 판단하신 것이었다. 대신 부처님은 이렇게 말씀하셨다.

"우팔리야, 너는 승가 안에 머물러라. 승가 안에 머물고 있으면 너는 항상 안온할 수 있을 것이다."

부처님의 가르침을 받아들인 우팔리가 승가 안에 머물며 자신의 장점을 살린 것은 바로 계율戒律의 수지受持였다. 윗사람들을 섬기는 삶을 살며 몸에 밴 성실함과 섬세함으로 그는 계율 수행을 완성시켜 갔다. 율이 제정될 때마다 귀 기울여 들었고 또 철저하게 실천했다. 『테라가타』에는 계율수지에 대한 그의 의지를 엿볼 수 있는 다음과 같은 게송이 전해진다.

'믿음에 의해 세속을 떠나 새롭게 출가한 신참의 수행승은 게으름 피우지 말고 청정한 생활을 하는 좋은 친구들과 사귀어야 한다네.

믿음에 의해 세속을 떠나 새롭게 출가한 신참의 수행승은 승가 안에 살면서 총명하게 계율을 배워야 한다네.

믿음에 의해 세속을 떠나 새롭게 출가한 신참의 수행승은 해야 할 일과 해서는 안 될 일을 마음에 새겨 마음이 산란하지 않도록 해야 한다네.'

부처님이 그에게 승가에 머물라고 하신 것은 우팔리의 이런 근기를 통찰하셨기 때문일 것이다. 수드라 계급으로서 평생 짊어지고 가야 할 무거운 짐을 부처님과의 만남을 통해 내려놓았던 우팔리. 부처님의 가르침을 통해 다시 한번 자신의 가치를 발견한 우팔리는 지계제일이라는 평가를 받으며 왕사성결집王舍城結集에서 당당히 율律을 송출誦出하는 큰 역할을 맡을 정도로 모든 수행승들의 귀감이 되어 있었다.

법을 알기 쉽게 풀어 전하는 능력자
마하캇차야나 Mahākaccāyana

> 다른 사람이 나에게 '당신은 도둑이다'라고 말했다 해서
> 정말 내가 도둑인 것은 아니다.
> 다른 사람의 말에 의해 내가 성인이 되는 것도 아니다.
> 스스로 알고 있는 바 그대로, 신들 역시 우리 자신을 알고 있다.
> - 『테라가타』 497게

부처님께서 주로 활동하시던 갠지스 강의 중류 지역. 이곳에서 저 멀리 서남쪽에는 아완티라는 나라가 있었다. 부처님이 생전에 이곳을 방문하셨다는 기록은 찾아볼 수 없지만, 경전을 보면 부처님 생존 당시 이미 이곳에 불법이 널리 퍼져 있었음을 알 수 있다. 그것은 다름 아닌 마하캇차야나, 즉 대가전연大迦旃延이라 불리는 훌륭한 제자의 활동 덕분이었다.

캇차야나는 원래 아완티 국의 수도인 웃제니 출신이다. 당시 웃제니는 팟조타라는 왕의 통치하에 있었는데, 포악해서일까 아니면 용맹스러워서일까, 팟조타 왕은 이 두 가지 의미를 동시에 지니는 '찬다(caṇḍa)'라는 형용사를 동반해 '찬다 팟조타'라 불렸다. 캇차야나의 아버지는 팟조타 왕 밑에서 왕사王師로서 왕을 보

필하고 있었다. 이국에서 전해져 오는 부처님의 명성을 들은 팟조타 왕은 부처님이라는 인물, 그리고 그 가르침 등에 깊은 관심을 갖고 있다가, 어느 날 왕사의 아들인 캇차야나를 부처님이 계신 곳으로 파견했다. 부처님을 웃제니로 초청하기 위해서였다. 왕의 명령을 수행하기 위해 캇차야나는 왕의 신하 일곱 명과 더불어 사왓티 교외의 기원정사에 머물고 계신 부처님을 찾아뵙게 되었다. 이것이 부처님과 캇차야나의 첫 만남이다. 이때 그와 부처님 사이에 무슨 대화가 오고 갔는지 구체적인 것은 알 수 없으나, 캇차야나는 그 자리에서 부처님의 설법을 이해하고 출가해 비구가 되었다고 한다.

출가 후 캇차야나는 부처님의 10대 제자 가운데 한 명으로 꼽힐 정도로 존재감을 드러내게 되는데, 타의 추종을 불허하는 그의 능력은 바로 법을 알기 쉽게 풀어 전하는 것이었다. 한번은 이런 일이 있었다. 캇차야나가 부처님을 따라 라자가하의 남쪽 교외에 있던 타포다 정사에 머물고 있을 때였다. 사밋디라는 비구가 새벽녘 온천에서 목욕을 하고 있는 것을 본 캇차야나는 그에게 다가가 말을 걸었다.

"혹시 '일야현자一夜賢者의 게송'에 대해 들어 본 적이 있습니까?"

"아니, 없습니다."

"그렇다면 부처님께 청해서 배워 두는 것이 좋습니다. 매우 유익한 게송입니다."

좋은 가르침을 많은 수행자들과 함께 공유하고 싶었던 것이리라. 캇차야나의 권유를 받아들인 사밋디는 목욕을 마치자마자 서둘러 부처님을 찾아가 자초지종을 아뢰며, '일야현자의 게송'을 들려주실 것을 부탁드렸다. 그러자 부처님은 다음과 같이 말씀하셨다.

"과거를 돌아보지 마라. 미래를 염려하지 마라.

과거, 그것은 이미 지나갔으며, 미래, 그것은 아직 오지 않았느니……

다만 현재의 것을 그것이 있는 곳에서 있는 그대로 잘 관찰해라.

흔들림 없이, 동요하는 일 없이 잘 살펴서 실천해라.

오로지 지금 해야 할 일을 열심히 해라.

내일 당장 죽음이 찾아올지 그 누가 알겠는가.

실로 죽음의 대군을 피할 수는 없는 법이니…….

이와 같이 잘 알아서, 마음을 다해 밤낮으로 게으름 피우지 않고 실천하는 자,

이를 일야현자라고 한다. 또한 마음이 고요히 가라앉은 사람이라고 한다."

부처님께 이 게송을 들은 사밋디는 반복해서 암송하며 외웠는데, 그러다 보니 그 게송이 지니는 깊은 의미를 알고 싶어졌다. 하지만 부처님께 다시 여쭙는 것은 왠지 좀 죄송스러웠다. 이런 저런 궁리 끝에 그는 자신에게 '일야현자의 게송'을 들어보라고 권유했던 캇차야나를 떠올렸다. 하지만 사밋디의 부탁을 받은 캇차야나는 "이곳에는 부처님이 계신데 제게 그 해설을 청하다니, 여기 큰 나무가 솟아 있는데도 그 작은 가지에 의존하려는 것과 같습니다."라며 사양했다. 사밋디는 포기하지 않았다.

"저는 이미 이 게송을 부처님께 배웠습니다. 그런데 또 부처님께 설명까지 부탁드려 귀찮게 할 수는 없습니다. 당신은 이미 부처님께 그 게송에 대한 상세한 해설을 들으셨을 겁니다. 부탁드리오니 부디 그 이해한 바를 제게도 나누어 주십시오."

결국 캇차야나는 사밋디를 위해 가르침을 전했다.

"과거를 돌아본다는 것은 이런 것입니다. '내 눈은 과거에 이러했으며, 모든 색色(물질)은 과거에 이러했다.' 이와 같이 거기에는 탐욕에 의해 속박된 의식이 있습니다. 의식이 탐욕에 의해 속박되어 있기 때문에 그것을 기뻐합니다. 그것을 기뻐하기 때문에 과거를 돌아보는 것입니다. 따라서 과거를 돌아보지 않는다는 것은 '내 눈은 과거에 이러했으며, 모든 색은 과거에 이러했다' 하고 탐욕에 의해 의식이 속박되지 않는 것입니다. 의식이 탐욕에 의해 속박되어 있지 않으므로 그것을 기뻐하는 일이 없습니다. 그것을 기뻐하는 일이 없기 때문에 과거를 돌아보는 일 또한 없습니다. 과거를 돌아보지 않는다는 것은 이러한 것입니다."

캇차야나는 이런 식으로 귀와 코, 혀, 몸, 그리고 의식에 대해 동일한 해석을 하며 반복해서 설명해 갔다. 이렇게 상세한 설명을 들은 사밋디는 크게 기뻐하며 부처님께 가서 이 사실을 말씀드렸다. 그러자 부처님께서는 "비구들이여, 마하캇차야나는 현자다. 마하캇차야나는 대지혜자다. 만약 너희가 내게 와서 그 뜻을 물었다 해도 나 역시 마하캇차야나가 해설한 것처럼 말했을 것이다. 그의 설명을 잘 기억해야 한다."고 하셨다.

이 외에도 그가 6근根 6경境이라는 주관과 객관의 작용에 의해 6식識이라는 인식이 생겨난다고 하는 불교의 인식론認識論을 설해 부처님께 칭찬받는 등 경전에는 그가 부처님의 가르침을 쉽게 풀어서 설명하는 탁월한 능력을 지니고 있었음을 엿볼 수 있는 수많은 전승이 남아 있다. 이와 같이 사람들에게 불법을 쉽게 전달하는 능력을 지니고 있던 캇차야나는 포교사로서의 재능을 발휘해 많은 사람들을 제도하며, 부처님에게서 불제자 가운데 광설廣說제일 혹은 논의論議제일이라는 찬사를 받게 된다.

캇차야나의 업적 가운데 또 한 가지 주목할 점은 불교의 중심지가 아닌 변국邊國에서도 구족계 의식이 이루어지도록 한 것이다. 캇차야나가 아완티의 시골 마을인 쿠라라가라 근처의 파왓타 산에 머물며 포교 활동을 하고 있을 때의 일이었다. 그에게는

소나라는 시자가 있었다. 캇차야나의 시중을 들며 날마다 설법을 듣고 있던 그는 출가해 본격적으로 수행을 하고 싶다는 원을 세우고, 그 뜻을 캇차야나에게 전했다. 처음에는 출가 생활의 어려움을 생각해 소나의 부탁을 거절했지만, 결국 끈질긴 소나의 설득을 못 이기고 출가를 허락하게 된다. 그런데 문제는 아완티가 변국이기 때문에 구족계 의식을 실행하는 데 필요한 3사師 7증證을 구할 수가 없었다. 3사 7증이란 구족계 의식을 치르기 위해 필요한 세 명의 스승과 일곱 명의 증인으로, 율장律藏에 의하면 이 열 명의 비구가 동석한 자리에서 구족계가 이루어져야 그 유효성이 인정된다. 하지만 아완티 같은 시골 나라에서 열 명의 비구를 모으기란 그리 쉬운 일이 아니었다. 결국 소나가 구족계를 받은 것은 그 후 3년이라는 세월이 흐른 뒤였다.

이렇게 힘들게 출가한 소나는 열심히 수행 정진했다. 그러던 어느 날이었다. 스승을 통해 말로만 듣던 부처님, 그 부처님을 꼭 만나 뵙고 싶었다. 소나는 부처님이 계신 코살라 국에 다녀올 수 있게 해 달라고 캇차야나에게 부탁했다. 캇차야나는 기꺼이 승낙하며 부처님을 만나면 다음과 같이 여쭈라고 당부했다.

"아완티 국에는 비구의 수가 너무 적어 소나를 출가시키기 위한 비구를 모으는 데 3년씩이나 걸렸습니다. 부디 변국에서는 구족계 의식을 거행하는 데 필요한 비구의 숫자를 줄여 주십시오. 아완티의 토양은 거칠고 소 발굽으로 인해 도로가 딱딱해져 한 겹의 신발로는 생활하기 어렵습니다. 부디 여러 겹으로 된 신발을 신는 것을 허락해 주십시오. 이 지방에서는 목욕을 자주 해 몸을 깨끗이 하는 풍습이 있습니다. 부디 이 풍습에 따르는 것을 허락해 주십시오. 이 나라는 짐승의 가죽을 깔개로 쓰는 풍습이 있는데 이 풍습대로 생활할 것을 허락해 주십시오. 또 이 나라에서는 다른 나라로 가는 사람에게 옷을 주는 풍습이 있는데 율에는 이에 대한 답이 없습니다. 가르침을 주십시오."

아완티는 부처님이 활동하시던 갠지스 강 중류 지역과는 기후나 풍습 등 다른 면이 많았고, 따라서 지키기 어려운 율 조항이 많았다. 평소 율 수지의 어려움을 느끼고 있던 캇차야나는 소나를 통해 이 사실을 부처님께 알리고 허락을 받고자 한 것이었다. 소나는 스승의 말을 가슴 깊이 새기고 아완티를 떠나 오랜 여행 후 마침내 부처님이 계신 기원정사에 도착했다. 부처님은 멀리 시골에서 온 소나를 따뜻하게 맞이하며 아난다에게 시켜 거처를 마련해 주었다. 다음날 아침 소나는 부처님을 뵙는 자리에서 캇차야나의 부탁을 상세히 아뢰며 아완티 국의 사정도 설명했다. 그러자 부처님은 아완티와 같은 변국에서는 다섯 명의 비구들이 계율을 줄 수 있다고 허락하시고, 이 외 다른 네 가지에 대해서도 인정하셨다고 한다. 이렇게 해서 비구를 구하기 어려운 변국에서는 다섯 명으로도 구족계 의식을 실행할 수 있도록 의식 준비 과정이 간소화되었고, 이로 인해 불교는 좀 더 다양한 지역에 뿌리를 내릴 수 있게 된다.

불법을 쉽게 풀어 전하는 능력, 그리고 엄격하면서도 유연한 현실 감각을 통해 불법 전파에 큰 공을 세웠던 캇차야나. 초기 불교 교단의 대표적인 포교 전법사傳法師로 그가 아닌 누구를 꼽을 수 있겠는가.

해상무역의 대상인, 빛나는 화술을 지닌
푼나 Puṇṇa

> 온화함으로 분노를 이겨야 한다.
> 선으로 악을 이겨야 한다.
> 자비로써 탐욕을 이겨야 한다.
> 진실로써 거짓말하는 자를 이겨야 한다.
> - 『담마파다』 223게

사리풋타, 목갈라나, 마하캇사파, 아누룻다, 수부티, 마하캇차야나, 우팔리, 라훌라, 아난다, 그리고 푼나. 이른바 부처님의 10대 제자라 불리는 인물들이다. 사리풋타는 지혜智慧, 목갈라나는 신통神通, 마하캇사파는 두타頭陀, 아누룻다는 천안天眼, 수부티는 해공解空, 마하캇차야나는 논의論議, 우팔리는 지계持戒, 라훌라는 밀행密行, 아난다는 다문多聞, 그리고 푼나는 설법說法에 있어 각각 최고라 평가되는, 그야말로 내로라하는 대제자들이다. 그 명성만큼 이들에게 얽힌 일화도 많아 불교 문헌 곳곳에서 그들의 출가 전의 삶이나 출가 동기, 과정, 그리고 출가 후 승가에서 생활하며 겪게 되는 갖가지 에피소드들을 접할 수 있다. 그런데 예외가 있다. 바로 푼나, 즉 부루나富樓那 존자다. 10대 제자 가운데 한 명으로 거론되는 그이지만, 다른 제자들과는 달리 이상하리만치 정보를 얻기 힘들다. 왜일까? 그 이유는 푼나의 삶에서 찾을 수 있었다.

부처님이 한창 활동하시던 무렵, 인도의 무역 상인들은 저 멀리 메소포타미아 지방까지 나가서 교역을 하는 등 매우 활발한 해상무역을 펼치고 있었다. 그 상인들 가운데서도 유난히 높은 명성을 드날리며 상인들의 입에 오르내리는 자가 있었다. 바로 푼나라 불리는 대상인이었다. 해상무역을 통해 부의 축적을 꿈꾸는 상인들에게 있어 그는 갈망의 대상이었다. 인도 서해안에 위치한 수나파란타 국의 항구 도시 수파라카 출신이었던 그는 아버지 역시 장사로 많은 돈을 번 대장자였다. 그러나 아버지와 노비 사이에서 생긴 자식이었던 그는 아버지가 죽자 형제들 간의 싸움에서 밀려 재산 한 푼도 나누어 받지 못한 채 쫓겨나고 말았다. 비록 재산은 물려받지 못했으나 아버지에게서 상인으로서의 재주는 이어받았던 것일까. 무일푼으로 집을 나섰지만 그는 우연히 얻은 향나무를 자본으로 장사를 해 큰 자산을 이루게 된다. 그 후 그는 해상무역을 전문으로 하는 대상인이 되었다.

몇 달 동안이나 거친 바다와 싸우며 미지의 세계로 나가 낯선 사람들과 무역을 해야 하는 힘든 일이었지만, 푼나는 힘과 용기를 통해 이 일을 거뜬히 성공적으로 해냈다. 그는 여섯 번이나 바다를 건너가 무역을 해서 큰 재산을 쌓았다고 한다. 이러한 그의 명성은 저 멀리 코살라 국의 사왓티까지 퍼졌고, 그의 무용담을 들은 사왓티의 상인들은 재물을 들고 푼나를 찾아와 자신들도 해상무역에 참가할 수 있게 해 달라고 청원했다. 이렇게 해서 푼나는 저 멀리 사왓티에서 찾아온 상인들과 함께 그의 생애 일곱 번째 항해에 나서게 된다.

그런데 푼나는 사왓티에서 온 상인들이 매우 기이한 행동을 한다는 것을 알게 되었다. 매일 아침저녁으로 한 자리에 모여서는 무언가를 열심히 읊조리는 것이었다. 노래 같기도 하고 주문 같기도 하고 도무지 내용을 알아들을 수 없었다. 며칠을 눈여겨보던 푼나는 그들에게 조심스럽게 물었다.

"함께 노래를 부르시는 겁니까?"

"아닙니다. 노래가 아닙니다."

"그럼, 주문입니까?"

"아닙니다."

"그럼, 무엇을 그렇게 매일 함께 읊조리시는 겁니까?"

"부처님의 가르침입니다. 저희들은 부처님께 귀의한 자들로, 그분의 가르침을 함께 되새기고 있는 것입니다."

부처님께서 활동하시던 중인도에서 멀리 떨어진 인도의 서해안, 그리고 바다 위에서만 살아 온 푼나는 아직 부처님에 대해 들은 바가 없었다. 호기심을 느낀 푼나는 그들에게 물었다.

"부처님은 어떤 분이신가요?"

"석가 족에서 출가하신 분입니다. 사문 고타마라 불리지요. 오랜 수행 끝에 깨달음을 얻으셨습니다. 그분을 부처님이라고 합니다. 그분은……."

상인들의 입에서 줄줄이 흘러나오는 부처님에 대한 정보를 듣고 있노라니, 푼나의 몸과 마음이 왠지 모를 감동으로 전율했다.

"그분은 지금 어디 계신가요?"

"코살라 국의 사왓티 시 근교에 있는 제타 숲에서 수닷타 장자가 세운 정사에 머물고 계십니다."

'이 항해가 끝나면 꼭 그분을 찾아가 보리라.'

푼나는 마음 한구석에 부처님과의 만남을 그리며 길고도 긴 항해를 계속했다. 그들의 항해는 바빌론까지 이어졌고 큰 이익을 거두었다고 한다.

수파라카로 돌아온 푼나는 여독을 풀 겨를도 없이 사왓티를 향해 길을 나섰다. 먼저 그가 찾은 것은 수닷타 장자였다.

"아니 푼나 장자께서 이 먼 길을 무슨 일이십니까? 특별한 무역이라도 있으십니까?"

놀라서 묻는 수닷타에게 푼나는 대답했다.

"아닙니다. 이번에 온 것은 장사 때문이 아니라, 부처님의 가르침을 듣고자 해서입니다. 저를 그분께 소개해 주실 수 있겠습니까?"

이렇게 해서 두 사람은 함께 부처님이 계신 기원정사를 찾았고, 부처님의 가르침을 들은 푼나는 그 즉시 출가해 수행자의 길을 걸었다고 한다. 오랜 세월 해상무역 등을 통해 낯선 사람들과 교류하며 그 마음을 움직여 매매를 성사시켜 온 화술이 빛을 발했던 것일까. 그의 화술은 그 어떤 제자와도 비교할 수 없을 정도로 뛰어난 것이었다. 그의 설법을 들은 사람들은 거부감 없이 자신의 허물을 돌아보았고, 그 허물을 참회하며 진리의 통찰을 위해 노력했으며, 나아가 밝은 지혜를 얻게 되었다. 그가 설법제일이라 불리는 연유다. 지혜제일이라 불리는 사리풋타조차 푼나의 인격과 설법 능력에는 경의를 표할 정도였다고 한다.

그러던 어느 날이었다. 푼나는 큰 결심을 하게 된다. 출가하기 전 자신의 생활 터전이었던 수나파란타로 가서 아직 부처님의 가르침을 접하지 못했을 그들을 위해 남은 생애를 보내겠다는 것이었다. 출발을 앞두고 푼나는 인사를 드리기 위해 부처님을 찾았다.

"푼나야, 너는 도대체 어디로 가려 하느냐?"

"부처님, 저는 고향인 수나파란타에 가서 불법을 전하고자 합니다."

자신이 태어난 곳에 가서 불법을 전하고 싶어 하는 그의 마음을 모르는 것은 아니었지만, 소문에 의하면 그곳 사람들은 매우 사나운 기질을 지녔다고 한다. 걱정이 되신 부처님께서 물으셨다.

"푼나야, 수나파란타 사람들은 성질이 사납고 흉악하다고 하던데, 만약 그들이 너를 면전에서 조롱하거나 비난한다면 너는 어찌하겠느냐?"

"부처님, 만약 그런 일이 생긴다면 저는 이렇게 생각할 것입니다. '수나파란타 사람들은 정말 착하구나. 주먹으로 나를 때리지는 않으니 이 얼마나 착한 사람들인가.'"

부처님께서는 다시 물으셨다.

"그렇다면 푼나야, 만약 그들이 주먹으로 너를 때린다면 너는 어떻게 할 것이냐?"

"그때는 이렇게 생각하겠습니다. '수나파란타 사람들은 정말 착하구나. 나에게 흙덩어리를 던지지 않으니 이 얼마나 착한 사람들인가.'"

"그렇다면 푼나야, 만약 그들이 너에게 흙덩어리를 던진다면 그때는 어떻게 하겠느냐?"

"그때는 이렇게 생각하겠습니다. '수나파란타 사람들은 정말 착하구나. 몽둥이로 나를 두들겨 패지는 않으니 이 얼마나 착한 사람들인가.'"

부처님은 또 물으셨다.

"그렇다면 푼나야, 만약 그들이 몽둥이로 너를 두들겨 팬다면 그때는 어떻게 하겠느냐?"

"그때는 이렇게 생각하겠습니다. '수나파란타 사람들은 정말 착하구나. 칼을 가지고 나를 해치지는 않으니 이 얼마나 착한 사람들인가.'"

마지막으로 부처님은 물으셨다.

"그렇다면 푼나야, 만약 그들이 칼로 너의 생명을 뺏는다면 그때는 어떻게 하겠느냐?"

"부처님이시여, 부처님의 제자들 가운데는 그 몸을 혐오하고 그 목숨에 번민해 스스로 칼을 들려 하는 자도 있다고 들었습니다. 그러니 만약 그런 일이 있다면 저는 스스로 구하지 않고 그것을 성취할 수 있는 것입니다. 저는 그렇게 생각하겠습니다."

푼나의 굳은 의지를 확인하신 부처님은 말씀하셨다.

"푼나야, 좋다. 그 정도의 각오라면 수나파란타에 가서 법을 펼칠 수 있을 것이다. 가거라."

이렇게 해서 푼나는 수나파란타로 갔고 그해 500명을 불법에 귀의시켰다고 한다. 하지만 무슨 이유인지 같은 해 우기가 끝날 무렵, 아직 젊은 나이인 그는 이 세상을 떠나고 만다.

타고난 출신 때문에 어느 날 갑자기 빈 몸으로 세상 한 가운데로 내버려져 힘든 삶을 살아야 했지만, 적극적이고도 능동적인 성품으로 그 모든 어려움을 이겨내고 대상인으로 성공한 푼나. 그가 상인들의 이야기만을 듣고 부처님께 왜 그토록 강한 호감을 느꼈는지 그 이유는 알 수 없지만, 부처님과의 만남 역시 그의 단호한 성격 덕분에 가능했을 것이다. 또 다른 전승에 의하면, 푼나는 부처님이 태어나신 고향에 있는 도나왓투라는 바라문 촌에서 태어났으며, 그의 어머니 만타니는 초전법륜의 다섯 비구 가운데 한 명인 콘단냐의 여동생이었다고 한다. 따라서 어렸을 때부터 푼나는 바라문의 자제로서 최상의 교육을 받으며 많은 공부를 했다고 한다. 하지만 이런 전승보다는 그가 수파라카의 해상 대무역가였다는 앞의 전승에 훨씬 마음이 간다. 설법이란 단지 지식이 많다고 해서, 혹은 머리가 좋다고 해서만 잘할 수 있는 것은 아닐 것이기 때문이다. 파란만장한 삶 속에서 지혜를 얻고 사람에 대한 진정한 이해를 얻은 그였기에 많은 이들의 마음속에 불법을 심을 수 있었던 것이다.

부처님의 활동 무대 저 멀리 있던 수파라카와 바다 위에서 젊은 시절을 보내고, 부처님을 만났지만 다시 수나파란타로 가서 생애를 마쳤던 푼나. 설법을 통해 당시 고통 받는 많은 사람들의 마음을 어루만져 주었던 그였기에, 또 자신의 목숨까지 아낌없이 내놓는 최상의 인욕 정신으로 불법을 전하고자 한 용기 있는 그였기에 위대한 10대 제자 가운데 한 명으로 꼽히는 것이리라.

'지붕이 있으나 없으나' 공의 진리에 으뜸인
수부티 Subhūti

나의 정사는 쾌적하다네. 지붕은 잘 이었고 바람도 들어오지 않는다네.
천신이여, 마음껏 비를 뿌리게나. 내 마음은 평온하며 해탈했다네.
나는 항상 노력하고 있다네. 천신이여, 비를 뿌리게나.
- 『테라가타』 1게

"천신이여, 마음껏 비를 뿌리게나."

수행을 완성해 이상적 경지에 도달한 불제자의 심경이 고스란히 느껴지는 한마디다. 이 말 속에는 깨달음을 획득해 완벽한 상태에 놓인 자의 자신감이 담겨 있다. 설사 천신이 무시무시한 기세로 비를 쏟아붓는다 한들 자신의 정사, 말하자면 깨달음으로 무장한 자신의 심신心身은 조금도 동요하지 않을 만큼 안정되고 견고하다. 수행승으로서 최고의 자신감이다. 초기 경전에서 이 말은 주로 깨달음의 경지에 도달한 불제자들이 자신의 심경을 표현할 때 사용되곤 하는데, 특히 대표적인 것은 바로 부처님의 10대 제자 가운데 한 명인 해공解空제일 수부티의 경우다. 우리에게는 수보리須菩提 존자라는 한역 이름으로 더 잘 알려진 인물이다.

수부티라는 존재는 조금 신비스럽다. 대승경전大乘經典에서는 그 어떤 제자보다 두드러진 역할을 하며 사리풋타 같은 대제자를 마치 어린아이 다루듯 하며 대사자후大獅子吼를 발하는 위풍당당한 인물로 묘사되지만, 초기 경전에서는 너무나도 조용하고 온화한, 오로지 수행에만 몰입해 살아가는 인물로 그려지기 때문이다. 하지만 "천신이여, 마음껏 비를 뿌리게나."라는 한마디에 담긴 그의 당당함 속에서 경전의 종류를 초월해 그가 멋진 수행자로 그려질 수 있는 이유를 발견하게 된다.

수부티는 코살라 국의 수도 사왓티에서 태어났다. 아버지 수마나 장자는 부처님께 기원정사를 보시한 것으로 유명한 수닷타 장자의 동생이다. 즉 수부티는 수닷타 장자의 조카인 셈이다. 수닷타 장자가 우여곡절 끝에 마련한 기원정사를 부처님께 바치던 날, 수부티는 그 자리에 동석했다가 부처님의 설법을 접하게 된다. 크게 감명받은 수부티는 출가를 결심하고 그 자리에서 부처님의 제자가 된다. 출가 후 그는 부처님의 10대 제자 중 한 명으로 꼽힐 정도로 중요시되지만, 특별히 승가 운영이나 타인의 교화 등에 있어 적극적인 모습이나 두드러진 능력은 보이지 않고 있다. 초기 경전에서 그에 대해 언급하는 기술은 많지 않은데, 몇 가지 자료에 비추어 판단해 보면 수부티는 매우 온화하고도 조심성 많은 성품이었던 것으로 보인다.

그러한 성품을 엿볼 수 있는 가장 대표적인 일화는 그가 '지붕 없는 정사'에 머문 사건이다. 수부티가 마가다 국의 라자가하를 찾았을 때의 일이다. 빔비사라 왕은 부처님의 10대 제자 가운데 한 명인 수부티의 방문 소식을 듣고 한걸음에 달려온다. 그의 설법을 들은 왕은 크게 감동했고 답례로 정사를 지어 주기로 약속한다. 왕의 지시를 받은 자들은 열심히 정사를 지었다. 하지만 당시 16대국 가운데 최강국의 수장으로 주변 국가의 병합 등 바쁜 일정을 보내고 있던 왕은 정사를 완성하기까지 세심하게 마음을 쓰지 못했다. 그리고 정사를 짓는 작업이 그만 도중에 중단되어 지붕이 만들어지지 못한 채 몇 달 동안 방치되고 만다. 그러나 수부티는 이에 불평 한마디 없이 그 지붕 없는 암자에 머물렀다고 한다.

그렇게 몇 달 동안 수부티는 지붕 없는 암자에서 하늘의 별을 벗삼아 평온하게 수행에 정진하며 지냈다. 이 모습에 하늘도 감동했던 것일까. 수부티가 지붕 없는 암자에 머무는 동안 하늘에서는 단 한 방울의 비도 내리지 않았다. 마가다 국의 사람들은 타는 듯한 햇볕과 가뭄에 신음하며 고통스러워했다. 보다 못한 왕은 비가 내리지 않는 연유를 알아보게 했고, 아마도 수부티의 정사와 관련이 있는 것이 아닌가 하는 보고를 듣게 된다. 왕은 그제야 자신의 실수를 깨달았고, 서둘러 정사에 지붕을 이도록 했다.

그러자 하늘에서는 곧바로 비가 쏟아져 내렸고 마가다 국에는 다시금 삶의 윤기가 돌았다고 한다.

"지붕을 이어 주십시오."

어렵지 않게 던질 수 있는 한마디였지만, 수부티는 하지 않았다. 지붕이 없어 비나 밤이슬은 피할 수 없지만 벽이 있으니 바람은 피할 수 있었다. 아마도 수부티는 그것만으로도 충분히 감사한 일이라 생각했던 것이리라. 또한 공空의 진리를 체득한 그에게 있어 지붕이 있고 없는 것이 뭐 그리 대단한 일이겠는가. 그 어떤 것에도 집착하지 않고 있는 그대로의 실상을 꿰뚫어 보는 수부티를 부처님은 '해공제일'이라 평가하셨다. 눈에 보이는 것에 대한 집착을 떠나 모든 것은 공이라는 도리를 체득하는 데 있어 최고였기 때문이다. 한번은 이런 일도 있었다.

부처님이 33천, 즉 도리천忉利天에 올라 마야 부인을 위해 3개월 동안 설법하신 후 강하하시고자 했을 때의 일이다. 사람들은 모두 자기가 먼저 부처님을 맞이하겠다며 앞다투어 나섰지만, 어쩐 일인지 수부티만은 꼼짝도 하지 않은 채 자리를 지키고 앉아 있었다. 그는 일찍이 부처님의 가르침을 듣고 제법諸法은 공하다는 것을 이해하고 제법의 실상을 체득하고 있었기 때문에, 지혜의 눈으로 부처님의 법신法身을 관찰하고 있었던 것이다. '불신佛身의 공空'을 보았을 때 불신이 공하다는 것을 보는 것보다는 공 그 자체를 보는 것이 훨씬 중요하다고 생각해 자리를 지켰던 것이다. 결국 가장 먼저 부처님을 맞이한 것은 그 유명한 웁파라완나 비구니였다. 하지만 그녀를 향해 부처님은 이렇게 말씀하셨다고 한다.

"나를 첫 번째로 맞이한 자는 네가 아닌 수부티니라. 그는 공을 관찰하고 내 법신을 최초로 보았느니라."

수부티는 부처님의 육체에 대한 집착을 떠난 참된 공의 경지를 체득하고 있었던 것이다.

아이러니하게도 '해공제일' 외에, 조용히 수행에만 전념하며 지내던 그를 최고로 평가하는 수식어는 다른 유명한 제자들에 비해 월등히 많다. '무쟁無諍제일' 역시 그를 평가하는 대표적인 수식어다. 어느 날 부처님은 제자들에게 무쟁, 즉 싸움 없는 삶에 대해 설법하시며 괴로움의 무더기를 없애지 못한 채 오히려 더욱더 쌓게 하는 일상생활의 모든 잘못된 행行을 끊고, 괴로움의 무더기를 없앨 뿐 아니라 생기지 않게 하는 올바른 행, 즉 팔정도 八正道를 열심히 닦으라고 하셨다. 그리고 이 설법 마지막에 "비구들이여, 수부티는 무쟁도無諍道를 행하는 자다."라며 수부티를 무쟁의 삶을 사는 최고의 모범으로 꼽으셨다고 한다.

불화를 만들지 않는 그의 이런 삶 역시 공의 이치를 깨달았기에 가능한 일이었을 것이다. 이 외에도 그는 누구보다 신자의 공양을 많이 받았다 해서 '피공양被供養제일'이라 평가되기도 한다. 또한 아란야제일, 여실설법如實說法제일, 성묵연聖默然제일 등 실로 여러 가지 면에서 최고로 꼽히고 있다. 특별히 눈에 띄는 활약을 한 존재는 아니었지만, 수부티는 수행이나 인격적인 면에서 주변 사람들에게 이렇듯 훌륭한 평가를 받는 인물이었다.

또 이런 일화도 있다. 어느 날 그는 삿다(Saddha:信)라는 이름의 비구와 함께 부처님을 찾았다. 삿다 비구는 구족계를 받은 지 얼마 되지 않은 신참 비구였다. 부처님은 물으셨다.

"수부티야, 이 비구의 이름은 무엇이냐?"

"부처님, 이 비구는 삿다라고 합니다. 신심이 두터운 재가신도의 아들입니다. 그 역시 신심이 두터워 출가해 비구가 되었습니다."

아마도 수부티는 삿다라는 비구를 부처님께 소개하고 싶었는지도 모른다. 부처님은 물으셨다.

"수부티야, 그렇다면 도대체 믿음이란 무엇이냐? 어떤 경우에 그 사람은 신심이 두텁다고 말할 수 있느냐?"

그러자 수부티는 분명하게 대답하기 어려웠다.

"부처님이시여, 바라옵건대 그 믿음의 특징에 관해 말씀해 주십시오."

그러자 부처님은 믿음이 지니는 특징에 관해 말씀하신다.

"우선 계를 존중하고, 계를 잘 지키는 것이다. 이어 법을 듣고 그 법을 잘 기억해 수지하는 것이다. 또한 승가에서 도반들과 잘 어울리는 것이다. 교계를 받았을 때는 순수하게 받아들여 따르고, 수행에 있어서는 게으름 피우지 않고, 법을 행할 때는 환희심 歡喜心을 갖고 해야 한다."

믿음에 관한 부처님의 설법을 들으며 곰곰이 생각한 수부티는 삿다 비구가 그와 같은 특징을 가지고 있다는 생각이 들었다. 그래서 "부처님이시여, 이 비구는 지금 말씀하신 믿음의 특징을 모두 갖추고 있다고 생각됩니다."라고 했다. 그러자 부처님은 얼굴 가득 온화한 미소를 머금고 잠시 수부티의 얼굴을 바라보셨다. 그러고는 고개를 끄덕거리며 말씀하셨다. "훌륭하구나, 수부티야. 그렇다면 너는 이 비구와 함께 머물러라. 또한 나를 만나고 싶을 때는 이 비구와 함께 오너라."

아직 신참이지만 불법승 삼보에 대한 굳건한 믿음하에 심신을 잘 다스리며 승가의 일원으로서 적응해 가는 삿다. 조금도 삿된 감정을 개입시키지 않고 부처님의 가르침에 근거해 있는 그대로 그를 바라보고 또한 받아들이고 있는 수부티. 부처님의 눈에 이 두 사람의 모습이 얼마나 예뻐 보이셨을까. 두 사람의 동주 同住는 그 자체로 서로에게 큰 가르침을 줄 수 있으리라 생각하셨을 것이다. 수부티는 이렇듯 조심스럽고도 신중한 성격의 소유자였던 것 같다.

『테라가타』에는 수부티가 읊었다고 하는 다음과 같은 게송이 전해진다.

'나의 정사는 쾌적하다네. 지붕은 잘 이었고 바람도 들어오지 않는다네. 천신이여, 마음껏 비를 뿌리게나. 내 마음은 평온하며 해탈했다네. 나는 항상 노력하고 있다네. 천신이여, 비를 뿌리게나.'

얼마나 자유롭고 평안한 경지이기에, 또 얼마나 확고한 자신감과 만족감을 느꼈기에 이런 게송이 입에서 나올 수 있는 것일까. 게다가 이런 상태에서조차 정진 노력하는 성실함을 놓아 버리지 않는 수부티다. 부처님의 가르침을 실천하며 정진 노력하는 수행승으로서 그가 보여준 이런 모범적인 삶이야말로 훗날 대승경전에서 공에 대해 말씀하시는 부처님의 대화 상대로 그를 등장시키게 한 원동력일 것이다.

불교를 무척 싫어한 이교도
바라드와자 Bhāradvāja

과거에도 없었고, 미래에도 없을 것이며, 현재에도 없다.
항상 비난만 받을 사람도, 항상 칭찬만 받을 사람도.
– 『담마파다』 228게

불교가 발생한 기원전 6세기 무렵, 인도의 종교계는 기존의 바라문교와 이에 대항하는 사문이라 불리는 다양한 사상가들의 등장으로 복잡한 상황이었다. 부처님 역시 사문종교가의 한 사람으로 등장해 당시 가치관의 혼란을 겪고 있던 사람들에게 진리를 전했는데, 배화교도였던 캇사파 3형제, 그리고 회의론자 산자야 벨라티풋타의 제자였던 사리풋타와 목갈라나 등에 의한 대규모 귀의를 통해 알 수 있듯이, 불교는 등장 초기부터 다른 종교가들에게 지대한 영향을 미쳤던 것으로 보인다.

이와 같은 불교 교단의 급속한 발전은 이종교인들에 의한 불교 폄하, 비난, 중상모략 등을 불러일으킨다. 부처님의 왕성한 전법 활동으로 바라문을 비롯한 이교도들의 공양물이 줄어들었기 때문에, 이를 시기한 일부 종교가들은 때로는 아주 유치한 방법으로 부처님을 궁지에 몰아넣으려 했다. 예를 들어 아지비카(Ājīvika) 교도들은 싱카라는 아름다운 여인에게 부탁해 그녀가 부처님의 아기를 가졌다는 소문을 퍼뜨려 부처님의 명성을 떨어뜨리려 했다. 하지만 이런 시도들은 결국 거짓임이 드러나고, 오히려 결과적으로 불교 교단을 더욱더 융성하게 만드는 계기가 되었다.

그러나 단순한 시기가 아닌, 자신이 믿고 있는 종교의 가르침에 대한 확신 때문에 불교를 불신하는 경우도 많았는데, 이럴 경우 부처님의 절묘한 설법이 큰 힘을 발휘했던 것으로 보인다. 특히 사회 곳곳에 뿌리 깊게 그 영향력을 행사하고 있던 바라문들은 쉽게 불교를 받아들이지 않았으며 보수적인 성향을 고수했다. 그러나 부처님은 이들의 교의가 지니는 모순을 명확하게 지적하며 시기적절한 설법을 적극적으로 펼침으로써 이들을 교화해 갔다. 초기 경전에는 이런 이야기들이 많이 전해지는데, 그 가운데 대표적인 예가 바라드와자다.

바라드와자는 마가다 국의 수도 라자가하에 사는 바라문으로 불교를 아주 싫어했다. 그런데 그의 아내 다난쟈니는 불교 신도였다. 우연한 기회에 부처님의 설법을 접하게 된 그녀는 깊은 감동을 받고, 이후 부처님께 귀의해 신심 깊은 우바이로 살았다. 바라드와자는 자신과 종교를 함께해 주지 않는 다난쟈니가 야속했다. 게다가 열성적인 불교도였던 다난쟈니는 삼보귀의의 게송을 입에 달고 살았다.

"부처님께 귀의합니다……."

매일 입버릇처럼 읊어대는 아내의 이 말에 바라드와자는 온몸을 부르르 떨며 넌덜머리를 쳤다. 하지만 이미 불법에 대한 믿음으로 가득 찬 다난쟈니의 마음을 움직일 도리도 없어 난감할 뿐이었다. 이런 감정은 다난쟈니 역시 마찬가지였다. 어떻게든 불법을 접하게 해 부처님에 대한 남편의 편견을 깰 수는 없을까, 고민이었다.

그러던 어느 날이었다. 바라드와자는 500명의 바라문을 집으로 초대해 공양하려고 마음먹었다. 그런데 아내 다난쟈니가 마음에 걸렸다. 바라문교도가 아닌 그녀가 혹시 실례를 범하지는 않을까 걱정이 되었던 것이다. 그는 아내에게 말했다.

"내일 500명의 바라문을 초대해 식사 공양을 올리려 하니, 제발 내일만큼은 그 입에 달고 사는 삼보귀의의 게송을 읊지 마시오."

하지만 다난쟈니는 말한다.

"죄송하지만, 그것만은 약속드릴 수 없을 것 같습니다."

이미 입에 익숙해져 버린, 자신의 삶 그 자체가 되어 버린 게송이었다. 기쁠 때나 슬플 때나 언제나 중얼거리며 마음의 위로와 평안을 얻어 온 말이었다. 자신의 의지와는 상관없이 언제

어떻게 튀어나올지 모를 말이었던 것이다. 바라드와자는 분노했다. 내일 하루만 조용히 있으라는데 그걸 약속하지 못하겠다니……. 그는 순간 이성을 잃고 화를 내며 칼을 뽑아 들었다.

"약속하시오. 약속하지 않는다면 이 칼로 당신을 죽여 버릴 것이오."

하지만 그녀는 남편의 으름장에 조금도 굴하지 않고 조용히 말한다.

"원하는 대로 하십시오."

이렇게 두 사람은 밤새도록 다투었다. 그렇게 날은 밝았고 공양을 받기 위해 500명의 바라문들이 하나 둘 모여들기 시작했다.

다난쟈니는 서둘러 옷을 갈아입고 손수 바라문들을 접대했다. 남편과의 싸움으로 심신이 지쳐 있었지만 남편이 초대한 바라문들을 나 몰라라 할 수는 없는 노릇이었다. 그런데 음식을 차리다 그만 그릇이 한쪽으로 기울면서 뜨거운 국물이 그녀의 손등에 튀었다. 순간 너무 놀란 그녀의 입에서는 자연스럽게 삼보귀의 게송이 튀어나오고 말았다. 그러자 음식을 기다리던 500명 바라문들의 시선이 일제히 그녀에게로 쏠렸다. 사신들을 초대해 놓고 부처님에 대한 귀의를 입에 담는 그녀를 어찌 용서할 수 있단 말인가. 결국 바라문들은 불쾌해하며 모두 자리를 박차고 일어나 나가 버렸다.

이제 바라드와자도 더 이상 그녀를 용서할 수 없었다. 자신에게 밥상을 차려 주면서도 부처님에 대한 귀의를 외치는 그녀였다. 평소부터 못마땅했던 감정이 드디어 폭발했다. 바라드와자는 말했다.

"이제 그만 좀 하시오. 당신이 항상 그토록 칭송하고 존경하는 그 빡빡머리 사문을 내 오늘 논파해 보일 것이오."

그 말을 듣자 다난쟈니는 기다렸다는 듯이 대답한다.

"좋을 대로 하세요. 그 어떤 사람, 혹은 신이라 할지라도 그분을 논파할 수 있는 자는 없습니다. 하지만 원하신다면 찾아가 보세요. 그러면 부처님이 어떤 분인지 알게 될 것입니다."

아내의 대답에 한층 불쾌해진 바라드와자는 그길로 부처님이 계신 죽림정사로 달려갔다. 그리고 인사를 나눈 후 한쪽에 앉아 이렇게 질문을 던진다.

"고타마여, 무엇을 죽이면 행복하게 자고, 무엇을 죽이면 슬퍼하는 일이 없겠는가? 고타마여, 당신은 무엇을 죽이는 것을 칭찬하는가?"

제사의 중요성을 강조하는 바라문교에서는 가축 등의 살생이 권장되었는데, 부처님은 살생을 금지했다. 바라드와자는 이 사실을 알고 '부처님도 살생을 칭찬하는 경우가 있는가?'라고 비꼬아 질문한 것이었다. 그러나 이미 바라문의 내면을 들여다보신 부처님은 이렇게 대답하신다.

"분노를 죽이면 행복하게 자고, 분노를 죽이면 슬퍼할 일이 없느니라. 바라문이여, 독의 근본인 분노를 죽이는 것을 성자는 칭찬하느니라. 그것은 죽이고도 슬퍼할 필요가 없기 때문이니라."

부처님의 대답을 들은 바라드와자는 당황했다. 지금 자신의 마음이 안고 있는 문제를 너무나도 정확하게 읽어 낸 답변이었다.

이 적절한 설법은 그동안 바라드와자의 마음속에 존재하던 부처님에 대한 모든 반항심과 편견을 일시에 거두어 갔다. 그는 말한다.

"놀랍습니다. 존자 고타마시여! 놀랍습니다. 마치 쓰러진 사람을 일으키듯이, 앞을 가리고 있는 것을 벗겨 주듯이, 길을 잃어 헤매는 자에게 길을 알려 주듯이, 혹은 '눈뜬 자는 빛을 보리라'며 어둠 속에서 등불을 비추어 주듯이, 존자 고타마께서는 여러 가지 방법으로 법을 설하셨습니다."

이렇게 해서 마음에 불법에 대한 믿음을 일으킨 바라드와자는 부처님께 청해 출가하게 되었고, 이후 열심히 수행해 아라한이라는 지위까지 올랐다고 한다.

한편, 이 소식을 들은 바라드와자의 친구들은 당황했다. 그토록 불교를 싫어하던 바라드와자가 갑자기 불교로 개종했을 뿐만 아니라, 출가까지 했다니. 고타마가 바라드와자에게 몹쓸 짓을 해서 그의 이성을 흐리게 한 것이 분명하다고 생각한 친구들은 매우 불쾌하게 여기며 부처님이 계신 죽림정사로 쫓아갔다. 그러고는 욕설을 퍼부으며 부처님을 비난했다. 그러자 부처님은 아무 말 없이 욕설을 다 듣고 있다가 그들의 흥분이 어느 정도 가라앉자 그 가운데 한 사람에게 이렇게 질문하셨다.

"바라문이여, 멀리서 친척이나 친구가 손님으로 찾아오면 당신은 그들에게 맛있는 요리를 만들어 접대하겠지요?"

"그렇소."

"그런데 만약 그들이 그 음식을 먹지 않겠다고 한다면 그것은 누가 먹어야 합니까?"

"그야 주인인 내가 먹어야겠지요."

"바라문이여, 바로 그와 같은 이치요. 당신은 나에게 욕설을 퍼붓고 비난했지만 나는 그것을 받지 않을 것이오. 그렇다면 그 욕설과 비난은 주인인 당신에게 돌아가 당신의 것이 될 것이오."

그러자 바라문은 부처님이 화가 나서 이렇게 말한 것이라 생각하며 "빔비사라 왕과 왕신들은 '사문 고타마는 최상의 깨달음을 연 아라한'이라고 생각한다. 그런데 이것 보라. 고타마는 이렇게 화를 내고 있지 않은가?"라고 말했다. 이를 들으신 부처님은 다음과 같은 게송을 읊으셨다.

"화내지 않고, 신심을 잘 제어하고, 올바르게 생활하며, 지혜 있어 해탈하고,
평화로운 적정寂靜을 이룬 자에게 어찌 분노가 일어나리오.
분노에 대해 분노로 되돌려 주는 것은 더 나쁜 일이다.

분노하는 자에게 분노로 되돌려 주지 않는다면 그는 두 개의 승리를 얻나니

이는 자신과 상대, 양쪽을 모두 이롭게 하기 때문이다.

진리를 모르는 사람만이 이와 같은 사람을 우자愚者라고 생각하는 것이다."

이 설법을 들은 바라문은 크게 감복했고 함께 온 친구와 더불어 출가해 아라한이 되었다. 또 다른 두 명의 친구도 역시 각각 적절한 부처님의 설법을 듣고 불교에 출가해 아라한이 되었다고 한다.

새하얀 천을 물들이는 일과, 이미 어떤 색으로 물든 천을 다시 물들이는 일 사이에는 엄청난 차이가 존재한다. 이미 물든 천을 다시 물들이는 일은 과정도 어렵지만 원하는 결과를 얻어내기도 힘들다. 특히 종교는 한 사람의 영혼까지 사로잡는 법이다. 이교도에 대한 전법이 어려운 이유도 여기 있을 것이다. 하지만 부처님은 조금의 주저나 망설임도 없이, 그것도 오로지 진리가 지니는 설득력으로 이 어려운 문제를 풀어나가셨다. 한두 번의 문답 속에서 부처님이 제시하는 진리를 발견한 바라드와자, 그리고 그의 바라문 친구들……. 이들은 부처님과의 만남을 기다리고 있었는지도 모른다.

사람을 죽여 손가락을 목에 걸고 다닌
앙굴리말라 Aṅgulimāla

이전에 나태했다 하더라도 지금부터 부지런히 정진한다면,
그는 이 세상을 밝히리라. 마치 구름을 벗어난 달처럼…….
이전에 지은 악업을 선으로 감싼다면,
그는 이 세상을 밝히리라. 마치 구름을 벗어난 달처럼…….
- 『테라가타』 871~872게

"잘 왔구나, 비구여."

이는 불교승가에 구족계 의식이 아직 체계화되지 않았을 때, 새로운 출가자를 받아들이며 부처님께서 하신 말씀이다. 즉 이 말이 곧 구족계가 된 것이다. 초전법륜을 시작으로 쿠시나가라에서 열반에 드는 순간까지 이어진 부처님의 45년여에 걸친 교화 기간 동안, 인도 곳곳에서 갖가지 사연을 안고 방황하던 많은 이들이 부처님을 만나 진리를 깨닫고, 입단 허락과도 같은 이 말과 함께 부처님의 따뜻한 품안으로 들어왔다. 그 많은 수행자들 가운데, 특히 희대의 살인마에서 성자로 다시 태어난 앙굴리말라 비구의 극적인 이야기는 아무리 극악무도한 죄를 짓고 나락

에 떨어져 허덕이는 인간이라도 진정한 참회와 인욕을 통해 새로운 삶을 열 수 있다는 가능성을 보여준다.

그날도 여느 때와 마찬가지로 부처님은 이른 아침, 신통으로 세상을 내려다보고 계셨다. '스스로의 무지를 모른 채 잘못된 삶을 살아가는 이들은 없는가…….' 내버려 두면 돌이킬 수 없는 길로 접어들어 더 이상 어쩌지도 못하는 상태로 빠져들지도 모를 이들을 염려하며 세상 곳곳을 살피던 부처님께서는 사왓티 근처의 숲에서 피범벅이 되어 돌아다니고 있는 한 젊은이를 발견하셨다.

"내가 가면 저 자는 출가해 평안을 찾게 될 것이다. 그러나 만약 내가 가지 않는다면, 마지막 손가락 하나를 얻기 위해 어머니까지 죽이는 죄를 범해 구제하기 어려워질 것이다. 그를 구해 주자."

부처님은 그를 만나기 위해 자리에서 일어나 발걸음을 옮기셨다.

그의 이름은 앙굴리말라. '손가락 목걸이'라는 의미를 지닌, 듣기만 해도 소름끼치는 이름이다. 그는 부처님 당시 16대국 중에 하나였던 코살라 국의 수도 사왓티 주변에서 살인을 일삼으며 세상을 시끄럽게 하고 있던 흉적이었다. 생물에 대해 조금의 자비심이나 연민도 없는 무자비한 자로, 날마다 살육을 저질러 대는 그의 손은 항상 피범벅이 되어 있었다. 공포에 질린 사람들은 서둘러 짐을 싸서 마을을 떠났고, 이로 인해 사왓티 주변의 마을은 모두 폐허가 되어 갔다. 사람을 죽여 그 손가락을 꿰어 목에 걸고 다니는 그를 사람들은 앙굴리말라라고 불렀던 것이다. 도대체 무슨 사연으로 앙굴리말라는 이렇게 끔찍하고 엽기적인 행동을 하게 된 것일까?

앙굴리말라는 원래 코살라 국 파세나디 왕의 왕실 제사장의 아들로 태어났다. 아버지는 각가, 어머니는 만타니였다. 그의 이름은 '생명을 해치지 않는다'는 뜻을 지닌 아힘사카였다. 아버지는 학문과 기예를 익히게 하기 위해 아힘사카를 탁실라에 사는 한 바라문 밑으로 유학 보냈다. 뛰어난 자질과 성실함으로 아힘사카는 스승과 스승의 아내에게 각별한 총애를 받으며 면학에 힘쓰고 있었는데, 이를 질투한 다른 제자들이 아힘사카가 스승 몰래 스승의 아내와 정情을 통하고 있다는 모함을 했다고 한다. 혹은 다른 전승에 의하면, 평소 아힘사카를 연모하고 있던 스승의 아내가 스승이 출타한 틈을 타서 아힘사카를 유혹했으나 거절당하자 이에 앙심을 품고 남편에게 아힘사카가 자신을 범하려고 했다는 거짓말을 했다고 한다. 그래서 스승이 대노했다고 한다. 여하튼 이런 음모에 넘어간 스승은 극도의 배신감과 분노를 느꼈고 아주 교묘한 방법으로 아힘사카에게 복수해 그를 파멸시키고자 마음먹는다.

어느 날 스승은 아힘사카를 불러 이렇게 말했다.

"아힘사카야, 아직 아무에게도 알려 주지 않은 특별한 가르침이 있는데, 네게만 가르쳐 주마. 한번 실천해 보겠느냐?"

"물론입니다. 열심히 실천하겠습니다."

스승이 일러 준 특별한 가르침이란, 천 명의 남녀를 죽이고 그들의 손가락 한 개씩을 모아 목걸이를 만들어 오라는 것이었다. 이것이 곧 아힘사카의 학업을 완성시켜 주는 마지막 단계라고 했다. 사람을 죽여야 한다는 말에 순간 망설였으나, 학업을 완성시켜 진리를 깨닫고 싶은 마음에 아힘사카는 스승의 말을 믿고 이를 실천하기 위해 사왓티로 들어간다. 아힘사카는 남녀노소 가리지 않고 보이는 대로 칼을 휘두르고 그들의 손가락을 잘랐다. 시작이 어려웠지 한 명 두 명 목숨을 앗아가다 보니 별 죄책감도 느껴지지 않았다. 이렇게 999명을 죽인 아힘사카는 마지막 한 명을 채우기 위해 사왓티 근교의 한 숲에 숨어 있었다. 마지막 한 명을 채우면 된다는 생각에 그는 안절부절 못했다.

'어머니라도 죽여서 채울까?'

그의 뇌리에 무서운 생각이 스쳐 지나갔다. 바로 이때였다, 부처님께서 그를 발견하시고 그를 만나기 위해 숲 속으로 들어간 것은.

조바심을 느끼며 숲 입구에 서 있던 앙굴리말라는 저 멀리서 이쪽을 향해 천천히 걸어오고 있는 성자를 발견한다. '옳거니!' 하며 칼과 화살을 챙겨 들고 그의 뒤를 쫓았다. 한편 부처님은 조금도 동요하지 않고 천천히 보통 속도로 계속 앞으로 걸어 나가셨다. 그런데 이상했다. 아무리 앙굴리말라가 전속력으로 따라가도 부처님과의 사이를 좁힐 수 없었다. 한때 달리는 코끼리나 말조차도 쫓아가서 포획한 적이 있던 앙굴리말라로서는 황당한 일이었다. 기를 쓰고 부처님을 쫓아가다 지친 앙굴리말라는 멈춰 서서 소리쳤다.

"멈춰라, 멈춰라."

"앙굴리말라여, 나는 멈춰 있다. 앙굴리말라여, 너야말로 거기 멈춰 서거라."

그러자 앙굴리말라는 진리를 깨달아 진리를 공언하는 석자의 사문이 왜 이런 거짓말을 하는 것일까 생각하며 이렇게 물었다.

"사문이여, 너는 걸어가고 있으면서 멈춰 서 있다고 하는구나. 너는 멈춰 서 있고, 나는 그렇지 않다는 것이 도대체 무슨 의미인가?"

"앙굴리말라여, 나는 생물을 해치거나 괴롭히는 일에서 벗어나 자비와 인욕을 성취하고 스스로를 돌아보는 지혜를 지니고 있다. 그런 의미에서 나는 멈춰 서 있다고 한 것이다. 그러나 너는 생물에 대한 자제가 없어 살아 있는 것을 해치고 괴롭히며 자비와 인욕이 없다. 너는 네 자신을 돌아볼 줄 모른다. 그래서 너는 멈춰 있지 않다고 한 것이다."

부처님의 이 말씀을 들은 앙굴리말라는 문득 제정신이 들었다. 그동안 자신이 저질러 온 행동이 얼마나 엄청난 짓인지 깨닫게 된 앙굴리말라는 후회하는 마음에 몸서리쳤다. 그리하여 부처님 앞에 엎드려 진심으로 참회하며 출가의 청을 드렸다. 부처님은 따뜻하고도 연민 가득한 눈빛으로 그를 바라보며 말씀하신다. "잘 왔구나, 비구여." 이제 앙굴리말라는 부처님의 제자가 된 것이다.

출가 후 앙굴리말라는 철저히 계율을 지키며 부처님의 가르침에 따라 열심히 수행했다. 그러나 한때 세간을 떠들썩하게 했던 흉적 앙굴리말라에 대한 사람들의 두려움과 분노는 쉽게 가라앉지 않았다. 과거를 반성하고 출가자가 되었다고 해서 그가 저질러 온 죄가 한순간에 다 사라질 수는 없는 법. 어느 날 사왓티로 탁발을 나간 앙굴리말라를 알아본 사람들은 흙덩어리와 몽둥이, 돌 등을 던지며 그에게 심한 욕설을 퍼부었다. 앙굴리말라의 머리에서는 피가 줄줄 흘렀다. 발우도 깨지고 가사도 찢어졌다. 피범벅이 된 처참한 육신을 이끌고 앙굴리말라는 간신히 부처님이 계신 곳으로 돌아왔다. 저 멀리 다리를 절룩거리며 걸어오는 참담한 모습의 앙굴리말라를 본 부처님은 말씀하셨다.

"앙굴리말라야, 참고 견뎌야 한다. 네가 지옥에서 수년, 수백 년, 수천 년에 걸쳐 받아야만 할 업의 과보를 너는 현세에서 받고 있는 것이다."

참으로 안타깝고도 가슴 아픈 일이다. 학업의 완성을 위해 필요하다는 스승의 말을 철석같이 믿고 어리석게도 살생을 반복한 앙굴리말라. 스승의 교활함을 탓해야 할까, 아니면 그의 어리석음을 탓해야 할까. 아니면 기구한 그의 운명이라도 탓해야 하는 것일까. 다행히도 부처님을 만나 그의 악행은 멈췄지만 이전에 쌓은 악업은 여전히 그의 몫으로 남아 있었다. 그리고 그의 진정한 참회는 출가 수행자로서의 삶과 함께 시작된 것이다.

오로지 일반인들이 존경의 뜻으로 공양하는 보시물로 살아가야 할 수행자 앙굴리말라에게 있어 사람들의 핍박은 거의 죽음과 같은 고통을 안겨 준다. 존경은커녕 발우에는 쌀 한 톨도 주어지지 않고, 온갖 욕설은 쏟아지고, 이리저리 두들겨 맞아 피멍이 든 온몸은 차마 눈뜨고 볼 수 없을 만큼 처참하다. 앙굴리말라로 인해 가족이나 친지를 잃은 사람들의 분노를 어찌 말로 다 표현할 수 있겠는가. 이를 알고 계시기에 부처님은 그를 채찍질하신다. 반드시 그 상황을 인내하고 자신의 업보를 스스로 씻어버려야 한다고.

부처님을 만나 자신의 잘못을 깨달았다 해서, 출가했다 해서 그가 이전에 지은 죄까지도 모두 사라지는 것은 아니다. 부처님과의 만남, 그리고 출가는 앙굴리말라가 참회하고 새롭게 태어날 수 있는 가능성을 열어 준 계기였을 뿐이다. 자신의 업보를 청산할 수 있는 것은 자신뿐이며, 이를 위해 인욕하고 정진하는 용기야말로 진정한 참회다. 그동안 자신이 무지하게 저질러 온 행위가 남에게 얼마나 큰 고통을 주는 잘못이었는지를 자각하고, 이에 대해 쏟아지는 비난을 기꺼이 받아들일 수 있을 때 앙굴리말라는 부처님의 진정한 제자로 다시 태어날 것이었다.

훗날, 앙굴리말라는 해탈의 즐거움을 만끽하며 이런 시구를 읊었다.

"이전에 나태했다 하더라도 지금부터 부지런히 정진한다면,
그는 이 세상을 밝히리라. 마치 구름을 벗어난 달처럼……
이전에 지은 악업을 선으로 감싼다면,
그는 이 세상을 밝히리라. 마치 구름을 벗어난 달처럼……"

총명함 대신 우직함으로 진리를 깨우친
출라판타카 Cūḷapanthaka

비록 얼마 안 되는 경전을 읊는다 할지라도 진리 안에서 진리에 따라 생활하고,
탐욕·성냄·어리석음을 모두 버리고 올바르게 알아 완전히 자유로운 마음으로
이 세상이든 저세상이든 집착하지 않는다면, 그는 수행자의 삶을 사는 것이다.
- 『담마파다』 20게

어느 날 부처님은 정사 앞에서 우왕좌왕 방황하고 있는 한 수행승을 발견하셨다. 얼마 전에 형 마하판타카를 따라 출가했던 출라판타카라는 자였다. 무슨 일이 있었는지 그는 몹시 당황한 모습으로 안절부절 못하며 정사 주변을 헤매고 있었다.

"출라판타카야, 왜 그러고 있느냐?"

걱정이 되신 부처님은 다가가 자상한 목소리로 물으셨다. 갑작스런 부처님의 출현에 애써 억누르고 있던 감정이 폭발한 듯 그는 울먹이며 대답했다.

"형에게 쫓겨났습니다. 저보고 정사를 떠나 환속해 버리라고 합니다."

원래 마하판타카와 출라판타카는 마가다 국의 라자가하에 살

던 한 거부巨富 장자의 딸과 그 집에서 일하던 하인 사이에서 태어난 형제였다. 신분이 현저히 다른, 그것도 여성이 상층 계급이었던 이 두 사람의 사랑은 주변에서 결코 용서받을 수 없는 것이었다.

이들은 도망치듯 다른 지방으로 옮겨 가서 살았다. 하지만 임신을 하게 되자 장자의 딸은 친정에 가서 해산하고 싶었다. 낯선 곳에서 홀로 아기를 낳아야 한다는 부담감을 그녀는 떨쳐버릴 수 없었다. 고민 끝에 남편과 상의해 보았지만, 남편은 고향으로 돌아갔을 때 자신에게 주어질 처벌을 두려워하며 망설였다. 결국 그녀는 홀로 친정을 향해 나섰다. 그런데 친정에 도착하지 못한 채 도중에 길에서 사내아이를 낳고 말았다. 그래서 '길'이라는 뜻을 가진 판타카라는 말을 아이의 이름에 붙였다. 그런데 둘째를 임신했을 때도 똑같은 상황이 발생했다. 그래서 그녀는 큰아이에게는 마하(큰) 판타카, 둘째 아들은 출라(작은) 판타카라는 이름을 붙였다.

둘은 형제이면서도 태어날 때부터 너무나도 달랐다. 똑똑하고 현명했던 형과는 달리, 동생은 우둔하고 어리석기 짝이 없었다. 본생담本生譚에 의하면, 출라판타카가 태어나면서부터 우둔하게 된 까닭은 그 옛날 가섭불迦葉佛이 이 세상에 오셨을 적에 그는 똑똑한 제자였는데, 가섭불의 가르침을 외울 수 없었던 우둔한 비구를 조롱했기 때문에 그 과보를 받은 것이라고 한다. 형 마하판타카는 부처님을 만난 순간 이미 부처님에게서 강렬한 감동을 느끼며 이분이야말로 최고의 스승이라 여겼다고 한다.『테라가타』에는 마하판타카가 읊었다고 하는 다음과 같은 게송이 전해진다.

'그 어떤 것도 두려워하지 않는 스승을 처음 보았을 때, 최상의 사람을 보았기에 내게는 감동이 일어났다.

이처럼 훌륭한 스승이 오신 것을 온몸의 예를 갖춰 존경하는 사람이 어찌 과실을 범하리오.

그때 나는 처자도 재산도 곡물도 버리고, 수염과 머리카락을 자르고, 출가해 집 없는 생활로 들어갔다.

배워야 할 것, 올바른 생활법을 몸에 갖추고, 여러 가지 감관을 잘 제어해 올바르게 깨달음을 연 사람을 경례하면서 그 어떤 것에도 좌절하는 일 없이 생활하고 있었다.

그로부터 나는 서원誓願을 일으키고 마음에 간절히 원하는 바가 있었다. '망집妄執의 화살이 뽑히지 않는 이상 나는 잠시도 앉지 않을 것이다.'

이와 같이 생활하고 있는 나의 노력 분투를 보라. 세 가지 명지明知는 이미 체득되었다. 부처님의 가르침은 완성되었다.

나는 전세前世의 생활을 알고, 천안天眼을 얻었다. 나는 경배를 올리기에 어울리는 사람, 보시를 받을 만한 사람이며, 미망의 생존의 원인도 없어져 해탈하고 있다.

그로부터 밤이 끝나 가고 해가 나올 무렵, 모든 망집을 고갈시키고 나는 결가부좌한 채 명상에 들었다.'

부처님을 만나 멋진 깨달음의 세계를 경험하게 된 형 마하판타카는 동생에게도 이 훌륭한 가르침을 접하게 해 주리라 생각하며 동생 출라판타카에게 출가를 권했다. 이렇게 해서 형을 따라 부처님의 제자가 되었건만, 태어날 때부터 우둔했던 출라판타카는 4개월 동안 시 한 구절조차 외우지 못했다. 앞의 한 구절을 외우고 나면 그 다음 구절은 잊어버리고, 다음 구절을 외웠다 싶으면 앞 구절은 생각나지 않았다. 너무나도 아둔한 그를 사람들은 경멸하기 시작했고, 어떻게든 동생을 이끌어 보려던 형도 이제 어찌해 볼 도리가 없다고 절망하며 환속을 권한 것이었다. 부처님이 출라판타카를 발견하신 것은 바로 이때였다.

부처님은 어쩔 줄 몰라 하며 정사 주변을 서성거리는 출라판타카의 머리를 어루만지며 손을 잡고 승원(僧院) 안으로 들어가셨다.

"출라판타카야, 실망하지 말거라. 너는 나를 의지해 출가한 것이 아니더냐? 이제 내 곁에 있거라."

『테라가타』에는 훗날 출라판타카가 당시를 회고하며 읊었다고 하는 게송이 다음과 같이 전해진다.

'나의 진보는 느렸다. 나는 이전에 경멸당했다. "자, 너는 집으로 돌아가거라." 형은 이렇게 말하며 나를 쫓아냈다.

이렇게 쫓겨나 나는 승원 통로에 있는 작은 공간에 실망한 채 조용히 서 있었다. 무언가 가르침이 있기를 기대하며……

거기에 존경하는 스승님이 오셔서 내 머리를 쓰다듬고 내 손을 잡고는 승원 안으로 데리고 가셨다.

자비의 마음으로 스승님은 나에게 발을 닦는 수건을 건네시며 말씀하셨다. "이 청정한 천에만 전념하며 주의를 기울이거라.'"

부처님이 그에게 내민 것은 하얀 천 조각이었다.

"출라판타카야, 너는 아무것도 외우지 않아도 된다. 그저 이 천 조각으로 사람들의 신발을 깨끗하게 닦아 주는 일에 전념하면 되느니라."

출라판타카는 부처님의 말씀에 따라 그저 천 조각을 들고 다른 출가자들의 신발을 닦아 주는 일에만 전념했다.

그러던 어느 날이었다. 부처님께 처음 받았을 때의 천은 새하얀 것이었는데, 점차 더러워져 지금은 처음의 모습은 온데간데없고 때가 묻어 까만 천이 되어 있었다. 이를 본 순간 출라판타카의 마음은 동요했다. 무언지 모를 한줄기 빛이 그의 마음을 가로질러 달렸다.

'아, 그렇구나. 새하얀 천이 이렇게 변해 가듯 다른 모든 것 역

시 이렇게 날라져 가겠구나. 세상의 모든 것이 어느 한군데에 고정되어 있지 않다는 부처님의 가르침은 바로 이런 모습을 두고 말하는 것이구나.'

4개월 동안 시 한 구절도 외우지 못할 정도로 어리석은 출라판타카였지만, 천에 때가 묻어 더러워져 가는 과정을 보며 무상의 진리를 깨달았던 것이다. 출라판타카의 마음에서 일어난 변화를 알아차리신 부처님은 다시 이런 가르침을 주셨다.

"출라판타카야, 이 천만이 먼지나 때에 더럽혀진 것이라고 생각해서는 안 된다. 인간의 마음에 있는 번뇌를 없애는 것이 더 중요하단다."

인간의 마음만큼 쉽게 더러워지는 것도 없으며, 또한 더럽힌 마음을 청정하게 하는 것도 지난한 일이기에 수행자라면 항상 자신의 마음을 청정히 유지할 수 있도록 노력해야 하는 것이다.

또 다른 전승에 의하면 부처님께서는 출라판타카에게 새하얀 천 조각을 내밀며 이렇게 말씀하셨다고도 한다.

"이 자리에서 동쪽을 향해 앉아 '먼지, 때를 털어 버리자. 먼지, 때를 털어 버리자'라고 말하며 이 천을 어루만져라."

그리고 출라판타카는 부처님의 가르침에 대해 조금의 의구심도 없이 매일 태양을 바라보며 "먼지, 때를 털어 버리자."라고 중얼거리며 천을 만졌다고 한다. 그러던 어느 날 그는 자신의 손 안에 있는 천이 어느새 까맣게 되어 버린 것을 알게 되었고, 그 순간 제행무상諸行無常의 진리를 터득했다고 한다. 어느 전승에 의하든 우둔하다고 버림받기까지 한 출라판타카였지만, 부처님의 가르침에 대한 순수한 믿음과 성실한 실천으로 큰 깨우침을 얻을 수 있었다. 그리고 곧 아라한이 되었으며, 이후 많은 신통력을 보였다고 한다. 이런 그를 부처님은 마음을 개발하는 능력에 있어 일인자라고 평가하셨다.

부처님과의 만남을 이루었던 이들은 실로 다양한 근기를 지닌 자들이었다. 부처님과의 첫 만남에서 설법을 듣고 즉시 깨달음을 이룬 자들이 있는가 하면, 출가해서 성실하게 수행하다가 어느 순간 깨달음을 얻는 자들도 있었다. 한편, 천성적으로 어리석고 둔한 자들도 적지 않았다. 아마도 쭐라판타카는 그중에서도 특히 아둔한 머리의 소유자였음에 틀림없다. 4개월 동안 시 한 구절도 외우지 못할 정도였으니 말이다. 그럼에도 불구하고 그가 깨달음을 얻을 수 있었던 것은 부처님이라는 훌륭한 스승, 그리고 그의 순수한 성품 때문이었을 것이다.

천 조각으로 다른 사람의 신발을 닦으라는, 혹은 천 조각을 만지작거리며 "먼지, 때를 털어 버리자."라고 중얼거리라는 부처님의 가르침에 대해 그는 조금의 의심이나 불쾌감도 품지 않았다. 스승에 대한 무한한 신뢰와 존경, 그리고 명석함 대신 그가 갖고 태어난 우직함……. 부처님과 쭐라판타카의 만남이 이루어 낸 멋진 성과는 지혜롭지 못하고 명석하지 못한 우리 일반인들에게 더할 나위 없는 위로가 되는 것 같다. 진리의 길도 깨달음의 길도 좋은 스승과 더불어 각자 찾아가기 나름인, 그야말로 우리 모두에게 열려 있는 세계인 것이다.

탐진치의 불에 스스로 타 죽고 만
데와닷타 Devadatta

명예와 재산을 탐하는 세속적인 욕망은 부질없는 것이다.
그 욕망이야말로 결국은 자신을 파괴시키는 원인이 된다.
- 율장 소품 「파승건도」

부처님의 만년, 두 가지 중대한 사건이 발생한다. 석가 족의 멸망, 그리고 데와닷타의 반역이다. 친척과 관련된 이 두 가지 사건은 연로한 부처님의 마음을 더할 나위 없이 쓸쓸하게 만들었음에 틀림없다. 특히 데와닷타의 반역은 승가의 분열뿐만 아니라, 당시 승가 최고의 외호자外護者였던 빔비사라 왕까지 죽음으로 몰고 간 불행한 사건이었다.

데와닷타의 출신에 관해서는 전승마다 달라, 남전南傳에 의하면 부처님이 출가하시기 전에 부부의 연을 맺었던 야소다라의 남동생이라고 하며, 북전北傳에 의하면 부처님의 사촌동생인 아난다의 동생 혹은 형이라고 한다. 어느 전승에 의하든 데와닷타가 부처님과 친인척 관계였음은 분명하다. 데와닷타는 부처님이

성도 후 고향 카필라 성을 찾았을 때, 아누룻다, 밧디야, 아난다, 바구, 캄빌라, 그리고 우팔리와 함께 출가했는데, 이들이 아라한이 되거나 다른 과果를 얻었던 것에 비해 그는 그저 세속적인 신통력을 얻는 데 그쳤다고 한다.

데와닷타는 야망이 큰 인물이었던 것 같다. 부처님의 만년, 데와닷타는 마가다 국의 왕자였던 아자타삿투에게 접근해 그의 환심을 사고자 노력했고, 데와닷타의 신통력에 반한 왕자는 그에게 절대적인 신뢰를 보내며 날마다 많은 공양을 바쳤다. 다른 수행승들은 데와닷타가 부럽기 그지없었다. 하지만 부처님은 이런 모습을 근심스럽게 바라보고 계셨다. 데와닷타의 마음속에 독버섯처럼 자라나고 있는 야망이 언젠가 불러일으킬 재난을 미리 알고 계신 듯, 부처님은 데와닷타를 부러워하는 비구들에게 말씀하셨다.

"명예와 재산을 탐하는 세속적인 욕망은 부질없는 것이니라. 그 욕망이야말로 결국은 자신을 파괴시키는 원인이 된다."

하지만 아직 출가한 지 얼마 안 되어 불법에 대한 깊은 이해를 지니지 못한, 혹은 어리석은 비구들은 그 가르침의 진의를 깨닫지 못한 채 데와닷타를 동경하며 추종했다.

한편, 아자타삿투와 친밀한 관계를 맺은 데와닷타는 드디어 감추고 있던 속내를 드러냈다.

"왕자님은 부왕인 빔비사라를 대신해 왕이 되고, 저는 부처님을 대신해 승가의 지도자가 되면 어떻겠습니까?"

데와닷타의 제안은 마침 앙가 국에 대한 세금 부과 문제로 부왕에게 심한 꾸중을 듣고 분노로 가득 차 있던 왕자의 마음에 불을 질렀다. 게다가 자신의 출생에 대한 비밀까지 전해 들은 왕자의 마음은 소용돌이쳤다. 이렇게 왕자의 마음을 동요시켜 놓은 후, 어느 날 데와닷타는 부처님께 한 가지 제안을 던졌다. 부처님이 라자가하에서 빔비사라 왕을 포함한 대중에게 설법하고 계신 자리였다.

"부처님께서는 이미 연로하셨으니 앞으로는 은거隱居해 편안한 생활을 즐기시고 비구 승가는 제게 물려주십시오. 제가 승가를 통솔하겠습니다."

참으로 당돌한 제안이었다. 부처님은 말씀하셨다.

"데와닷타야, 나는 사리풋타나 목갈라나 같은 훌륭한 제자들에게조차 승가를 맡길 생각이 없다. 하물며 너처럼 다른 사람의 침을 6년이나 먹고 산 비열한 인간에게 승가를 맡길 듯싶으냐?"

이는 데와닷타가 아자타삿투에게 붙어 6년 동안이나 아첨하며 보시물을 받은 것을 비유한 말씀이었다. 많은 대중 앞에서 모욕을 당한 데와닷타는 부처님에게 깊은 원한을 갖게 되었다.

한편 부처님은 비구들에게 현시갈마顯示羯磨를 실행하도록 지시하셨다. 현시갈마란 데와닷타의 본성이 이전과 지금이 다르니, 그의 말이나 행동을 불법승으로 보아서는 안 된다는 것을 승가 차원에서 갈마를 통해 결의하는 것을 말한다. 그리고 사리풋타에게 라자가하로 가서 이 사실을 일반인들에게 널리 알리라고 지시하셨다. 사리풋타는 많은 비구들과 함께 라자가하로 들어가 데와닷타가 전과는 달리 이제 불교승가의 비구가 아니라는 것, 즉 데와닷타의 언동은 불교와는 무관한 것임을 사회적으로 현시했다고 한다.

더 이상 기다릴 필요가 없었다. 승가의 지도자가 되고픈 야망에 부처님에 대한 원한까지 더한 데와닷타는 주변을 돌아볼 여유가 없었다. 말로 해서 안 된다면 강제로라도 승가를 빼앗아야겠다고 생각한 데와닷타는 그길로 아자타삿투를 찾아갔다.

"왕자님, 부왕이 장수한다면 언제 왕자님이 왕위에 오르겠습니까? 어쩌면 그 사이에 다른 사람에게 왕위를 빼앗길지도 모릅니다. 지금이 때입니다. 부왕을 죽이고 당신이 마가다 국의 왕이 되어야 합니다. 저 역시 부처님을 제거하고 승가의 주인이 될 것입니다."

데와닷타 못지않게 권력욕이 강했던 아자타삿투는 부왕을 죽일 계략을 꾸미기 시작했다. 일설에 의하면, 자신을 살해하기 위해 날카로운 검을 지니고 왕궁에 들어갔다가 대신들에게 잡힌 아들 아자타삿투에게 빔비사라 왕은 스스로 왕위를 물려주었다고 한다. 부처님의 가르침을 통해 권력의 무상함을 이미 알고 있었기에, 또 그 누구보다 아들을 사랑했기에 가능한 일이었을 것이다. 하지만 또 다른 전승에 의하면, 아자타샷투는 부왕을 철탑에 유폐시키고 결국 죽음으로 몰고 갔다고 한다.

여하튼 이렇게 해서 아자타샷투는 마가다 국의 왕이 되었고, 어느 날 데와닷타는 그를 찾아가 부처님을 죽여 달라고 부탁한다. 머리를 맞대고 모의한 끝에 두 사람이 생각해 낸 부처님 살해 계획은 이런 것이었다. 먼저 한 사람이 가서 부처님을 암살하고, 이어 두 사람이 앞의 암살자를 죽이고, 이어 네 사람이 앞의 두 사람을, 이어 여덟 사람이 앞의 네 사람을, 이어 열여섯 사람이 앞의 여덟 사람을 죽인다. 마가다 국에서 이미 최고의 존경을 받고 있던 부처님을 죽였다는 소문이 퍼질 경우 벌어질 사태를 감당하기 두려웠던 아자타샷투와 데와닷타가 범행 흔적을 없애기 위해 생각해 낸 방법이었다. 하지만 이 방법은 실패하고 만다. 최초의 한 사람이 부처님을 살해하고자 다가갔을 때 그는 그만 부처님의 위력에 부들부들 떨며 온몸이 경직되어 아무것도 할 수 없었다. 부처님은 그런 그를 위해 법을 설해 주셨고, 그는 죄를 뉘우치며 우바새가 되어 버렸다. 그를 찾기 위해 갔던 다른 두 사람 역시 마찬가지로 부처님께 교화되었다. 이런 식으로 결국 마지막 열여섯 명까지 모두 뉘우치고 우바새가 되어 버린 것이다.

데와닷타는 부처님을 해치고자 수단과 방법을 가리지 않았지만 모두 실패로 돌아갔다. 스스로 산 위에 올라가 큰 돌을 굴려 떨어뜨려 부처님을 죽이려 했지만 돌은 도중에 부서졌고, 불과 작은 파편이 부처님의 발가락에 닿아 상처를 조금 내고 피를 흘리게 했을 뿐이다. 조련사에게 부탁해 라자가하에서 유명한 나라기리라는 포악한 코끼리를 부처님이 탁발하러 지나가시는 거리에 풀어놓게 했지만 이 역시 실패였다. 코를 치켜들고 양쪽 귀와 꼬리를 곤두세운 채 달려오는 미친 코끼리를 부처님은 자비심으로 마주하셨고, 그 위력과 자비심에 의해 코끼리마저 순한 양처럼 부처님 앞에 발을 구부리고 앉아 버린 것이었다. 데와닷타가 이성을 잃고 온갖 사건을 꾸며대는 사이, 데와닷타가 부처님을 해치려 한다는 소문이 라자가하 성 안에 퍼졌고, 사람들은 그에 대한 공양을 멈췄다. 데와닷타는 더욱더 분노하며 안절부절못했다.

데와닷타가 마지막으로 생각해 낸 묘안은 승가 분열이었다. 부처님이 받아들이지 않을 것을 알면서 그는 고칼리카, 카타모라카팃사카, 칸다데위야풋타, 그리고 사뭇다닷타 네 명에게 다가가 부처님에게 다음 다섯 가지 주장을 함으로써 승가를 분열시키자고 제안한다. 다섯 가지 주장이란 다음과 같다.

첫째, 평생 삼림주자森林住者로 살아야 하며 촌락에 들어가는 자는 죄를 짓는 것이 된다.

둘째, 평생 걸식자乞食者로 살아야 하며 초대를 받는 자는 죄를 짓는 것이 된다.

셋째, 평생 분소의자糞掃衣者로 살아야 하며 거사의를 받는 자는 죄를 짓는 것이 된다.

넷째, 평생 수하주자樹下住者로 살아야 하며 지붕이 있는 곳에 다가가는 자는 죄를 짓는 것이 된다.

다섯째, 평생 생선과 고기를 먹어서는 안 되며 이를 먹는 자는 죄를 짓는 것이 된다.

데와닷타의 예측대로 부처님은 이와 같은 엄격한 생활양식을 실천하고 싶은 자는 실천해도 좋지만 실천하고 싶지 않은 자는 청식이나 거사의, 그리고 세 가지 점에서 청정한 생선이나 고기의 섭취 등과 같은 완화된 생활양식을 따라도 좋다는 중도적인 입장을 취하며 데와닷타의 제안을 거절했다. 그러자 데와닷타는 사람들에게 "부처님께 5사를 청했지만 허락해 주지 않으셨습니다. 하지만 우리들은 이 5사에 의해 살아갈 것입니다."라고 알린 후, 자신을 추종하는 500여 명의 비구들과 함께 가야시사로 떠났다고 한다.

사리풋타와 목갈라나는 데와닷타의 파승을 수습하기 위해 뒤따라 나섰다. 그러자 데와닷타는 이들도 자신을 추종해서 온 것으로 착각하고 기뻐했다. 그러고는 저녁 무렵 비구들에게 설법하다 피곤해지자 사리풋타와 목갈라나에게 대신 설법을 맡기고는 잠시 수면을 취했다. 그 사이 이들은 데와닷타를 따르는 500여 명의 비구들에게 지금 하는 행동이 얼마나 어리석고 잘못된 것인지 말했고, 이에 법안法眼을 얻은 비구들은 두 사람을 따라 부처님이 계신 곳으로 돌아왔다. 잠에서 깨어난 데와닷타는 비구들이 없어진 것을 알고 실망해 피를 토했으며 그 후 9개월 동안 병을 앓다가 죽었다고 한다. 혹은 부처님에 대한 원망이 점점 깊어져 손톱에 독을 바르고 부처님을 해칠 기회를 노리다가 결국 그 독에 중독되어 심한 고통을 받다가 죽었다고도 한다.

타오르는 탐진치의 불길을 끄지 못한 채 결국 그 불길에 스스로 타 죽고 만 데와닷타. 그에 관한 대부분의 전승은 그를 이렇듯 지독한 악인으로 묘사한다. 하지만 '악인'이라는 단 한마디로 데와닷타를 정리해 버리기에는 뭔가 아쉬움이 남는다. 왜냐하면 그가 승가 분열을 위해 부처님께 제안했다는 5사는 출가자들이 의식주 전반에 걸쳐 좀 더 엄격한 생활을 실천해야 한다는 것이었기 때문이다. 그의 가르침을 실천하며 사는 무리를 인도에서 보았다는 후대 구법승의 기록 역시 데와닷타에 대한 재평가의 필요성을 남긴다.

부처님의 마부였다는 이유로 교만해진
찬나 Channa

잠 못 드는 이에게 밤은 길고, 피로한 이에게 길은 멀다.
참된 가르침을 알지 못하는 어리석은 자들에게 윤회는 길다.
- 『담마파다』 60게

부처님의 10대 제자, 그 가운데서도 사리풋타와 목갈라나는 2대 제자로 꼽히며 부처님과 동료 수행자들에게 깊은 신뢰와 존경을 받고 있었다. 그 누구도 이 두 사람 앞에서 함부로 행동할 수는 없었다. 그런데 한 사람, 찬나는 달랐다. 찬나는 사리풋타와 목갈라나를 종종 비방했고, 본인들을 앞에 두고 당돌한 충고까지 서슴지 않았다.

"나는 부처님이 왕자의 지위를 버리고 출가하셨을 때 함께했던 사이오. 부처님과는 그 누구보다 가까운 사이란 말이오. 아시겠소? 그런데도 당신들 두 사람은 자신들이 부처님의 최고 제자인 양 행세하는데, 앞으로는 주의하시오."

그랬다. 찬나는 싯닷타 태자가 카필라 성을 넘을 때 함께했던 마부馬夫였다.

출가를 결심하고 때를 기다리던 싯닷타 태자는 어느 날 새벽 '지금이야말로 세속을 떠나 위대한 출가를 감행할 때다'라고 생각하며 자리에서 일어났다. 그리고 문 쪽으로 가서는 "거기 누가 있느냐?"라고 묻는다. 마침 문지방에 머리를 대고 자고 있던 찬나는 대답한다.

"찬나입니다."

"이제 나는 세속의 삶을 떠나 위대한 출가를 감행하고자 한다. 내게 말 한 마리를 준비해 다오."

태자의 명을 받은 찬나는 마구馬具를 가지고 마구간으로 갔다. 아직 어둠이 채 가시지 않은 마구간에서는 기름등이 향기롭게 타오르며 불을 밝히고 있었다. 그 속에서 태자의 애마愛馬 칸타카를 발견한 찬나는 마구를 채운다. 전승에 의하면, 사냥이나 유원지에 갈 때의 느낌과는 달리 더없이 튼튼하게 채워지는 마구의 느낌에 칸타카는 태자의 출가를 직감했고, 기쁨을 억누를 길 없어 소리 높여 울었다고 한다. 그 목소리는 도시 전체에 울려 퍼질 정도로 웅장했지만, 태자의 출가를 방해할 것을 우려한 신들이 그 소리가 들리지 않게 해 아무도 그 소리를 들을 수 없었다고 한다.

찬나가 칸타카를 데리고 오자 싯닷타는 칸타카에 올라타 성을 나선다. 찬나는 칸타카의 고삐를 쥔 채 조용히 따라갔다. 얼마나 갔을까. 눈앞에 강이 나타났다. 그러자 싯닷타는 찬나에게 물었다.

"이 강의 이름은 무엇이냐?"

"왕자님, 아노마라고 합니다."

그러자 싯닷타는 "나의 출가 역시 지고至高한 것(아노마)이 될 것이다."라고 하며 칸타카의 등에서 내려 은빛으로 빛나는 모래 언덕에 서서 말한다.

"찬나야, 너는 내 장신구와 칸타카를 데리고 왕궁으로 돌아가거라. 나는 출가하려 한다."

찬나가 "왕자님, 저도 출가하고 싶습니다."라며 함께할 뜻을 보였지만, 싯닷타는 거절하며 "찬나야, 부모님께 내가 무사함을 전해 다오."라고 부탁했다. 찬나도 더는 어쩔 수 없어 예를 표한 후 발걸음을 돌렸다. 전승에 의하면, 칸타카는 싯닷타와 찬나 사이에 오가는 대화를 들으며 '아, 이제 더 이상 주인님을 만날 수 없단 말인가!' 하며 슬퍼했고, 싯닷타가 찬나에게 모든 것을 주고 출가자의 모습으로 저 멀리 사라지자 슬픔을 참지 못한 채 울부짖다가 가슴이 찢어져 죽어 버렸다고 한다. 그리고 33천의 주처住處에 칸타카라는 이름의 천자天子로 재생했다고 한다.

찬나에게는 너무나도 가혹한 상황이었다. 왕자님이 떠나 버렸다는 슬픔을 채 가다듬기도 전에, 왕자님의 애마이자 자신이 아끼던 칸타카까지 떠나 버린 것이다. 찬나는 쏟아지는 울음을 참지 못하고 엉엉 울며 왕궁으로 돌아왔다. 하지만 그곳에서도 그를 반겨 주는 이는 없었다. 특히 태자비인 야소다라는 남편에 대한 원망을 찬나에게 대신 쏟아내며 울부짖었다.

"어떻게 왕자님을 남겨 두고 너만 올 수 있단 말이냐!"

그 후 몇 해가 흘렀다. 싯닷타는 깨달음을 얻어 붓다가 되어 카필라 성을 다시 찾았고 이때 찬나는 부처님을 따라 출가한다. 드디어 소원을 이룬 것이다. 그런데 싯닷타 태자가 출가할 때 함께 했다는 기억은 그에게 자부심을 넘어 교만심을 심어 주었던 것 같다. 입단 후 그의 교만은 나날이 심해졌고, 사리풋타나 목갈라나 같은 훌륭한 수행자들까지 깔보며 멋대로 행동하게 된다. 찬나의 입장에서 본다면 부처님의 종족인 석가 족도 아닌 사리풋타나 목갈라나가 부처님의 신뢰를 받으며 주변에서 마치 부처님의 후계자처럼 인식되고 있는 것이 불만스러웠을지도 모른다.

수행자들에게서 이 사실을 전해 들은 부처님은 찬나를 불러 조용히 타이르셨다. 교만한 찬나였지만 부처님을 존경하는 마음만큼은 그 누구보다 강렬했기에 그는 공손하게 부처님의 충고를 들었다. 하지만 그때뿐……. 또 다시 찬나는 사리풋타와 목갈라나를 비방하고 다녔고, 그들에게 직접 충고를 늘어놓기도 했다. 부처님은 또 다시 찬나를 불러다 주의를 주셨다.

이렇게 부처님의 충고와 찬나의 악행이 반복되는 날들이 이어졌다. 하지만 찬나의 언행은 개선되지 않았다. 부처님의 입장이 얼마나 난처했을까 상상하기 어렵지 않다. 부처님 역시 자신의 출가를 도왔던 찬나에게 남다른 애정이 있었음에 틀림없다. 그렇기에 찬나가 열심히 수행해 하루 빨리 깨달음을 얻기를 바라셨을 것이다. 그런데 그는 부처님의 이런 마음을 아는지 모르는지 승단의 질서를 어지럽히며 날마다 일만 저지르고 있는 것이었다.

찬나의 언동은 점점 더 거칠어졌고 심지어 잘못을 저질러 놓고도 인정하지 않을 정도로 뻔뻔스러워졌다. 다른 수행자들이 아무리 잘못된 행동이라 말하며 충고해도 찬나는 들은 척도 하지 않았다. 자신의 죄를 인정하고 참회하기는커녕 다른 수행자들을 경멸하며 질문을 받아도 엉뚱한 궤변을 늘어놓거나 침묵을 지키며 대꾸하지 않는 등 매우 불성실한 태도로 수행자들을 곤란하게 했다. 찬나는 율을 어겨 갈마를 통해 힐문詰問당하는 자리에서도 "누구에게 죄가 있는가? 무엇이 죄인가? 어디에 죄가 있는가? 어찌하여 죄인가? 당신들은 누구에게 말하고 있는가? 당신들은 무슨 소리를 하고 있는가?"라며 반론을 거듭했고, 궤변을 늘어놓는 행동을 문제 삼자 이번에는 침묵으로 일관했다.

이 사건을 계기로 '이어뇌타계異語惱他戒'가 제정되기도 한다. '이어'란 질문이나 충고에 대해 엉뚱한 대답을 하는 것으로, 방금 전에 한 말을 다시 뒤집어 다른 말을 늘어놓거나 궤변을 하는 것

을 말한다. 이렇듯 찬나의 행동은 바일제波逸提죄의 대상으로 정해져 금지되었지만, 그는 조금도 개선의 여지를 보이지 않은 채 이전처럼 행동하며 다른 스님들을 난감하게 했다. 사실상 바일제죄란 본인의 참회만 있다면 언제라도 출죄出罪할 수 있는 것으로 강력한 제재력은 없다. 찬나는 정말 승가의 골칫덩어리였던 것이다.

그러던 어느 날이었다. 노쇠한 부처님의 입멸이 얼마 남지 않았음을 직감한 아난다는 고민하다 이렇게 묻는다.

"부처님. 부처님께서 입멸하신 후에는 찬나를 어찌하면 좋습니까."

스스로 그렇게 존경하는 부처님의 충고에도 나쁜 행실을 고치지 못하는 찬나. 부처님이 입멸하신다면 그의 악행이 더 심해질 것은 자명한 일. 아난다는 앞날이 걱정되었던 것이다. 그러자 부처님은 이렇게 대답하신다.

"아난다야. 내가 입멸한 뒤에도 만약 찬나가 계속 계율을 어기는 등 나쁜 행동을 한다면. 장로들은 찬나에게 범단법梵壇法을 실행해라."

범단법이란 평소 다른 비구들을 무시하고 거친 말과 행동을 일삼거나 율을 어겨 징계갈마를 받으면서도 그 갈마에서 이루어지는 정식 힐문에 대해서조차 불성실한 태도로 일관해 다른 스님들을 괴롭힐 경우 부과되는 갈마다. 바로 이 찬나 사건을 계기로 만들어지게 되었다. 아난다가 범단법의 내용을 묻자 부처님은 이렇게 설명하셨다.

"찬나 비구가 마음대로 떠들게 내버려 두어라. 그러나 비구들은 그에게 말을 걸어서는 안 된다. 훈계해서도 안 된다. 교계해서도 안 된다."

부처님이 찬나를 위해 내린 극약 처방은 '대응하지 않는 것'이었다. 찬나가 뭐라고 떠들어대든 대꾸도 하지 말고 잘못을 일깨워 주기 위해 가르침을 주고자 애쓸 것도 없다는 의미다. 승가의 규율도 지키지 않고 지키려는 노력도 하지 않는 찬나. 동료 수행자들은 더 이상 그를 승단의 구성원으로 대우해 줄 필요가 없다는 말씀일 것이다. 하지만 부처님은 결코 그를 쫓아내라는 말씀은 하지 않으신다. 왜일까? "부처님, 찬나는 거칠고 난폭한 성질을 지녔습니다."라며 주저를 보이는 아난다에게 부처님은 많은 비구들의 힘을 빌려 함께 찬나의 죄를 물으라고 하신다.

부처님의 입멸 후, 아난다는 500명의 비구들과 함께 찬나를 찾아가 범단법을 실행했다. 그러자 찬나는 당황하며 "아난다 존자여, 이는 저를 죽이는 것이나 다름없습니다. 다른 수행사들이 제게 말을 걸어 주지도 않고, 훈계도 하지 않고, 아무것도 가르쳐 주지도 않는다니……." 너무나도 큰 절망감에 찬나는 차마 말을 잇지 못한 채 그 자리에서 실신해 버리고 만다. 그리고 이 일을 계기로 찬나는 그동안 자신의 행동을 깊이 참회했고, 열심히 수행해 아라한과 阿羅漢果를 얻었다고 한다. 부처님의 의도가 빛을 발한 것이다.

    잠든 처자식의 얼굴을 뒤로 한 채 출가의 길을 나서야만 했던 싯닷타의 단호하지만 고독했을 그 여정을 함께했던 찬나. 그는 분명 부처님에게 있어 특별한 존재였을 것이다. 그 기억으로 인해 찬나의 마음속에 한때 교만심이 독버섯처럼 자랐지만, 부처님의 부재와 부처님이 마지막 남긴 극약 처방은 그에게 혜안을 열어 주었다. 부처님과의 만남, 아니 찬나의 경우는 오히려 부처님과의 헤어짐이 더 절실하고 값진 경험이었던 것 같다.

비구니 比丘尼 ●여자 승려

최초의 비구니가 된 부처님의 양모
마하파자파티 Mahāpajāpatī

> 실로 많은 사람들을 위해 마야 부인은 고타마를 낳았다.
> 마야 부인은 질병과 죽음의 고통에 얽매인 사람들을 위해
> 많은 괴로움을 덜어 주었다.
> - 『테라가타』162게

성도 후, 고향 카필라 성을 찾은 부처님께 조심스레 옷을 건네며 받아 주시기를 청하는 한 여인이 있었다. 집을 떠난 아들이 숲 속이나 들판에서 수행하며 혹시 추위에 떨지는 않는지, 밤새도록 모기에 시달리지는 않는지, 노심초사하며 정성스럽게 짠 옷이었다. 항상 미녀들에게 둘러싸여 아름다운 옷과 장신구로 치장한 채 맛난 음식만을 먹던 아들이었다. 그 어디선가 홀로 쓸쓸히 누더기 옷을 걸친 채 거친 음식으로 끼니를 해결할 모습을 떠올릴 때마다 그녀의 가슴은 미어질 것만 같았다. 그럴 때마다 그녀는 나중에 아들을 만나면 건네주리라 생각하며 옷을 지었던 것이다.

그녀는 다름 아닌 마하파자파티, 즉 부처님의 양모였다. 언니

마야가 카필라 성의 숫도다나 왕에게 시집올 때 동행했던 그녀는 언니 마야 출산 후 7일 만에 저세상으로 떠나자, 그녀의 빈 자리를 채우며 조카를 키웠다. 그 아기가 고타마 싯닷타. 바로 부처님이었다. 마하파자파티는 마치 자기가 낳은 자식처럼 소중하고도 소중하게 여기며 싯닷타를 키웠다. 싯닷타가 출가를 감행했을 때 아버지 숫도다나 왕보다 아내 야소다라보다 그녀가 더 비탄에 빠져 슬퍼했다고 한다. 하지만 그녀의 깊은 애정도 싯닷타의 진리를 향한 애타는 갈증을 해소시켜 주지는 못한 듯, 결국 싯닷타는 출가의 길을 선택했다. 길고도 힘든 시간이 흐른 뒤, 이제 모든 사람들에게 존경받는 '깨달은 자'가 되어 고향을 찾은 아들이 자신의 눈앞에 있었다. 그런 아들에게 자신의 슬픔과 기다림이 담긴 옷을 내민 것이었다.

"부처님, 당신을 위해 제가 직접 지은 옷입니다. 부디 받아 주십시오."

하지만 부처님은 거절하며 이렇게 말씀하셨다.

"그 옷을 내게 주지 말고 승가에 보시해 주십시오. 승가에 보시하면 내가 공양을 받은 것이나 다름없습니다."

마하파자파티는 선뜻 그 말에 따를 수 없었다. 일찍이 자신의 품속에서 고이고이 길렀던 아들에 대한 애틋한 마음이 담긴 옷이었다. 그런 옷을 다른 사람에게 건네고 싶지는 않았다. 세 번이나 반복해서 옷을 받아 주시기를 간곡히 청했다. 그러나 부처님의 대답은 마찬가지였다. 결국 곁에서 이를 지켜보고 있던 아난다가 나서서 마하파자파티를 설득했고, 그녀는 부처님의 뜻을 이해하며 옷을 승가에 보시했다. 양모의 따뜻한 마음을 모를 리 없는 부처님이지만, 오히려 그 마음을 너무나도 잘 알기에 보시의 본질을 일깨우며 그녀가 더 큰 공덕을 쌓을 수 있도록 인도해 주고 싶으셨던 것이리라.

부처님께서 고향을 찾으신 후 석가 족의 젊은이들은 뒤를 이어 출가했다. 아난다, 아누룻다, 데와닷타, 밧디야, 바구 등을 비롯해, 부처님의 친아들인 라훌라와 이복형제 난다마저 출가했다. 난다는 마하파자파티의 아들이었다. 싯닷타에 이어 난다까지 떠나 보낸 마하파자파티, 그리고 남편에 이어 아들 라훌라까지 출가시킨 야소다라. 이 두 여인을 비롯해 카필라 성에는 남편이나 아들의 출가로 많은 여인들이 홀로 남게 되었다. 게다가 숫도다나 왕까지 죽어 버리자, 카필라 성에는 여인들의 온기만이 떠돌고 있었다.

그러던 어느 날이었다. 결심한 듯, 마하파자파티는 카필라 성 교외의 니그로다 동산에 머물고 계신 부처님을 찾아갔다. 남편도 아들도 없는 곳에서 더 이상 머물 이유는 없었다. 게다가 부처님의 가르침을 접하며 진정한 의지처依支處에 대한 동경도 생긴 터였다. 그녀는 부처님께 청을 드렸다.

"부처님이시여, 부디 여인도 출가하게 해 주십시오."

그러나 부처님은 단호히 이를 거절하셨다. 거듭 세 번에 걸쳐 간절히 청을 드렸지만, 부처님의 대답은 마찬가지였다. 부처님은 완강하게 거절하셨다. 크게 낙담한 마하파자파티는 울면서 돌아갔다. 하지만 포기할 수는 없었다.

그 후 부처님이 카필라 성을 떠나 웨살리 마을로 유행을 떠나시자, 마하파자파티는 머리카락을 자르고 가사를 걸친 채, 500명의 석가 족 여성들과 더불어 부처님의 뒤를 따랐다. 그리고 부처님이 머물고 계시는 대림중각 강당의 문 앞에서 울며 서 있었다. 익숙지 않은 긴 여행으로 발은 퉁퉁 부어오르고 얼굴은 눈물과 먼지로 얼룩져 있었다. 측은한 마음으로 이를 지켜보고 있던 아난다는 부처님께 그녀들의 뜻을 전했다. 하지만 부처님의 대답은 다름없었다. 그러자 아난다는 이렇게 물었다.

"부처님, 만약 여인이 불법을 따라 출가해 수행한다면 예류과預流果·일래과一來果·불환과不還果·아라한과를 얻을 수 있습니까?"

"아난다야, 만약 여인이 불법을 따라 출가해 수행한다면 예류과·일래과·불환과·아라한과를 얻을 수 있다."

부처님은 깨달음을 획득하는 능력에 있어 여성이 남성보다 떨어진다고 생각해 여성의 출가를 거부한 것은 아니었던 것이다. 아난다는 부처님의 대답을 받아, 만약 그러하다면 마하파자파티가 양모로 젖을 주어 부처님을 기른 은혜를 생각해 여성의 출가를 허락해 달라고 애원했다. 그의 말에 마음이 움직인 부처님은 결국 여성의 출가를 허락하게 된다. 단, 팔경법八敬法이라 불리는 8종의 법을 평생 지킨다는 조건하에서였다. 그 내용은 다음과 같다.

첫째, 비구니는 구족계를 받은 지 백 세가 되어도 오늘 구족계를 받은 비구를 예경禮敬하고, 일어나서 맞이하며, 합장合掌하고, 공경해야 한다.

둘째, 비구니는 비구가 없는 주처에서 우기를 보내서는 안 된다.

셋째, 비구니는 보름마다 비구 승가에 두 가지 법을 청해야 한다. 즉, 포살을 묻는 것과 교계에 가는 것이다.

넷째, 비구니는 우안거가 끝나면 비구 승가와 비구니 승가의 양 승가에서 보고 듣고 의심 가는 세 가지 일에 대해 자자自恣를 행해야 한다.

다섯째, 비구니가 경법敬法을 범하면 양 승가에서 보름 동안 마낫타(근신, 別住)를 행해야 한다.

여섯째, 식차마나式叉摩那가 2년 동안 6법의 학처學處를 배우고 나면 양 승가에서 구족계를 구해야 한다.

일곱째, 어떤 수단에 의해서도 비구를 욕하거나 꾸짖어서는 안 된다.

여덟째, 오늘부터 비구니의 비구에 대한 언로言路는 폐쇄되고,

비구의 비구니에 대한 언로는 폐쇄되지 않는다.

이 8종의 법을 존경하고, 존중하고, 찬탄하고, 봉사하되 몸과 목숨이 다하도록 범해서는 안 된다는 것이었다.

아난다는 마하파자파티를 찾아가 만약 이 8종의 법을 지킨다면 부처님께서 출가를 허락하신다고 했다는 말을 전했다. 그녀는 "장식을 좋아하는 젊은 남녀가 머리를 감고 각종의 아름다운 꽃으로 머리를 장식하듯이, 저는 이 여덟 가지 조항을 평생 소중하게 지키겠습니다."라고 대답하며 받아들였다. 이 팔경법은 곧 그녀의 구족계가 되었고, 이렇게 해서 최초의 비구니가 탄생하게 되었다. 이어 그녀와 함께했던 500명의 석가 족 여성들이 구족계를 받으면서 비구니 승가가 성립하게 된다. 아마도 비구 승가 성립 후 20여 년의 세월이 흐른 뒤였던 것 같다.

이 팔경법에 의하면, 비구니의 지위는 비구보다 낮고, 비구가 나쁜 행동을 했을 때조차 비구니는 이를 비난해서는 안 된다. 물론 반대의 경우는 인정된다. 그리고 비구와 비구니는 보통 따로 승가를 형성해 자치적으로 운영되지만, 안거나 포살, 자자와 같은 승가의 중요한 정기행사, 승잔죄를 저지른 자에게 부과되는 마낫타라 불리는 근신 기간, 비구니가 되기 위해 받는 구족계 등의 경우에는 비구니 승가의 자치가 인정되지 않고 반드시 비구 승가의 지도나 감독을 받아야 한다.

부처님이 왜 여성의 출가에 부정적인 입장을 취했는가, 왜 성

차별이라고도 받아들일 수 있는 팔경법을 조건으로 세웠는가 명확한 점은 알 수 없지만, 아마도 여성 출가자를 받아들였을 때 당시 인도 사회에 만연하고 있던 여성에 대한 부정적인 견해로 인해 발생할 승가 내외의 파문, 여성의 육체적인 특수성에 의한 수행 생활의 어려움을 고려했을 때 일어날 수 있는 문제, 신참자로서의 비구니에게 선배인 비구의 지도를 받게 하고자 하는 배려 등 여러 가지 요소가 생각될 수 있을 것이다.

그리고 무엇보다 금욕생활을 지켜 수행하는 것을 중요시하고 있던 남성 중심의 승가에 애욕의 대상인 여성이 들어오는 것에 의해 발생할 여러 가지 상황에 대한 염려가 있었을 것이다. 따라서 팔경법이라는 제도적인 장치를 둠으로써 남성 출가자와 여성 출가자 사이에 상하 관계에 근거한 일정한 거리를 두고자 했던 것은 아닐까 생각된다. 여하튼 당시 인도의 상황을 고려할 때, 여성의 출가는 매우 획기적인 사건이었다. 아난다의 설득에서 엿볼 수 있듯이, 어쩌면 이는 부처님의 양모이기에 가능했던 일인지도 모른다.

이미 고령의 상태에서 출가한 마하파자파티지만, 열심히 수행해 성자의 경지에 도달했고 모든 면에서 다른 비구니들의 모범이 되었다. 자신의 청을 받아들여 어려운 결정을 내려 주신 부처님에 대한 감사의 마음은 항상 그녀를 긴장하게 만들었던 것이리라. 그렇게 20여 년의 세월을 보낸 후, 그녀가 이 세상을 떠난 것은 부처님의 입멸 3개월 전이었다. 사리풋타나 목갈라나처럼 그녀 역시 부처님의 입멸을 보고 싶지 않았던 것일까. 웨살리의 강당으로 돌아가 조용히 문을 잠근 그녀는 대신변을 일으킨 후 사선四禪에 들어 입멸했다고 한다.

마하파자파티 그녀가 없었다면 어쩌면 비구니는 탄생하지 못했을지도 모른다. 그래서 그녀의 존재는 더욱 특별하다. 핏덩이 싯닷타를 따뜻하게 품에 안은 순간, 그 애처로운 생명을 소중히 돌보며 애정을 쏟아 갔던 시간, 남은 생 부처님의 가르침에 따라 진리를 추구하는 삶을 살겠다는 용기를 내고 정진했던 날들……. 그녀와 부처님의 만남이 그 어떤 경우보다 각별할 수 있었던 이유다.

남편과 아들을 모두 출가시킨 부처님의 아내
야소다라 Yasodharā

> 여행을 끝내고, 슬픔도 여의고, 완전히 자유로우며
> 모든 얽매임을 끊은 이에게 고뇌는 존재하지 않는다.
> - 『담마파다』 90게

창문 밖으로 카필라 성 거리를 내려다보며 서 있는 한 여인이 있었다. 그녀의 시선은 거리에서 탁발을 하고 있는 한 수행승을 향하고 있었다. 제대로 된 이별 인사 한마디 없이 자신과 자식을 남겨 두고 떠나 버렸던 남편의 등장에 그녀의 마음은 회오리치고 있었다. 그녀는 바로 부처님이 출가하기 전 부부의 인연을 맺었던 아내 야소다라다. 일설에는 그녀의 이름을 밧다캇차나, 혹은 라훌라의 어머니라는 의미에서 라훌라 마나라고 부른다. 그녀는 석가 족 인근에 있던 콜리야 족 숫파붓다 왕의 딸이었다. 부처님의 종족인 석가 족과 콜리야 족은 같은 종족에서 나온 밀접한 관계로 콜리야 족 역시 소국小國을 형성하고 있었다. 양족 간에는 예로부터 혼인이 성행했는데 부처님의 생모였던 마야 부인, 그리고 양모 마하파자파티 고타미 역시 콜리야 족 출신이었다.

어린 나이에 석가 족의 왕자 싯닷타에게 시집온 야소다라는 라훌라라는 귀여운 아들도 얻었지만, 세속적인 욕망을 추구하지 않고 출세간出世間적인 삶을 동경하는 남편 싯닷타 때문에 시아버지 숫도다나 왕과 함께 속을 태워야 했다. 싯닷타의 마음을 돌려 보려고 부단히도 애썼지만 끝내 그의 마음을 돌리지 못한 채, 결국 어느 날 새벽 남편은 마부만을 데리고 카필라 성을 넘어 홀연히 사라지고 만다. 마부가 홀로 성으로 다시 돌아왔을 때 그녀는 남편에 대한 원망을 마부에게 대신 쏟아내며 울부짖었다.

"어떻게 왕자님을 남겨 두고 너만 올 수 있단 말이냐!"

어린 아들의 얼굴이 눈에 밟히지도 않았단 말인가. 나라는 존재는 그에게 있어 무엇이었나. 야소다라의 가슴은 남편에 대한 원망으로 가득 찼다. 하지만 그 누구보다 가장 가까이에서 싯닷타를 보아 왔던 그녀였다. 이별의 방식은 너무나도 매정했지만, 그럴 수밖에 없었던 것이리라. 마음 한구석에서 남편에 대한 이해와 용서를 느끼며 그녀는 곧 이렇게 맹세한다.

'오늘부터 그분의 수행이 끝날 때까지 나는 결코 침대에서 휴식을 취하거나, 화장하거나, 아름다운 옷을 입거나, 맛난 음식을 먹지 않을 것이다. 그분과 똑같이 산과 들에 머무는 고행자처럼 생활하리라.'

그렇게 살아온 지 어느덧 12년 남짓, 남편이 '깨달은 자'가 되어 고향을 방문한 것이었다. 아들이 깨달음을 얻었다는 소식을 전해 들은 아버지 숫도다나 왕은 수차례 사신을 파견해 초청의 뜻을 밝힌다. 하지만 그들은 부처님의 설법을 듣는 즉시 아라한이 되어 버렸고, 자신들이 왜 파견되었는지 그 임무조차 잊어버리고 말았다. 왕이 마지막으로 보낸 이는 칼루다이였다. 숫도다나 왕의 신하의 아들이었던 그는 어릴 적 부처님과 소꿉놀이 친구였다. 그는 부처님의 법을 듣고 아라한이 되었지만, 결코 자신의 임무를 잊지 않았다. 이렇게 해서 제자들과 함께 카필라 성을 찾게 된 부처님은 도착한 다음 날 거리에서 걸식을 했다. 바로 이때였다, 애증이 교차하는 미묘한 심정으로 야소다라가 창밖을 내다보고 있었던 것은.

그런데 저 멀리 보이는 남편의 모습은 그야말로 완벽한 성인이었다. 보름달처럼 환한 얼굴빛, 코끼리와도 같은 우아한 걸음걸이, 둥글고 부드러운 목덜미, 사자와 같은 강인한 턱, 황금색으로 빛나는 피부……. 깨달음을 얻은 남편은 외모에서부터 이미 보통 사람과는 다른 기운을 뿜어 대고 있었다. 성스러운 징표로 가득 찬 부처님을 바라보며 야소다라는 온몸에 감동과 존경의 전율을 느꼈다.

그날 왕궁에서는 부처님과 제자들을 위한 공양이 이루어졌다. 부처님이 공양을 마치자 왕궁의 여인들이 부처님께 경의를 표하기 위해 몰려들었지만, 그 가운데 야소다라의 모습은 없었다. 시녀들이 그녀에게 나아가 부처님을 만날 것을 권했지만 야소다라는 "만약 나에게 덕이 있다면 왕자님께서 스스로 나를 만나러 오실 것이다. 그럼 그때 뵙도록 하겠다."라고 하며 꼼짝도 하지 않았다.

그녀의 말대로 부처님은 두 명의 제자를 동반하고 그녀의 처소를 찾았다. 놀란 그녀는 황급히 엎드려 부처님의 발에 머리를 갖다 대며 경의를 표했다. 오랜 세월 남편의 빈자리를 채우며 아들 라훌라와 함께 꿋꿋하게 살아온 며느리에 대한 측은함이었을까. 곁에서 이를 지켜보던 숫도다나 왕은 부처님께 말했다.

"야소다라는 당신이 가사를 입고 있다는 소식을 들으면 자신도 가사를 입고, 당신이 하루에 한 끼만 먹는다는 소식을 들으면 자신도 한 끼만 먹었습니다. 또한 당신이 큰 침대에는 눕지 않는다는 소식을 들으면 자신도 너덜너덜한 천 조각을 이어 붙여 만든 침대에 눕고, 당신이 화환이나 향수를 사용하지 않는다는 소식을 들으면 자신도 그것들을 일체 사용하지 않는 등 정말 수행자와 다름없는 생활을 해 왔습니다."

이를 들으신 부처님은 야소다라는 왕녀가 아니었던 전생에도 이미 몸을 잘 지켰던 여인으로 왕녀인 현생에 그런 생활을 하는 것은 너무나도 자연스러운 일이라고 하시며 그녀의 덕을 칭찬하셨다고 한다.

부처님이 카필라 성을 방문한 지 7일째 되는 날, 야소다라는 아들 라훌라에게 말했다.

"라훌라야, 저분이 바로 너의 아버지이시다. 가서 네 유산을 달라고 하렴."

찾아와 유산을 달라는 아들 라훌라를 부처님은 출가시켰고, 야소다라는 사랑하는 라훌라를 그렇게 존경하는 남편의 곁으로 보냈다. 아들 라훌라가 출가한 후 얼마 지나지 않아 시아버지인 숫도다나 왕마저 저세상으로 가 버리자 그녀는 부처님의 양모였던 마하파자파티 고타미를 따라 불제자가 되었다. 야소다라는 생각했다.

'내 남편은 출가해서 일체지자一切知者의 지위에 올랐으며, 내 아들 역시 출가해 그의 곁에 머물고 있다. 내가 집에 머문들 무엇하리. 나 역시 출가해 사왓티로 가서 부처님과 내 아들을 바라보며 살아야겠다.'

그녀는 부처님과 라훌라 가까이에 있는 비구니 절에 머물렀다. 가까이서 그들을 바라보며 살고 싶은 그녀의 바람이었을 것이다. 하지만 그녀는 그들에게 누가 되지 않도록 자신을 잘 단속했다. 비구니가 된 후 그녀는 자신을 반성하는 일에 매우 엄격해 불제자 가운데 구참괴具慚愧 제일이라 칭해졌는데, 이는 어쩌면 부처님과 라훌라에 대한 그녀의 마음은 어쩔 수 없지만, 이를 항상 참회하며 부끄럽게 생각할 줄 알았기에 붙여진 것은 아닐까 생각된다.

출가 후 야소다라의 생활을 말해 주는 전승은 별로 없어 그녀가 구체적으로 어떤 삶을 살았는지 알기 어렵다. 단, 다음 전승을 통해 한때 왕녀로 살았던 그녀가 고된 출가자의 삶에도 불구하고 아들 라훌라를 비롯한 주변 사람들의 따뜻한 배려로 인해 심신의 건강을 유지할 수 있었음을 엿볼 수 있다.

한때 부처님이 사왓티 근교에 머물고 계실 때였다. 야소다라는 복통을 앓게 되었다. 라훌라가 자신을 만나기 위해 찾아왔건만 그녀는 나갈 수가 없었다. 이 사정을 알게 된 라훌라는 어머니인 야소다라의 처소로 들어와 "뭔가 필요하신 게 있다면 제가 돕겠습니다."라고 말했다. 그러자 야소다라는 "제가 집에 있을 때는 설탕을 뿌린 망고 즙을 마시면 복통이 가라앉곤 했습니다. 그러나 지금은 걸식으로 끼니를 때우는 처지이니, 어디서 그것을 얻을 수 있겠습니까?"라고 했다. 라훌라는 자신이 어떻게든 그것을 마련해 보겠다며 일어섰다.

그길로 라훌라는 자신의 화상和尚이자 따뜻하고 세심한 성품의 사리풋타를 찾아갔다. 화상과 제자는 세간의 부모 자식과 같은 관계였으니, 아마도 개인적인 일을 상담하기에는 사리풋타가 적격이었을 것이다. 하지만 막상 사리풋타 앞에 서니 망설여졌다. 입안에서 도는 말을 차마 꺼내지 못한 채 라훌라는 난감한 얼굴로 서 있었다. 평소와 다른 그의 모습에 사리풋타는 물었다.

"라훌라야, 왜 그렇게 슬픈 얼굴을 하고 있느냐?"

라훌라는 대답했다.

"저의 어머니가 지금 복통을 앓고 있습니다만, 설탕을 뿌린 망고 즙을 마신다면 곧 나을 것입니다. 어찌하면 그것을 얻을 수 있을까요?"

측은하게 여긴 사리풋타는 "걱정하지 말거라. 구할 수 있을 것이다."라고 말하며 라훌라를 위로했다.

다음 날 이른 아침 사리풋타는 라훌라를 데리고 사왓티로 들어가 그를 기다리게 한 후 파세나디 왕을 찾아갔다. 사리풋타가 온 것을 안 파세나디 왕은 자리를 마련하고 앉기를 권했다. 마침 그때 화원을 지키고 있던 한 병사가 맛깔스럽게 익은 망고를 바구니 가득 담아 왔다. 왕은 망고 껍질을 벗겨 설탕을 뿌린 후 스스로 으깨서 장로의 발우에 담아 주었다. 사리풋타는 서둘러 일어나 라훌라에게 가서 그것을 건네며 말했다.

"어서 이것을 가지고 가서 어머니에게 드려라."

라훌라가 주는 망고 즙을 먹자 야소다라의 복통은 가라앉았다. 한편, 파세나디 왕은 사리풋타가 자신이 준 망고 즙을 먹지 않고 어디론가 가지고 간 것을 이상히 여겨 부하에게 그가 누구에게 망고 즙을 주었는지 알아 오라고 했다. 사리풋타의 뒤를 밟은 부하는 자신이 목격한 모든 상황을 왕에게 보고했다. 왕은 생각했다.

'만약 부처님이 가정생활을 하고 계셨다면 전륜왕으로 라훌라 사미는 태자이고 야소다라 장로니長老尼는 왕비가 되었을 것이다. 세계의 모든 지배권은 그들 밑에 있었을 것이다. 우리들도 그들에게 봉사하면서 살아야 했을지도 모른다. 이제 출가해 우리들 가까이 살고 있는 그런 사람들을 내 어찌 모른 척하리.'

그리하여 이후 파세나디 왕은 야소다라를 위해 망고 즙을 계속 보내 주었다고 한다.

성인을 남편으로 둔 여인의 삶이 얼마나 힘들고 고된 것이었을지 야소다라의 일생이 고스란히 보여주는 듯하다. 하지만 야소다라는 그릇이 큰 여인이었던 것 같다. 그 큰 그릇 안에 자신의 고된 삶을 모두 풀어 놓은 채 밖으로 그 고통을 드러내지 않았다. 아니 오히려 자신을 돌아보고 반성하며 남편을 스승으로 존경하고, 사모하는 마음을 깨달음에 대한 정열로 바꾸어 정진할 수 있었던 최고의 여인이었다.

자식 잃은 슬픔을 딛고 수행자로 다시 태어난
키사 고타미 Kisa Gotamī

'내 아들이다, 내 재산이다'라며 어리석은 자는 괴로워한다.
자신도 제 것이 아니거늘 어찌 아들이나 재산이 제 것이겠는가.
— 『담마파다』 62게

부처님 당시, 북인도의 16대국 중 하나인 코살라 국의 수도 사왓티는 풍요로움을 자랑하는 대도시였다. 키사 고타미는 이 대도시의 한쪽에서 조용히 살아가는 어느 한 가난한 바라문 집안에서 태어났다. 어려서부터 보기에도 측은할 정도의 빈약한 인상과 체형을 지닌 탓에 그녀는 말라깽이(키사) 고타미라 불렸다. 사춘기를 앞둔 어느 날, 그녀는 행복을 꿈꾸며 상인의 아들과 혼례를 올렸다. 그러나 가난한 집안 출신이라는 이유로 시부모는 그녀를 구박하며 학대했고 남편 역시 다정하게 대해 주지 않았다.

결혼하지 않은 여자에게는 사후死後, 천계의 문도 굳게 닫혀 있다고 여기던 고대 인도의 바라문교 사회에서 여자로 태어난 이상 그녀에게 있어 결혼은 피할 수 없는 운명이었고, 또한 결혼한 이상 그녀가 의지해야 할 대상은 남편과 시집 식구들뿐이었다. 그러나 그들에게 외면당하며 키사 고타미는 희망이라고는 없는, 그저 막막하고 고된 날들을 보내야 했다. 왜 살아가는지, 언제까지 이 고통은 계속되는지, 정말 아무런 삶의 희망도 보이지 않는 하루하루였다.

그러던 어느 날, 그녀에게도 행복이 찾아왔다. 아들을 낳은 것이다. 어머니라는 이름을 얻은 키사 고타미의 기쁨은 이루 말할 수 없었다. 눈에 넣어도 아프지 않을 이 사랑스러운 아들은 여러 가지 면에서 자신의 삶의 의미를 되찾게 해 주는 존재였다. 무엇보다, 남성 위주의 고대 인도 사회에서 아들의 출산은 그녀를 사회적 존재로 인정받게 해 주는 일이었다. 가장이 된 남자의 가장 큰 의무는 조상의 제사를 위해 가계를 존속시키는 일, 다시 말해 다음 가장이 될 남자아이를 생산하는 것이었다. 그러나 이는 남자의 의무라기보다는 오히려 여자에게 더 큰 역할을 요구하는 일이다. 여자가 이 세상에 태어난 이유는 결혼해서 가계를 존속시켜 줄 아들을 생산하는 데 있다 해도 과언이 아니었다.

아들을 낳은 여성은 '아무개의 어머니'라는 이름으로 불리며 자신의 정체성을 찾게 된다. 이제 죽어서도 천계에 가서 조상들 앞에 당당히 얼굴을 들고 나설 수 있게 된 것이다. 이렇게 자신의 의무를 잘 실행해 낸 키사 고타미를 남편과 시부모도 예전과는 달리 대해 주었다. 이제 그녀는 자신들의 가문을 이어 줄 아들, 손자를 낳아 준 아내이자 며느리인 것이다. 키사 고타미는 자신의 분신과도 같은 아들을 불면 날아갈까 만지면 깨질까, 금지옥엽金枝玉葉으로 귀하게 키웠다. 아들의 존재가 곧 자신의 존재 이유였다.

그러던 어느 날이었다. 아장아장 걷는 모습이 사랑스럽기 그지없던 아들이 갑자기 병이 들어 그만 죽어 버리고 말았다. 자신의 삶에 있어 유일한 희망이었던 아들의 죽음을 그녀는 받아들일 수 없었다. 아들이 없는 자신의 인생은 상상할 수도 없었다. 화장처로 시신을 옮기려는 사람들을 밀치고, 그녀는 축 늘어진 아들을 가슴에 끌어안은 채 실성한 듯 마을로 뛰쳐나갔다.

"좋은 약을 구하면 우리 아기는 분명 다시 건강해질 거야."

아들의 죽음을 인정할 수 없었던 그녀는 마을 곳곳을 헤매고 다니며 울부짖었다.

"혹시 우리 아기의 병을 낫게 할 약을 아시나요? 가르쳐 주세요. 제발 우리 아기를 살려 주세요."

처절한 그녀의 애원에 마을 사람들은 위로의 말도 못 찾은 채 그저 눈물을 흘릴 뿐이었다. 그러던 중, 그 모습을 측은히 여기며 지켜보던 한 지혜로운 이가 "아드님의 병을 치료할 수 있는 약은 모르지만, 아마 그분이라면 약을 알고 계실 겁니다."라며 부처님에게 찾아가 볼 것을 권했다. 키사 고타미는 그길로 부처님이 계신 제타 숲으로 달려갔다.

"부처님, 우리 아기의 병을 치료할 수 있는 약을 알고 계실 거라 들었습니다. 가르쳐 주세요."

가슴에 죽은 아이를 부둥켜안은 채 실성한 듯 절규하는 그녀의 모습을 바라보며, 부처님은 자식을 잃은 어미가 느낄 그 깊은 상실감과 비탄에 더할 나위 없는 연민의 정을 느끼셨다. 그녀를 구제해 주어야겠다고 생각한 부처님은 이렇게 말씀하신다.

"마을에 가서 사람이 한 명도 죽은 적이 없는 집, 다시 말해 부모도 자식도 형제도 그 누구도 죽은 적이 없는 집에서 겨자씨를 얻어 온다면, 내 너에게 그 약을 알려 주마."

키사 고타미는 아기를 끌어안고 다시 마을로 달려갔다. 한 집 한 집 문을 두드리며 사람이 한 번도 죽어 나간 적이 없는 집을 찾아 미친 듯 돌아다녔다. 하지만 그런 집은 없었다. 발이 다 해질 정도로 돌아다녀 보았지만, 그런 집은 어디에도 없었다.

어느덧 해도 저물고 주위는 캄캄해졌다. 망연자실茫然自失해 주저앉아 있던 그녀는 문득 깨달았다.

'아, 그렇구나. 지금까지 나는 내 자식만이 죽었다고 생각했지만, 실은 지금 살고 있는 사람보다 더 많은 사람이 이미 죽었구나.'

그 순간, 그녀는 아들의 육신에 대한 집착을 놓을 수 있었다. 태어난 것은 반드시 죽는다는 평범한 진리를 깨달은 그녀의 마음은 평상심을 되찾고 있었다. 아들의 죽음이라는 한 가지 사실에 집중해 아무것도 생각할 수 없었던 그녀의 마음이 끝도 없는 과거에서 지금까지 이어져 내려오고 있는 평범한 진리를 받아들이며 위안을 얻는 순간이었다. 이 세상에 태어난 이상, 그 누구도 피해 갈 수 없는 길. 너무나도 빨리 찾아온 아들의 죽음이기에 더 한스럽지만, 그 역시 생류生類가 지고 가야 할 운명인 것이다.

키사 고타미는 소중하게 부둥켜안고 있던 아들의 시신을 묘지로 데려가 내려놓은 후, 부처님을 다시 찾았다.

"겨자씨는 얻어 왔느냐?"

"얻지 못했습니다. 온 마을의 집들을 다 돌아다녔지만, 사람이 죽은 적이 없는 집은 찾을 수 없었습니다. 그리고 저는 알았습니다. 죽은 자가 살아 있는 사람보다 훨씬 많다는 사실을……."

"그렇다. 키사 고타미여, 너는 오직 네 아들만이 죽었다고 생각했겠지만, 죽음이란 살아 있는 모든 것이 피해 갈 수 없는 길이니라. 죽음의 왕은 아직 바람을 이루지도 못한 모든 생류를 괴로움의 바다로 던져 버린다. 마치 대홍수가 모든 것을 쓸어 가 버리는 것처럼……."

"부처님, 부디 저를 인도해 주십시오."

부처님의 가르침에서 인생의 무상함을 터득한 그녀는 출가자의 길로 들어섰다.

출가 후, 그녀는 열심히 수행해 지혜를 완성했다. 혹독한 수행을 당연하다 여기며 항상 초라한 복장을 하고 있었기 때문에 '조의粗衣제일'이라 불릴 정도였다. 출가한 지 얼마 지나지 않았을 무렵, 그녀는 어느 날 밤 포살당에서 많은 등불을 켜고 앉아 있었다. 조용히 앉아 명상하면서 등잔불이 하나하나 사라져 가는 것을 보며 생각했다.

'아, 사람들은 윤회하며 몇 번이나 다시 태어나고 죽어 가며 괴로움의 세계를 방황하고 있지만, 열반을 얻은 사람만은 그런 일이 없구나.'

키사 고타미는 등잔에 불을 켤 때 불꽃이 크게 일어났다 사그라지는 것을 보고 존재하는 것이 생겨나고 사라지는 도리를 선명하게 알아차리게 된 것이었다. 그러자 향실香室에 앉아 계시던 부처님께서는 그녀의 생각을 아시고는 마음속으로 그녀에게 이렇게 말을 거셨다.

"키사 고타미여, 사람들은 태어나고 죽기를 몇 번이나 반복하지만, 열반을 얻은 사람에게 이미 생사는 없다. 그러므로 열반을 알아야 한다."

그리고 이런 게송을 읊으셨다.

"불사의 경지를 보지 못하고 백 년을 사는 것보다, 설사 찰나의 삶일지라도 불사의 경지를 볼 수 있다면 이보다 좋은 것은 없다."

멀리 앉아 있던 키사 고타미의 마음속에도 이 말은 전해졌고, 그녀는 모든 존재의 무상한 모습에 마음을 집중하고 열반을 체득하기 위해 열심히 정진했다. 그 결과, 깨달음을 성취했다.

훗날 키사 고타미는 이런 시구를 읊었다.

'저는 화살을 뿌리째 뽑아 버리고, 짐을 내려놓았습니다. 저는 해야 할 일을 마쳤습니다.'

자식을 먼저 떠나 보낸 슬픔이라는 화살, 언제까지나 그 슬픔을 가슴에 안고 살아가야만 하는 무거운 짐을 내려놓고, 그녀는 부처님의 가르침에 따라 깨달음의 길을 완성한 것이었다. 자식의 죽음이라는, 받아들이기에 너무나도 참담한, 하지만 받아들일 수밖에 없기에 더욱더 가혹한 현실 앞에서, 부처님은 키사 고타미가 생류의 삶을 있는 그대로 이해함으로써 그 슬픔을 이겨 낼 수 있도록 인도해 주신 것이었다. 진리를 꿰뚫어 보는 지혜와 따뜻한 자비심으로 가득 찬 부처님과의 만남을 통해 그녀는 자식을 잃고 깊이 방황하던 한 어머니에서 이제 삶의 진리를 통찰하는 훌륭한 수행자로 다시 태어난 것이었다.

온 가족을 잃은 슬픔에 알몸으로 헤맨
파타차라 Paṭācārā

인간의 모습을 취해 죽어 윤회하며 스쳐 지나가는 것이니,
왔을 때와 같은 모습으로 떠나가는구나.
이를 한탄한들 무엇하리오.
-『테리가타』127~130게

여성 출가자들의 고백과 회상을 담은『테리가타』라는 초기 문헌에는 파타차라라는 이름의 비구니가 읊었다는 슬픈 내용의 게송이 전해진다.

'분만이 다가와 길을 가고 있었을 때, 저는 남편이 길 위에 쓰러져 죽어 있는 모습을 보았습니다. 출산한 후, 저는 친정에도 갈 수 없었습니다. 가엾은 이 여인의 두 아들은 죽고, 남편 역시 길 위에서 죽고, 부모도 오빠도 하나로 쌓아 올린 장작더미 위에서 재로 변해 갔습니다.'

사왓티의 부유한 상인의 집에서 태어난 파타차라. 자신의 집

에서 일하는 하인과 사랑에 빠진 순간부터 그녀의 불행은 이미 시작되었던 것일까. 당시 인도에서 여자가 하층 계급의 남자와 결혼한다는 것은 결코 용서받을 수 없는 일이었다. 그녀는 부모와 형제를 저버리고 사랑하는 남자와의 삶을 선택했다. 낯선 곳에서의 불안하지만 행복한 그와의 일상. 그렇게 하루하루를 보내던 파타차라는 임신을 하게 되었다. 출산을 앞두고 불안해진 그녀는 친정에 가서 아기를 낳고 싶다고 생각하며 길을 나섰다. 그러나 가는 도중 길에서 아들을 출산하고 말았다.

얼마 후 두 번째 아기를 임신하고 산달이 다가왔을 때 그녀는 남편과 아들의 손을 붙잡고 다시 친정으로 향했다. 그런데 또 가는 도중에 산기를 느꼈다. 폭풍우가 몰아치는 칠흑 같은 어둠 속에서 그녀는 남편이 마련해 준 임시 피난처에서 배를 움켜쥐며 고통을 견디고 있었다. 밖에 있던 남편이 독사에게 물려 온몸에 독이 퍼져 죽어 가고 있다는 사실도 모른 채였다. 그녀는 산고 끝에 또 한 명의 아들을 얻었다. 길고 긴 밤을 보낸 파타차라가 두 아들을 품에 안은 채 남편을 만나기 위해 밖으로 나왔으나 그녀를 기다리고 있는 것은 싸늘하게 변한 남편의 주검뿐……. 자신 때문에 남편이 죽어 버렸다고 생각한 그녀는 자책하고 또 자책하며 통곡했다.

이제 그녀가 갈 곳은 부모와 형제가 기다리는 친정뿐이었다. 두 아들을 품에 안고 하염없이 걷다 보니 강이 길을 가로막았다.

지난밤의 폭우로 강물이 가슴에까지 와 닿을 정도로 불어나 있었던 것이다. 도저히 어린 두 아이를 데리고 건널 수 있는 깊이가 아니라고 판단한 그녀는 큰아이를 남겨둔 채 갓난아이를 품에 안고 조심스럽게 강을 건넜다. 어렵게 강 건너편으로 건너간 파타차라는 갓난아이를 재워 두고 큰아이를 데리러 다시 강을 건넜다. 혹시나 무슨 일이 있지는 않을까 돌아보고 또 돌아보며 중간쯤 왔을까. 매 한 마리가 갓난아이를 노리며 날아 내려오는 모습이 보였다.

가슴까지 차올라 가파르게 흐르는 물길 때문에 빨리 움직일 수도 없는 그녀는 타들어 가는 심정으로 매를 쫓아 보내고자 손을 휘저으며 소리를 질렀다. 그러나 매정한 매는 날카로운 발톱으로 아이를 낚아챈 후 유유히 저 멀리 허공으로 사라져 갔다. 한편 강 저편에서 파타차라의 모습을 보고 있던 큰아이는 엄마가 자신에게 이쪽으로 오라고 손짓하며 말을 걸고 있다고 생각해 물속으로 서둘러 뛰어들었다. 그렇게 아이의 그 조그마한 몸은 허우적거리며 저 멀리 탁류 속으로 흘러 사라져 갔다.

이제 혼자가 된 파타차라. 자신이 왜 살아 있는지조차 알 수 없는 깊은 절망감에 휩싸인 그녀는 홀로 길을 걷고 있었다. 그때였다. 저 멀리서 낯익은 얼굴의 사람이 걸어왔다. 그녀의 친정 가까이에 살던 이였다. 가족들의 안부를 묻자 그는 대답했다.

"지난밤의 폭풍우로 집이 무너져 내려 아가씨의 아버님도 어머님도 그리고 오빠도 모두 깔려 죽어 버렸습니다. 지금 한창 화장되고 있습니다. 저 멀리 연기가 보이시지요?"

측은한 표정으로 그녀를 바라보는 그를 멍하니 응시하며 그녀는 주저앉았다. 하룻밤 사이에 남편도 두 아들도 부모도 형제도 모두 잃어버린, 너무나도 가엾은 여인은 자신의 몸을 두르고 있던 천이 흘러내리는 줄도 모른 채 거리를 헤매고 다녔다. 그녀가 '옷을 입지 않고 걷는 여인'이라는 뜻의 파타차라라 불리게 된 것도 이때부터였다. 알몸으로 거리를 배회하는 실성한 여인에게 사람들은 동정은커녕 쓰레기나 오물 등을 던지며 비웃었다.

그러던 어느 날이었다. 부처님께서 제타 숲에서 설법을 하고 계실 때, 마침 파타차라가 그곳을 지나갔다. 법을 듣기 위해 모여 있던 군중들이 그녀를 쫓아내려 했지만, 그녀에게 지혜가 성숙해 있음을 보신 부처님께서는 그녀를 데리고 오게 하셨다. 부처님의 목소리에 제정신이 든 파타차라는 아무것도 걸치고 있지 않은 자신의 모습에 부끄러움을 느끼며 그 자리에 주저앉아 버렸다. 누군가 옷을 던져 주자 받아 걸친 그녀는 부처님 앞으로 나아가 구제를 청했다.

"누구나 태어나고 죽는 것을 반복하고 있나니, 아들이든 친족이든 의지처가 되지는 못하느니라. 생사에서 벗어나는 길을 구해라."

부처님의 말씀은 가족을 잃은 슬픔으로 만신창이가 된 파타차라의 심신을 따뜻하게 어루만지며 조금씩 그녀의 슬픔 속으로 스며들고 있었다. 자신이 집착하던 슬픔의 실체를 여실하게 들여다볼 수 있는 지혜도 조금씩 싹트고 있었다. 그녀는 부처님이 말씀하시는 생사에서 벗어나는 길을 찾겠노라 다짐하며 출가를 청했다. 그렇게 출가 수행자의 길을 걷게 된 파타차라는 이후 그 누구보다 열심히 수행 정진했다.

그러던 어느 날이었다. 파타차라는 발을 씻으며 그 물속에 비친 자신의 모습을 보고 있었다. 발을 씻은 물을 천천히 부어 버리자 높은 곳에서 낮은 곳을 향해 물줄기가 흘러갔다. 어떤 물줄기는 조금 흐르다 멈췄지만, 또 다른 물줄기는 조금 더 길게 흘렀다. 또 다른 물줄기는 훨씬 길게 흘러갔다. 물이 흘러가는 그 시간 속에서 파타차라는 생명이 사라져 가는 시간을 보았다. 저 멀리 길게 흐르다 멈추는 것이 있는가 하면, 중간쯤 흐르다 멈추는 것도 있고, 또 얼마 가지 못해 곧 멈춰 버리는 것도 있었다.

물의 흐름을 응시하며 마음에 안정을 얻은 그녀는 등잔불을 손에 들고 승방으로 들어갔다. 누울 자리를 살피며 침상으로 나가가 바늘을 쥐고 등의 심지를 내렸다. 순간 등잔불이 사라지듯 그녀에게는 마음의 해탈이 일어났다. 기름에 담긴 심지에 불을 붙이면 불꽃은 타오르고 등의 심지를 내리면 불꽃은 사라진다. 마치 등불처럼 반복되는 생사의 고통. 불꽃을 일으키는 기름과 불을 여의고 사라진 등잔불처럼 모든 집착과 욕망을 떠난 그녀의 마음에 열반의 경지가 그 모습을 드러냈다. 파타차라는 생사를 초월한 자신을 느끼고 있었다.

이후 파타차라는 자신처럼 친족을 잃고 고통스러워하는 많은 여인들을 위로하며 그들을 생사에서 벗어나는 길로 인도했다. 부처님의 만년, 아버지인 파세나디 왕을 폐위시키고 코살라 국의 왕이 된 위두다바는 포악하기 이를 데 없는 자로, 특히 석가족에 대해 원한을 가지고 있었다. 어린 시절 외가인 카필라 성에 갔다가 어머니의 출신 성분이 낮다는 이유로 큰 모욕을 당했기 때문이다. 결국 석가 족은 위두다바에 의해 멸망당하게 되는데 이 과정에서 많은 석가 족의 여인들은 남편과 자식, 친족을 잃는 고통을 겪어야 했다. 이들에게 파타차라의 가르침은 최고의 위안이 되었던 듯하다. 파타차라는 전한다.

"그 아이가 어디에서 왔는지, 또 어디로 갔는지도 모르면서 당신은 '오, 내 아가'라며 슬퍼하는구려. 그 아이가 왔다가 다시 떠난 길을 당신이 알고 있다면 그를 위해 슬퍼하지 마시게. 살아 있는 모든 것의 운명이니……. 청하지도 않았는데 그는 저 어딘가에서 찾아와, 또 허락도 받지 않은 채 이곳을 떠나가는구려. 그 어딘가에서 와 그저 며칠 머문 후에……. 그는 이곳에서 또 다른 곳을 찾아 옮겨 가리. 인간의 모습을 취해 죽어 윤회하며 스쳐 지나가는 것이니, 왔을 때와 같은 모습으로 떠나가는구나. 이를 한탄한들 무엇하리오."

파타차라의 가르침을 들은 이들은 말했다.

"아아, 당신은 제 가슴에 깊이 박힌 화살을 빼 주셨습니다. 당신은 슬픔에 빠져 있는 저에게서 슬픔을 제거해 주셨습니다. 이제 저는 화살을 뽑아내고, 집착을 여의며, 평안을 얻었습니다. 이제 저는 부처님과 그 가르침, 그리고 승가에 귀의하겠습니다."

콜레라로 남편도 자식도 친족도 모두 잃고 홀로 7년이나 떠돌며 걸인처럼 살아온 찬다 비구니도 파타차라로 인해 불법을 만난 여인 가운데 한 명이다. 어느 날 파타차라가 다른 비구니들과 공양을 하고 있는 곳에 한 여인이 서서 물끄러미 자신들을 쳐다보고 있었다. 찬다였다. 파타차라를 비롯한 비구니들은 지난날 자신들의 모습을 떠올리며 그녀에게 아낌없이 음식을 내주었다. 그 따뜻한 마음에 감동한 찬다는 공양 후 이어지는 파타차라의 설법을 들었고, 생사의 반복에 대한 가르침에 마음이 움직여 출가를 청했다. 그리고 파타차라의 지도하에 열심히 수행 정진한 찬다는 불사의 경지에 이르렀다고 한다.

2천 수백 년 전의 인도 사회는 여성이 아버지와 남편, 그리고 아들에게 철저히 자신을 맡긴 채 살아갈 수밖에 없는 구조였다. 그러나 그들 역시 생사를 반복하며 탐진치에 사로잡혀 살아가는 존재인 이상 완전한 의지처가 될 수는 없었다. 어느 날 죽음이라는 이름 앞에 무릎을 꿇기도 하고, 또 때로는 애욕과 집착으로 인해 그녀들을 괴롭히는 짐승으로 돌변하기도 하며, 또 때로는 폭력으로 씻을 수 없는 고통을 안겨 주기도 했다. 그 어디서도 위안을 얻지 못하는 그녀들에게 부처님은 완전한 의지처를 구함으로써 마음의 평안을 얻는 길을 열어 주셨다. 파타차라는 부처님의 가르침 속에서 자신의 고통스러웠던 삶의 실상을 꿰뚫어 보는 지혜를 발견한 여인이었다. 그리고 그 지혜를 고통스러운 날들을 보내는 그 시대의 다른 여성들에게도 적극적으로 나누어 줌으로써 더불어 행복을 추구하는 삶을 살았다. 수많은 여성 출가자들이 그녀를 존경하며 추종했던 이유다.

어머니와 딸에게 남편을 빼앗긴 기구한 운명
웁빠라완나 Uppalavaṇṇā

뿌리가 다치지 않고 튼튼하면 설사 잘렸다 해도 나무가 다시 자라듯이,
잠재적인 갈애渴愛가 제거되지 않으면 이 고통은 반복해서 생긴다.
— 『담마파다』 338게

부처님께서 마가다 국의 죽림정사에 머물고 계실 때의 일이다. 소문을 듣고 설법을 듣고자 몰려드는 사람들 틈에서 초췌한 모습으로 금방이라도 쓰러질 듯 힘겹게 발걸음을 옮기는 한 여인이 있었다. 저주받은 자신의 운명을 비통해하며 정처 없이 떠돌던 그녀는 사람들이 부처님의 설법을 들으러 간다는 말을 듣고 합류한 것이었다. 삶에 대한 미련 따위 이미 털끝만큼도 남아 있지 않았지만, 죽기 전에 한번은 깨달은 자에 물어보고 싶었다. 자신이 무엇 때문에 그런 기구한 삶을 살며 고통 받아야 했는지…….

그녀가 죽림정사에 도착했을 무렵, 부처님께서는 이미 설법을 시작하고 계셨다. 저 멀리 사람들에게 둘러싸인 채 앉아 계신 부

처님의 모습이 보였다. 잔잔하게 들려오는 음성을 쫓아 사람들 사이를 비집고 앞으로 나아갔다. 부처님께서는 그녀가 올 것을 미리 알고 계셨던 듯 따스한 눈길로 그녀를 바라보셨다. 부처님의 발 앞에 엎드린 그녀는 흐느껴 울며 말했다.

"부처님, 저를 구해 주십시오. 도대체 제가 무슨 큰 잘못을 저질렀기에 이토록 비참한 불행을 두 번이나 경험해야 합니까?"

부처님께서는 측은한 듯 그녀를 바라보며 말씀하셨다.

"가엾은 여인아, 인간은 이 세상에 고통 받기 위해 태어났느니, 사람이 고통 받는 이유는 마음에 집착이 있기 때문이니라. 사랑하는 사람에게 집착하는 마음, 아집我執, 이것이야말로 인간 고통의 원인이니라."

부처님의 말씀을 들은 그녀의 뇌리에 과거의 일들이 주마등처럼 스쳐 지나갔다. 그녀의 이름은 '연꽃 색'이라는 의미의 웁파라완나. 연꽃처럼 투명하게 빛나는 아름다운 피부색을 지녔다고 해서 붙여진 이름이다. 얼마나 아름다웠는지 그 미모의 유래가 과거세까지 거슬러 올라가 회자될 정도였다. 환생할 때마다 보랏빛이 도는 청련清蓮의 꽃잎 안쪽과 같은 피부색으로 태어나게 해 달라고 원을 세운 결과, 이생에서 이렇듯 눈부시게 아름다운 미모를 얻게 되었다고 한다.

사왓티의 어느 부유한 상인의 집에서 태어난 웁파라완나는 무엇 하나 부족할 것 없는 어린 시절을 보냈다. 혼기가 찼을 무렵, 서인도 아반티 국의 웃제니라는 도시에 사는 한 청년을 보고 첫눈에 반해 그와 결혼식을 올리게 되었다. 아름답고 상냥해 사랑스럽기 그지없는 웁파라완나, 그리고 성실하고 늠름해서 더할 나위 없이 믿음직한 남편. 이 둘은 서로에게 깊은 애정을 느끼며 행복한 하루하루를 보냈다. 그러던 어느 날이었다. 임신한 웁파라완나는 당시 인도의 관습대로 산달이 가까워져 출산을 위해 친정을 찾았다. 출산일이 다가왔고, 그녀는 자신을 꼭 빼닮은 건강하고 예쁜 여자아이를 낳았다. 그녀는 행복했다. 마치 세상은 자신을 위해 존재하는 것만 같았다.

그러나 행복은 그녀 곁에 더 이상 머물러주지 않았다. 임신한 아내를 걱정하며 틈나는 대로 처가를 드나들던 남편이 자신의 어머니와 눈이 맞아 정을 통하고 있었다는 사실을 알게 된 것이다. 한 남자를 어머니와 함께 남편으로 삼게 된 더럽고 저주받은 자신의 운명을 알게 된 웁파라완나는 온몸의 털이 곤두서는 듯한 두려움을 느꼈다.

'어머니와 딸이 한 사람을 공유하다니……. 이 저주받은 운명이여, 더러운 그 숙연宿緣이여.'

깊은 절망감에서 헤어날 수 없었지만, 자신의 품속에서 꼼지락거리며 웃고 있는 사랑스러운 딸을 버릴 수는 없었다. 또한 피를 이어받은 어머니와 딸이 한 남자를 공유하고 있다는 사실이 세상이 알려졌을 때 돌아올 비난과 고통을 감당할 자신도 없었다. 웁파라완나는 스스로를 다독이며 감내하기로 한다. 그녀의 남편과 어머니는 그녀가 모든 것을 알고 있다는 사실도 모른 채 관계를 지속했고, 웁파라완나는 터질 것 같은 가슴을 억누르며 7년이라는 세월을 버텼다. 그리고 그녀의 딸이 일곱 살 되던 해, 그녀는 결국 자고 있는 딸에게 이별을 고하고 조용히 집을 나섰다.

정처 없이 떠돌던 그녀가 도착한 곳은 바라나시였다. 지칠 대로 지쳐 길가에 쓰러져 있던 그녀를 발견한 것은 바라나시의 유명한 상인이었다. 따뜻한 마음을 지녀 평소에도 약자들에게 많은 것을 베풀어 왔던 그는 웁파라완나를 집으로 데려와 정성껏 간호했고, 덕분에 그녀는 원기를 회복했다. 그녀의 아름다움에 매료된 상인은 웁파라완나에게 청혼을 했고 결국 둘은 결혼식을 올렸다. 더 이상 그녀의 인생에 없을 것만 같던 행복이 다시 찾아왔다. 남편은 오로지 그녀만을 바라보며 정성을 다했고 웁파라완나도 과거의 기억을 조금씩 지워 가며 평온을 되찾고 있었다. 문득문득 웃제니에 두고 온 딸의 모습이 가슴 아프게 다가올 뿐이었다.

그렇게 8년이라는 세월이 흐른 어느 날, 또다시 불행이 그녀를 찾아왔다. 웃제니로 여행을 갔던 남편이 그곳에서 만난 젊은 여자를 데려와 두 번째 부인으로 삼은 것이었다. 돈 많은 상인이 두 번째 부인을 둔다는 사실 자체는 그다지 놀랄 일도 아니지만, 그 아이가 자신이 예전에 웃제니에 두고 온 딸이었다는 사실을 알게 되면서 또다시 움파라완나의 불행은 시작되었다. 그녀가 느끼는 고통과 두려움은 이루 말할 수 없었다. 어떻게 이렇게도 기구한 운명이 있을 수 있단 말인가. 그길로 그녀는 또다시 집을 나섰고, 정처 없이 이곳저곳을 방황하다 이렇게 지금 부처님 앞에 서게 된 것이었다.

"사람이 고통 받는 이유는 마음에 집착이 있기 때문이니라. 사랑하는 사람에게 집착하는 마음, 아집, 이것이야말로 인간 고통의 원인이니라."

움파라완나는 부처님의 가르침을 들으며 자신의 남편을 어머니와 공유하고, 다시 얻은 남편을 이번에는 자신의 딸과 공유해야만 했던 기구한 운명은 자기 자신은 물론이거니와 두 남편, 어머니, 딸의 집착과 애욕이 만들어 낸 상황이었음을 깨닫게 되었다. 애욕과 집착이라는 그물 안에 스스로를 가두고 속박한 채 두려움에 떨어 온 지난 삶을 돌아보며, 그녀는 허탈감에 하염없이 눈물을 흘렸다. 부처님께서는 다시 말씀하셨다.

"갈애는 목마른 자기 물을 원하듯이 격렬하고 끝없으며 강하다. 갈애는 인간의 이성도 지식도 모두 태워 버린다. 이 갈애를 없애지 않는 한 마음의 평화는 얻을 수 없고, 진정한 행복 또한 찾아오지 않느니라."

그날 설법회가 끝난 후, 웁파라완나는 자신의 과거를 부처님께 털어놓으며 출가를 청했다. 부처님은 따뜻하게 그녀를 받아주셨다. 그녀는 열심히 정진했고 출가 후 얼마 지나지 않아 아라한의 경지에 이르러 모든 번뇌의 고통에서 벗어났다.

'쾌락의 기쁨은 모든 곳에서 파괴되고, 무명이라는 암흑 덩어리는 산산조각 났다. 악마여, 알아라. 너는 산산이 부서졌다.'

사왓티라 불리는 화려한 도시 근처의 한 숲 속. 웁파라완나는 흐드러지게 꽃을 피운 사라나무 밑에 앉아 고요히 명상을 즐기고 있었다. 남성들의 뜨거운 시선을 뒤로 한 채 수면 위로 살며시 얼굴을 내밀고 꽃봉오리를 틔운 한 송이 연꽃처럼 눈부시게 아름다운 그녀. 그때였다. 누군가 말을 걸어왔다.

"비구니여, 너는 참으로 아름답구나. 너의 아름다움을 탐해 달려들 악한들이 무섭지 않느냐? 어찌 이리 홀로 앉아 있느냐?"

그녀의 명상을 방해하고자 악마가 던지는 질문이었다. 그녀는 담담하게 대답했다.

"너 같은 악한 수천 명이 달려든다 한들 내가 두려워할 듯싶으냐? 나는 이미 모든 속박에서 벗어났다. 이제 내게 두려움이나 공포 같은 것은 없다."

어쩌면 이는 그녀 스스로가 자신에게 던지는 물음이자 대답이었을지도 모른다. 자신을 바라보는 그 수많은 애욕의 눈길. 악마의 본질을 꿰뚫어 보게 된 그녀에게 있어 이제 두려움이나 공포를 일으키며 자신을 속박할 수 있는 건 아무것도 없었다. 애욕으로 뒤엉킨 기구한 삶을 살며 고통 받았던 그녀이기에 오히려 애욕의 실체를 적나라하게 들여다보고 그것에서 벗어날 수 있었던 것이리라.

그녀는 부처님의 비구니 제자 가운데 신통제일로 불릴 만큼 뛰어난 능력을 갖추었으며, 다른 사람에 대한 배려도 깊어 동료 수행자나 재가신자들 사이에서 공경받는 흠모의 대상이었다. 그러나 그녀의 빛나는 피부 안에 숨겨진 지혜의 빛이 애욕으로 뒤덮인 사람들의 눈에는 보이지 않는 것일까. 그렇게 훌륭한 수행자로 거듭난 그녀였지만, 또다시 견디기 힘든 시련이 닥쳤다. 웁파라완나를 연모하던 한 청년이 그녀의 암자에 숨어 있다가 탁발하고 돌아온 그녀를 겁탈한 것이었다.

힘에 눌려 어쩔 수 없이 겁탈을 당하기는 했지만, 이미 애욕의 실체를 꿰뚫어 보고 그 속박에서 벗어난 그녀에게는 아무런 욕망도 없었기에 이 사실을 굳이 숨길 이유는 없았나. 그녀는 다른 수행자들에게 솔직히 고백하고 처분을 기다렸다. 이 일을 들은 출가자들 사이에서는 '과연 번뇌를 제거한 아라한에게도 정욕에 대한 만족감이 있는가'라는 문제를 둘러싸고 의문이 일었다. 부처님께서는 이에 대해 "번뇌를 제거해 깨달음에 이른 사람은 애

욕에 빠지는 일도 없고 정욕에 만족하는 일도 없다."고 하시며 그녀에게 무죄를 선언하셨다고 한다.

아름다운 미모로 인해 끝없이 애욕의 희생물이 되었던 웁파라완나. 순탄치 못한 어두운 인생을 살며 처절하게 고통 받은 그녀지만, 부처님과의 만남을 통해 그녀의 삶은 새로운 빛깔로 되살아났다. 기구한 삶을 살았기에 오히려 인간 고통의 실체를 여실하게 직시할 수 있는 지혜를 얻은 웁파라완나. 그녀에게 있어 삶은 곧 깨달음에 이르기 위한 하나의 과정이었다.

전신의 노화를 생생하게 시로 읊은 미녀
암바팔리 Ambapālī

> 화려하게 장식된 왕의 마차들이 낡어 가는구나.
> 육체 또한 낡어 가는구나.
> 하지만 참된 이들의 진리는 쇠퇴하지 않는다.
> 참된 이들이 참된 이들에게 진리를 전하기에.
> – 『담마파다』151게

부처님 재세在世 당시, 활발한 교역으로 인해 화려한 도시문화가 꽃을 피우던 북인도에는 여기저기서 그 이름을 떨치며 활약하던 고급 창녀들이 있었다. 아름다운 미모와 눈부신 젊음, 게다가 뛰어난 기예技藝까지 갖춘 이들은 고급 창녀로 이름을 떨치며 부와 명예를 얻고 있었다. 이들은 단순한 창녀가 아닌, 노래와 춤, 그리고 학문에도 조예가 깊은, 그야말로 사교계의 꽃이었다. 그녀들과 하룻밤을 보내기 위해서는 한 나라의 하루 세금에 해당하는 돈을 지불해야 한다고 할 정도였지만, 수많은 남성들이 그녀들의 매력에 빠져 몰려들었다. 그중에서도 한층 더 빛나는 아름다움으로 모든 남성들의 마음을 뒤흔들어 놓는 여인이 있었으니, 바로 당시 대표적인 상업 도시였던 왓지 국의 웨살리에서 활동하던 암바팔리였다.

태어나자마자 웨살리 교외에 있는 한 망고 숲에 버려졌던 암바팔리. 그녀를 처음 발견한 것은 그 숲의 관리인이었다. 그는 아기를 데려다가 직접 키웠다. 그래서 그녀의 이름은 망고를 의미하는 암바(amba)와 관리인이라는 의미를 지니는 팔라(pāla)의 여성형인 팔리(pālī)를 붙여 암바팔리가 되었다. 성장할수록 암바팔리의 미모는 사람들의 눈길을 끌었다. 빛나는 눈동자, 오뚝하게 선 콧날, 도톰한 입술, 그리고 연꽃처럼 발그스름한 뺨, 게다가 요염함과 영리함까지 갖춘 그녀는 결국 모든 남성들의 연인이 될 수밖에 없는 운명이었을까.

그녀를 서로 차지하고자 몰려든 남성들 사이에서는 결투까지 벌어졌고, 이대로 두었다가는 설사 그녀가 누군가와 결혼한다 해도 시끄러워질 듯하자, 결국 재판관들이 상의해서 그녀를 이 도시의 공인 창녀로 만들어 버렸다. 당시, 상업 도시에서는 손님을 유치할 목적으로 외모가 뛰어난 미녀를 창녀로 만드는 것은 흔한 일이었다. 고급 창녀로서의 그녀의 명성은 왓지 국을 넘어 이웃 나라에까지 퍼졌고, 온 나라의 왕자들을 비롯해 돈과 명예를 갖춘 남성들이 그녀를 차지하기 위해 혈안이 되었다. 웨살리가 사람으로 넘쳐나고 번창하는 것은 연꽃 같은 아름다운 용모에 기예까지 갖춘 창녀 암바팔리 덕분이라는 말이 있을 정도였다.

한편, 한때 웨살리에 역병이 돌 때 부처님이 와서 구해 준 인연 등으로 이곳 사람들에게 부처님은 특별한 존재였다. 부처님도 마가다 국에서 갠지스 강을 건너 북쪽으로 가실 때면 항상 웨살리에 들러 설법을 하셨다. 열반이 멀지 않은 어느 날, 부처님께서는 마지막 안거를 보내기 위해 웨살리로 오셨다가 암바팔리 소유의 망고 숲에 머무르게 되었다. 이 소식을 들은 암바팔리는 부처님을 찾아뵙고 가르침을 들었다. 그리고 부처님과 제자들에게 공양을 올리기 위해 다음 날 부처님을 자신의 집으로 초대했다. 흔쾌히 승낙을 받은 암바팔리는 돌아가는 길에 웨살리의 귀공자들인 리챠비 족과 마주쳤다.

이들은 암바팔리에게 자신들이 부처님과 그 제자들을 초대할 수 있도록 양보해 달라고 했으나, 그녀는 거절했다. 그러자 리챠비 족들은 부처님을 찾아와 자신들의 집에서 내일 공양을 대접하겠노라 제안했다. 그러나 부처님은 이미 암바팔리와 약속이 되어 있다고 하시며 그들의 제안을 거절하셨다고 한다. 부처님의 마음에는 창녀와 귀공자, 이들에 대한 그 어떤 차별도 존재하지 않았던 것이다. 다음 날, 부처님과 그 제자들에게 훌륭한 음식을 대접한 후 암바팔리는 말했다.

"부처님, 저는 이 원림園林을 부처님을 위시한 수행승들의 수행 장소로 바치겠습니다."

부처님께서는 이를 흔쾌히 받아들이셨다.

부처님과의 만남을 계기로 우바이가 된 암바팔리는 이후 오계五戒를 철저히 수지하는 삶을 살았다. 훗날 암바팔리는 비구니가 되었다고 하는데, 그녀가 언제 어떤 과정을 거쳐 출가했는지 구체적인 경위는 알 수 없다. 단, 먼저 출가한 아들 위마라 콘단냐의 영향이 컸던 것으로 보인다. 위마라 콘단냐는 암바팔리와 마가다 국의 빔비사라 왕 사이에서 태어난 아들로 웨살리에 온 부처님에게 감복해 비구가 되었다고 한다. 출가해 성자의 경지에 도달한 아들의 설법을 통해 암바팔리는 자신의 빛나는 미모도 언젠가는 무상하게 변할 수밖에 없다는 진리를 깨닫게 되었다.

태어나자마자 부모가 누구인지도 모른 채 망고 숲에 버림받을 수밖에 없었고, 또 가난한 관리인의 손에 클 수밖에 없었던 암바팔리. 그러나 그녀에게는 타고난 미모가 있었다. 자신을 바라보는 모든 남성들의 마음을 녹여 버릴 수 있는 매력적인 미모는 그녀가 기댈 수 있는 유일한 버팀목이자 최대의 재산이었고, 아무것도 없는 그녀에게 이 세상을 살아갈 수 있는 길을 열어 주었다. 그러나 흐르는 시간과 함께 빛나던 아름다움도 쓸쓸한 자취만을 남긴 채 온데간데없이 사라질 수밖에 없는 것이 현실이었다. 아무도 시든 꽃에 눈길을 주지 않듯이, 젊음을 잃고 색 바랜 그녀를 돌아보는 남자는 없었다. 그 무관심한 표정 앞에 어쩌면 모든 것을 다 잃어버렸다는 상실감으로 절망의 나락에 빠져 방황할 수도 있었으리라. 하지만 이미 불법을 만난 암바팔리에게는 부처님이 말씀하신 무상의 가르침을 확인하는 순간들일 뿐이었다.

『테리가타』에는 훗날 암바팔리가 머리카락, 눈썹, 눈, 코, 귓불, 치아, 목소리, 목, 팔, 손, 유방, 몸통, 허벅지, 무릎, 발, 전신 등 머리부터 발끝에 이르는 신체의 열다섯 부분, 그리고 이 모두를 갖춘 전신의 노화를 생생하게 그리며 읊었다는 다음과 같은 절절한 시구가 전해진다.

'예전에 내 머리카락은 빽빽하게 우거진 숲처럼 핀이나 빗으로 잘 정돈되어 꾸며져 있었지만, 늙어 버린 지금은 여기저기 머리가 빠져 휑합니다. 역시 부처님의 말씀에 거짓은 없습니다.

예전에 내 눈썹은 마치 화가가 그린 멋진 그림처럼 아름다웠지만, 늙어 버린 지금은 주름이 잡혀 축 처져 있습니다. 역시 부처님의 말씀에 거짓은 없습니다.

예전에 내 눈은 보석처럼 빛나는 감청색으로 길고 가느다란 눈매였지만, 늙어 버린 지금은 더 이상 빛나지 않습니다. 역시 부처님의 말씀에 거짓은 없습니다.

예전에 나의 코는 매끄러운 봉오리처럼 아름다웠지만, 늙어 버린 지금은 탄력을 잃었습니다. 역시 부처님의 말씀에 거짓은 없습니다.

예전에 나의 귓불은 잘 만들어진 팔찌처럼 아름다웠지만, 늙어 버린 지금은 주름이 생겨 축 처져 있습니다. 역시 부처님의 말씀에 거짓은 없습니다.

예전에 나의 치아는 마치 파초 봉오리의 색처럼 너무나도 아름다웠지만, 늙어 버린 지금은 부서져 마치 보리처럼 누래졌습니다. 역시 부처님의 말씀에 거짓은 없습니다.

예전에 나의 목소리는 숲 속의 나무 사이를 날아다니며 지저귀는 뻐꾸기처럼 감미로웠지만, 늙어 버린 지금은 뚝뚝 끊어집니다. 역시 부처님의 말씀에 거짓은 없습니다.

예전에 나의 목은 잘 다듬어져 매끄러운 소라고둥처럼 아름다웠지만, 늙어 버린 지금은 구부러졌습니다. 역시 부처님의 말씀에 거짓은 없습니다.

예전에 나의 손은 매끄럽고 부드러우며 황금으로 장식되어 있었지만, 늙어 버린 지금은 나무뿌리처럼 되어 버렸습니다. 역시 부처님의 말씀에 거짓은 없습니다.

예전에 나의 유방은 풍만하게 부풀어 올라 둥그렇고 균형이 잡혀 있었으며 위를 향해 있었지만, 늙어 버린 지금은 물 빠진 피부 껍질처럼 축 늘어져 버렸습니다. 역시 부처님의 말씀에 거짓은 없습니다.

예전에 나의 몸통은 잘 다듬어진 황금의 판板처럼 아름다웠지만, 늙어 버린 지금은 얇은 주름으로 뒤덮여 있을 뿐입니다. 역시 부처님의 말씀에 거짓은 없습니다.

예전에 나의 두 허벅지는 매끈한 발찌를 차고 황금으로 장식되어 아름다웠지만, 늙어 버린 지금은 참깨 줄기처럼 되어 버렸습니다. 역시 부처님의 말씀에 거짓은 없습니다.

예전에 나의 두 발은 솜을 채워 넣은 신발과도 같이 훌륭했지만, 늙어 버린 지금은 살갗이 트고 주름이 잡혀 있습니다. 역시 부처님의 말씀에 거짓은 없습니다.

이렇게 잘 모여 만들어진 나의 몸은 늙어 뼈만 앙상하게 남아 많은 괴로움만이 모여드는 곳입니다. 그것은 도료가 벗겨 떨어져 나간 황폐한 집입니다. 역시 부처님의 말씀에 거짓은 없습니다.'

신체의 각 부분에 걸쳐 젊은 시절 아름다운 모습과 지금의 늙은 모습을 세세히 대비시켜 가며 그 무상함을 읊은 이 시는 한때 아름다움을 최고 무기로 삼고 살아온 암바팔리이기에 가능한 것인지도 모른다. 그래도 아름답던 자신의 신체가 하루하루 그 모습을 바꾸어 가는 것을 바라보며 암바팔리는 누구보다 무상의 진리를 직시하게 되었고, 부처님의 가르침에 거짓은 없다는 사실을 절실하게 느끼고 있었던 것이리라.

더 이상 빛나는 외모는 없지만, 이제 진리를 깨달은 성자로서 내면의 빛을 발하고 있는 암바팔리. 아무것도 없는 그녀에게 세속적인 삶의 문을 열어 주었던 아름다운 외모는 그 모습을 바꾸어 나타남으로써 오히려 그녀를 세속적인 차원을 뛰어넘어 출세간의 세계로 인도하고 있다. 오늘날까지도 인도를 대표하는 미인으로 거론되는 암바팔리. 진리를 통찰할 수 있는 지혜를 갖춘 그녀이기에 더욱더 빛나는 것이리라.

허망함을 깨달은 순간 버릴 줄 안 용기, 왕비
케마 Khemā

이 배에서 물을 퍼내라. 물을 퍼낸다면 배는 그대를 위해 빨리 갈 것이다.
탐욕과 증오를 끊어 버리고 나면 열반에 이를 것이다.
- 『담마파다』 369게

"부처님께서는 미인을 싫어하신대……."

신체의 부정함에 대해 자주 말씀하시다 보니 이런 소문이 날 만도 하다. 한때 마가다 국에는 부처님이 미인을 별로 안 좋아한다는 소문이 여인들 사이에 퍼졌다. 이 소문은 마가다 국의 왕비인 케마의 귀에까지 들어갔다. 마가다 국의 사갈라 시의 왕족으로 태어난 그녀는 그야말로 하늘이 내린 미모의 소유자였다. 황금색으로 빛나는 피부를 가진 그녀는 당시 최고 강국이었던 마가다의 왕, 빔비사라의 마음을 한순간에 사로잡아 왕비의 자리에까지 오른 터였다. 케마는 그런 자신의 모습이 너무나도 좋았다. 이렇게 아름답고 눈부신 외모로 태어난 것은 얼마나 큰 행운인가! 그녀는 거울을 볼 때마다 만족스러운 미소를 지었다.

그런데 부처님께서는 신체의 부정에 대해 말씀하시며 아름다운 여인을 보고도 감탄하는 일이 없으시다니, 별로 만나고 싶지 않은 것이 케마의 솔직한 심정이었다. 만나 봐야 자신의 외모를 칭찬해 주지도 않을 것이고, 괜히 신체가 부정하다느니 어쩌느니 기분 상하는 말씀만 하실 것이 분명하기 때문이었다. 그래서 그녀는 부처님을 만날 기회가 있어도 이리 저리 핑계를 대며 피했다. 부처님과 절친한 사이로 신앙 또한 깊은 우바새였던 빔비사라 왕은 부처님을 뵈러 갈 때마다 그녀에게 함께 가자고 권유했지만, 그녀는 사양했다.

'아름다움의 과실過失? 내가 왜 그런 설법을 들어야 해? 아름답게 태어나서 행복하기만 한데.'

케마는 부처님을 만나는 것이 정말 싫었다.

한편, 빔비사라 왕은 어떻게든 아내인 케마에게도 부처님의 법을 접할 기회를 주고 싶었다. 왕과 부처님의 인연은 부처님이 깨달음을 얻기 이전부터 시작된 깊은 것이었다. 출가해서 구도자의 길을 걷기 시작한 지 얼마 지나지 않았을 무렵, 마가다 국으로 들어간 싯닷타는 성 안에서 탁발을 하고 있었다. 마침 그 모습을 본 것이 빔비사라 왕이었다. 왕은 젊은 구도자의 온몸에서 발하는 위광威光에 끌려 감탄하며 언제든 뜻을 이룬다면 자신에게 그 진리를 가르쳐 달라고 청했고, 부처님은 그 약속을 지키기 위해 성도 후 라자가하를 방문해 왕에게 법을 설했다고 한다. 왕은 많은 제자를 거느리고 있던 부처님을 위해 라자가하의 근교에 있던 죽림에 승원을 지어 바쳤고, 이후 부처님께서는 종종 이곳에 머무시곤 했다. 이곳 죽림정사에서 부처님께 법을 듣는 것이 빔비사라 왕에게는 커다란 기쁨이었다.

어느 날, 케마를 부처님께 데리고 갈 묘안을 떠올린 왕은 대신과 짜고는 그녀 앞에서 죽림의 아름다움을 장황하게 늘어놓았다. 가만히 듣고 있던 그녀가 관심을 보이자, 왕은 "그냥 죽림만 구경하고 올 것이다. 부처님은 절대 안 만날 테니까 걱정 말거라."라며 그녀를 안심시켰다. 결국 케마는 왕을 따라 나섰다. 이리저리 대나무 숲을 거닐며 산책을 즐기던 두 사람은 자연스럽게 승원 쪽으로 발길을 옮겼다. 케마는 설마 부처님이 계실까 하며, 승원의 이곳저곳을 둘러보았다. 한편, 케마가 올 것을 미리 알고 계셨던 부처님은 신통을 사용해 천계에나 살 것 같은 아리따운 여인이 자신에게 부채질하는 모습을 만들어 내셨다. 우연히 이 모습을 본 케마는 너무나도 아리따운 그녀의 모습에 넋을 잃고 말았다. '어떻게 저렇게도 아름다운 여인이 있을 수 있단 말인가!'

그녀의 아름다움에 비하면 그동안 자신이 그토록 뽐내던 스스로의 미모는 초라하기 그지없었다. 그런데 다음 순간, 부처님께서는 천녀의 미모가 늙어 가는 과정을 적나라하게 보이셨다.

이는 빠져 나가고, 머리카락은 백발이 되고, 피부는 깊게 주름이 파이며 쭈글쭈글하게 변해 갔다. 그리고 결국에는 쓰러진 채 꼼짝도 하지 않았다. 자신의 눈앞에 펼쳐지는 광경을 숨죽이고 지켜보고 있던 케마는 그 자리에 주저앉고 말았다. 누구에게도 지지 않을 미모. 그동안 자신이 그토록 애착을 느끼며 가꾸어 왔던, 또한 자만해 왔던 미모의 끝이 저런 것이라니……. 언젠가는 자신의 신체도 저렇게 흉하게 늙어 사라질 것이라는 사실을 깨달은 그녀는 몸서리쳤다.

케마의 마음에 동요가 일고 있는 것을 꿰뚫어 보신 부처님께서는 신체에 대한 애착을 버리라는 가르침을 주셨다.

"미모에 집착하지 말거라. 이 세상의 그 어떤 것도 변하지 않는 것은 없나니, 무상의 도리가 세상을 지배하고 있다는 사실을 깨달아야 한다. 아름다움도 젊음도 이 천녀처럼 언젠가는 늙어 추하게 변해 가느니라."

그동안 육체의 아름다움에 매달려 온 자신의 어리석음을 돌아보며, 그녀는 처음으로 외모에 대한 집착에서 벗어났다. 부처님께서는 몸이라는 것이 사실상 얼마나 더럽고 혐오스러운 것인지를 말씀하시며, 일어나고 사라지는 현상을 주시해 불변의 실체가 없다는 사실을 깨닫고, 나아가 내부에서 타오르는 번뇌의 불길을 끄고 열반에 도달해야 함을 강조하셨다. 이 가르침을 듣고 성자의 경지에 도달한 케마는 왕궁으로 돌아와 남편 빔비사라 왕에게 출가의 뜻을 내비쳤다. 이전과는 달리, 케마의 얼굴에서 성자의 기운을 느낀 왕은 그녀의 출가를 기꺼이 허락해 주었다. 그리고 그녀를 황금 가마에 태워 당당하게 비구니 승단으로 보내 주었다고 한다.

출가 후, 그녀의 마음이 살짝 흔들리는 일도 있기는 했다. 어느 날 케마는 악마가 속삭이며 유혹하는 소리를 들었다.

"너는 젊고 아름답구나. 나 역시 젊고 한창때다. 자, 케마여, 우리 다섯 가지 악기나 연주하며 즐겨 보지 않겠느냐?"

언젠가는 사라질 이 젊음, 그리고 아름다움……. 지금 마음껏 즐기지 않는다면 후회할지도 모른다고, 케마의 마음속에 남아 있던 한 가닥 욕망이 꿈틀거리며 일어나는 순간이었다. 그러나 부처님의 가르침을 통해 올바른 길을 발견한 케마의 마음은 곧 제자리를 찾았다.

"병들고, 부서지기 쉽고, 악취를 풍기는 이 신체로 인해 나는 시달려 왔으며 혐오를 느끼고 있다. 애욕에 대한 헛된 집착은 이미 뿌리째 뽑아 버렸다. 모든 욕망은 칼(劍)과 창(槍)에 비유되나니, 이들은 개개인의 존재를 구성하는 다섯 요소의 덩어리를 난도질한다. 그대가 '욕락'이라 부른 것은 이제 내게 있어서는 '즐겁지 않은 것'이다. 쾌락의 즐거움은 모두 파괴되고, 무명의 암흑덩어리는 산산이 부서졌다. 악마여, 알거라. 너는 패배했다. 나는 올바르게 깨달은 이, 최고의 스승에게 귀의해 그분의 가르침을 실천함으로써 모든 괴로움에서 벗어났다."

이미 육체의 무상을 꿰뚫어 본 케마는 헛된 욕망의 즐거움에 빠져 고통 받는 길을 단호히 거부했다.

비구니가 된 지 15일째 되는 날, 포살 중에 눈앞에 놓인 등잔불이 생겨났다 사라지는 모습을 보며 아라한의 깨달음을 얻게 된 그녀는 이후, 타고난 총명함과 성실한 수행으로 비구니 제자 가운데 '지혜제일'로 평가받을 정도로 훌륭하게 성장했다. 수행과 교리, 두 가지 모두에서 탁월한 능력을 지녔던 그녀를 비구들조차 당할 길 없어, 그들은 케마가 있는 승단에 교계하러 가기를 꺼렸으며, 설사 길에서 만나도 모두 피해 갈 정도였다고 한다. 그녀와 교리적 문답을 나눈 코살라 국의 파세나디 왕도 부처님과 그녀의 대답에 한 구절의 차이도 없다는 점에 놀라며, 케마의 불법 이해 내지 설법 능력에 경의를 표했다고 한다. 이 사건은 그녀를 지혜제일로 칭찬받게 하는 직접적인 계기가 되었던 것 같다.

한편, 케마는 웁파라완나라는 비구니와 특히 절친하게 지냈다. 웁파라완나는 출가하기 전 남편을 어머니와 공유하고, 또 딸과 공유하는 기구한 운명을 살았던 여인인데, 열심히 수행 정진해 부처님께 비구니 제자 가운데 '신통제일'이라 평가받을 정도로 뛰어난 비구니로 거듭났다. 부처님은 케마와 웁파라완나야말로 비구니의 척도尺度이자 모범이라 하시며 칭찬을 아끼지 않으셨다. 마치 비구들 가운데 사리풋타와 목갈라나의 관계처럼, 이 두 사람은 친자매 같은 두터운 우애를 지니고 있었다. 살아온 삶도 정반대였고, 미모로 인해 겪은 운명도 서로 달랐지만, 미모와 애욕이 야기하는 과실에 대한 이해에는 서로 공감하는 부분이 있었던 것일까. 이런 일화가 전해진다.

몹시도 더운 어느 여름날, 사왓티 근교에서 수행을 하던 케마와 웁파라완나는 잠시 강에 들어가 목욕을 하게 되었다. 그런데 마침 그 모습을 본 악당들이 들이닥쳐 둘을 폭행하려 했다. 힘으로는 어찌해 볼 도리가 없는 상황임을 안 두 사람은 자신들의 두 눈알을 파내 악당들에게 들이대며 제행무상諸行無常의 가르침을 펼쳤고, 이 모습을 본 악당들은 감복해서 불교에 귀의했다고 한다. 두 사람의 행동은 신통력에 의한 것으로 보이는데, 여하튼 애욕의 실체를 적나라하게 꿰뚫어 본 이들이기에 실행 가능했던 것이리라.

왕족의 집안에서 태어나 누구나 부러워하는 미모로 한 나라의 왕비까지 된 여인 케마. 아름다운 미모와 권력, 부에 대한 애착을 끊는 일이 어찌 쉬웠을까마는, 그녀는 부처님과의 만남을 통해 무상의 진리를 깨닫고 헛된 집착을 벗어던지는 용기를 보여 주었다. 모든 것을 손에 쥔 그녀의 버림이기에 더 위대하다. 다듬고 다듬으며 감추고 있지만 하루가 다르게 추하게 늙어 가는 이 육체, 또 언젠가는 형체도 없이 허공으로 사라질 권력과 부富. 그 허망함을 알면서도 이것들에게 가차 없이 버림받기 전까지는, 아니 버림받는 마지막 순간까지도 좀처럼 집착의 끈을 놓지 못하는 것이 어리석은 인간들의 행로이건만, 케마는 이 모든 것들의 허망한 실체를 적나라하게 들여다본 순간 미련 없이 애착을 벗어던졌다. 이 위대한 용기야말로 그녀를 부처님의 비구니 제자 가운데 최고라 칭하게 만드는 원동력이 되고 있는 것이리라.

남편과 나란히 출가의 뜻을 펼친
밧다 카필라니 Bhaddā Kapilānī

> 자신이 참으로 자신의 주인이다. 그 외의 누가 주인이겠는가.
> 잘 다스려진 자신에 의해 얻기 어려운 주인을 얻는다.
> - 『담마파다』 160게

어느 날, 왓지 국의 수도 웨살리에서 연화제燃火祭라는 축제가 열리고 있었다. 넘쳐나는 인파와 볼거리 속에서 한 바라문이 황금으로 된 미인상美人像을 넣은 제단을 끌고 다니며 소리치고 있었다.

"아름다운 아가씨들, 이리 와 보세요. 여기에 공양을 올리면 멋진 사람을 만나게 된답니다."

온갖 장신구로 치장한 이여쁜 소녀들이 호기심 가득한 눈망울을 굴리며 여기저기서 몰려들었다. 그 속에는 밧다라는 소녀도 있었다. 그런데 그녀가 친구들의 손에 이끌려 제단 가까이로 다가가자 제단의 미인상은 순간 빛을 잃은 듯 색이 바래 보였다. 그녀의 빛나는 아름다움에 상대적으로 빛을 잃은 듯 보였던 것이리라. 여하튼 이 모습을 본 바라문은 이 아이야말로 핍팔라야나의 배필임에 틀림없다고 생각하며, 그녀의 부모를 만나 라자가하에 사는 대부호 바라문의 아들인 핍팔라야나와 부부의 연을 맺어 주자고 청한다.

이 바라문이 황금의 미인상을 넣은 제단을 끌고 인도 각지를 돌아다니게 된 데는 사연이 있었다. 그는 핍팔라야나라는 청년 아버지의 스승으로, 아들의 결혼 문제 때문에 골치를 앓고 있던 자신의 제자를 돕기 위해 나선 것이었다. 핍팔라야나는 대부호의 아버지 밑에서 유복하게 자랐다. 하지만 일찍부터 출가에 뜻을 둔 탓에 세속적인 것에 별 관심이 없었다. 장성한 그에게 날마다 결혼을 재촉하는 부모님을 포기시키기 위해 그가 내보인 것은 황금으로 만든 미인상. 이 미인상만큼 아름다운 여인을 데려온다면 결혼하겠다고 선언하는 아들을 앞에 두고 난감해하는 제자를 위해 바라문은 미인상을 모신 제단을 끌고 다니며 핍팔라야나의 신붓감을 찾고 있던 참이었다. 이 바라문의 제안이 받아들여져 밧다와 핍팔라야나는 성대한 결혼식을 치르고 부부가 되었다.

그런데 핍팔라야나는 물론이거니와 밧다 역시 이미 출가에 뜻을 두고 살던 여인이었다. 두 사람은 결혼 후에도 한 방에서 각자의 침대를 쓰며 서로 살을 맞대는 일 없이 살았다. 이 사실을 알게 된 부모님은 하나의 침대만 남겨 두고 다른 것은 치워 버렸지만, 핍팔라야나가 자면 밧다가 일어나고 밧다가 자면 핍팔라야나가 일어나서 경행하는 등 몇 년의 세월이 흘러도 두 사람은 동침하지 않았다. 어느 날 자고 있는 밧다의 손에 독사(毒蛇)가 기어오르려는 급박한 상황을 눈앞에 하고도 핍팔라야나는 그녀와의 피부 접촉을 피해 옷으로 그녀의 손을 치울 정도였다. 이렇게 두 사람은 12년 동안이나 한 방에 살면서도 서로 접촉하는 일 없이 청정한 생활을 했다.

부모가 세상을 떠나자 가업(家業)을 이어받게 된 두 사람은 머리를 맞대고 궁리를 하다가 기름 짜는 일을 하기로 했다. 그런데 기름을 짜라는 밧다의 명을 받은 하녀들은 "기름을 짜면 많은 벌레들이 죽게 되는데, 이 살생의 죄는 주인인 밧다에게 가겠지." 하며 수군거렸다. 우연히 이를 듣게 된 밧다는 즉시 기름 짜는 일을 멈추게 한 후 방으로 들어가 조용히 무언가를 생각했다. 그 무렵, 논과 밭을 돌아보고 있던 그녀의 남편 역시 힘들게 일하는 노예와 혹사당하는 소의 모습 등을 바라보며 '아, 모든 중생은 고통 속에서 살아가는구나'라고 생각하며 우울해하고 있었다. 둘이 함께 고민한 끝에 내린 결론은 출가였다. 훌륭한 스승을 만나면 연락하겠다는 약속을 남긴 채 남편 핍팔라야나가 먼저 집을 나섰다.

그 후 머지않아 밧다 역시 집을 나섰다. 어디 한곳 의지할 데도 없이 좀처럼 좋은 스승을 만나지 못한 채 방황하던 그녀는 어느 날 한 유행외도를 만나 그 밑으로 출가하게 되었다. 그녀는 열심히 수행 정진했지만, 욕정에 눈먼 이들은 그녀의 아름다움에 이성을 잃고 끊임없이 그녀를 괴롭혔다. 외도들에게 괴롭힘을 당하던 그녀는 푸라나라는 외도들의 스승을 찾아가 자신의 상황을 호소했지만, 푸라나는 "나는 이 외도들에게 존경을 받으며 많은 이익을 얻고 있다. 만약 그들을 처벌한다면 모두 내 곁을 떠나버릴 것이다. 그러니 나도 어쩔 도리가 없구나."라며 발뺌했다. 밧다는 애욕의 더러움으로 가득 찬 축생畜生과도 같은 무리들 속에서 하루하루 지옥 같은 생활을 하고 있었다.

그 무렵, 남편인 삡팔라야나는 부처님을 만나 귀의하고 소욕지족少欲知足의 두타행자로서 이름을 날리고 있었다. 바로 마하캇사파, 즉 대가섭이다. 캇사파 가문은 인도에서도 명문에 속하는데 삡팔라야나는 캇사파 출신이었다. 그런데 승가에는 캇사파 3형제라 불리는 이들이 이미 있었기 때문에 이들과 구별하기 위해 마하캇사파라 불리게 되었다고 한다. 마하캇사파는 석가 족의 여인들이 출가해 열심히 수행 정진하는 모습을 보며 세속에 두고 온 밧다를 떠올렸다. 좋은 스승을 찾게 되면 연락하겠노라, 그녀에게 남긴 약속도 마음에 걸렸다. '그녀는 지금 어디서 무엇을 하고 있을까?' 선정에 들어가 관찰해 보니 밧다는 한 외도 밑에서 출가해 수행하고 있었다. 그는 깨달음을 얻은 한 비구니를 불러 부탁했다.

"갠지스 강 주변에서 한 외도 밑에서 수행하고 있는 밧다 카필라니라는 수행자에게 가서 '당신의 남편 캇사파는 나와 같은 스승 밑에서 출가해 수행하고 있습니다. 당신도 지금 그가 있는 곳으로 가서 저희 스승 밑에서 함께 수행합시다'라고 말해 주시오."

밧다 앞에 나타난 비구니는 마하캇사파의 말을 전했다. 그러자 밧다는 물었다.

"당신의 스승은 어떤 분이십니까?"

많은 외도들을 대하며 그들의 이중적인 모습에 경멸을 느끼고 있었기 때문일까. 미지의 스승에 대한 불안과 호기심이 담긴 질문이었다. 비구니는 대답했다.

"제 스승님은 32대인상大人相으로 몸을 장엄莊嚴하고 계시며, 80종호種好·18불공불법不共佛法·10력力·4무소외無所畏·대자대비大慈大悲를 구족하고 계십니다. 스승님의 모든 성문 제자들도 이와 같습니다."

안도감을 느낀 밧다는 그녀를 따라 나섰다. 이렇게 해서 부처님을 만나게 된 밧다는 부처님에 의해 마하파자파디 고타미의 비구니 승가로 보내져 구족계를 받게 되었다.

그런데 눈에 띄는 아름다운 미모로 인해 그녀는 출가 후에도 마음고생을 해야 했다. 어느 날 아침이었다. 발우를 들고 탁발을 하러 다니는 절세미인의 모습을 보고 사람들은 수군거렸다.

"저렇게 아름다운 여인이 도대체 무슨 사연으로 출가했을까?"

이 말을 들은 밧다는 이후 탁발하러 마을로 들어가지 않았다. 그녀가 탁발을 그만둔 이유를 전해 들은 마하캇사파는 "만약 부처님께서 내가 걸식한 음식의 반을 밧다 비구니에게 줄 것을 허락해 주신다면 나누어 주었으면 좋겠구나."라고 했다. 비구들에게서 이 말을 들으신 부처님은 "나누어 주고 싶다면 그렇게 해라."라며 허락해 주셨다. 그리하여 그는 걸식으로 얻은 음식의 반을 밧다에게 전해 주었다. 그런데 그때 출라난다라는 비구니가 이를 보고 조소하며 빈정거렸다.

"성자 마하캇사파는 출가하기 전에 밧다랑 한집에서 12년이나 함께 살면서 범행을 닦았다고 하지만, 이제는 오히려 삿된 정이 남아 걸식한 음식을 반반씩 나누어 먹고 있구나."

이 말을 들은 마하캇사파는 밧다를 찾아가 더 이상 음식을 나누어 줄 수 없으며, 이 상황은 밧다 스스로가 이겨내고 헤쳐 나가야 한다는 사실을 말했다. 밧다는 그의 말을 듣고 대용맹심을 일으켰다. 걸식하러 마을로 들어가는 것을 꺼리지 않게 된 것은 물론이거니와, 밤낮으로 정진한 그녀는 멀지 않아 법을 보는 눈을 갖게 되었고, 신통력을 얻었으며, 안락을 얻었다. 훌륭한 한 명의 수행자로 다시 태어난 것이다.

하지만 그 후에도 밧다에 대한 구성원들의 관심은 특별했던 것 같다. 그도 그럴 것이 사리풋타와 목갈라나와 더불어 승가 최고의 비구로 손꼽히는 마하캇사파의 세속 시절의 아내가 아니던가. 게다가 빼어난 미모로 인해 언제나 눈에 띄는 그녀였다. 그런 그녀가 수행자들의 궁극적인 목표인 깨달음도 빨리 얻자 더욱더 관심을 받게 되었다. 어느 날 한 비구니는 부처님께 이런 질문을 드렸다.

"밧다 비구니는 어떻게 그렇게 빨리 깨달음을 얻을 수 있었는지요?"

부처님께서는 그녀가 전생에 쌓은 갖가지 공덕에 대해 말씀하시며 이미 오랜 과거 생에 원을 세우고 세세생생世世生生 선업善業을 닦아 왔다고 말씀하셨다.

밧다에게는 두 명의 스승이 있었던 셈이다. 속세에서는 남편이었지만 이제 더할 나위 없는 훌륭한 수행자로 거듭나 그녀를 따뜻하면서도 엄격하게 이끌어 주는 동료 수행자 마하캇사파, 그리고 이 둘의 수행자로서의 멋진 행보를 믿고 지켜보며 격려해 주신 부처님.

훗날, 밧다가 읊었다는 다음과 같은 게송이 전해진다.

'부처님의 자손이자 상속인인 캇사파는 마음이 안정되어 있습니다. 전세의 생애를 알고, 또한 천상과 지옥을 보았습니다.

마침내 성자 캇사파는 생존을 멸하고 직관지直觀知를 완성했습니다. 즉, 이 3종의 명지에 의해 그는 3종의 명지를 갖춘 바라문이 되었습니다.

　마찬가지로 밧다 카필라니에게도 3종의 명지가 있으며, 죽음의 악마를 물리치고, 악마와 그 군대를 함께 쳐부수고, 최후의 신체를 유지하고 있습니다.

　이 세간에 재난이 있음을 보고 우리 두 사람은 출가했습니다. 이와 같이, 우리들은 더러움을 멸하고, 마음을 제어하고, 청량해져, 편안함을 얻은 것입니다.'

　부처님과의 만남으로 인해 세간을 넘어 출세간으로 이어진 두 사람의 인연. 서로를 격려하고 존경하며 수행자로서 얻을 수 있는 최고의 목표를 나란히 성취한 그들이야말로 진정한 천생연분이 아닐까.

어느 날 갑자기 남편의 사랑을 잃은
담마딘나 Dhammadinnā

> 최고의 경지를 향해 의욕을 불태우며, 마음으로 이를 느껴야 한다.
> 욕망에 결박당하지 않는 자는 '흐름을 거슬러 올라가는 자'라 불린다.
> - 『테리가타』 12게

어느 날 외출에서 돌아온 남편은 여느 때와 달랐다. 항상 애정 어린 눈길을 보내며 다정하게 아내를 대하던 남편이었건만 그날은 마중 나온 그녀와 눈도 마주치지 않은 채 집안으로 발걸음을 옮겼다. 그리고 말없이 오랜 시간 사색에 잠겨 있었다. 저녁 밥상을 앞에 두고도 묵묵히 먹기만 할 뿐 아무런 말이 없었다. 그날 이후로 남편은 더 이상 아내에게 다정한 눈길을 보내지 않았다. 부부생활은 물론이거니와 아내를 만지려고도 하지 않았다. 그저 건조한 눈빛으로 바라볼 뿐이었다.

'나에 대한 애정이 식은 것일까, 아니면 밖에서 무슨 안 좋은 일이라도 있었던 것일까?'

고민하던 아내는 남편의 안색을 살피며 조심스럽게 연유를 물었다. 그러자 남편은 담담하게 말한다.

"이제 나는 세속적인 것에 전혀 흥미가 없으니, 당신은 당신이 하고 싶은 대로 하구려. 이대로 집에 머물러도 좋고, 아니면 모든 재산을 가지고 친정으로 가 버려도 좋소. 아무래도 좋으니 마음대로 하시오."

사연은 이러했다. 마가다 국의 수도 라자가하에서 크게 성공한 부상이었던 위사카는 어느 날 부처님의 설법을 직접 듣는 기회를 갖게 되었고, 이를 통해 단계적으로 성과聖果를 얻게 되었다. 세속적인 모든 것에 흥미를 잃게 된 위사카는 여성에 대한 욕망도 음식에 대한 욕망도 더 이상 느낄 수 없었다. 예전에는 그리도 사랑스럽던 아내이건만 지금은 아무런 감정도 일어나지 않았다. 맛난 음식 또한 그에게는 아무런 의미가 없었다. 위사카는 아내 담마딘나에게 이런 상황을 전하며 이제 자신과 맺은 부부의 연에 연연해하지 말고 원하는 대로 살라고 선언한 것이었다.

하지만 아내의 입장에서 본다면 이 얼마나 어이없고 허무한 일인가. 그토록 다정했던 남편이 갑자기 다른 사람처럼 변해 네가 어떻게 살아도 좋으니 마음대로 하라고 한다. 남편의 큰 그늘 속에서 살던 담마딘나에게 이는 청천벽력과도 같은 상황이었다. 그녀는 내뱉듯이 한마디 던진다.

"당신이 필요 없다고 버린 것을 내가 얼씨구나 하고 집어 삼킬 것 같습니까?"

그녀에게 있어 재산은 사랑하는 남편과 함께할 때 의미를 지니는 것이었다. 결국 그녀는 남편의 애정이 존재하지 않는 가정을 떠나 출가하기로 결심한다. 남편에 대한 반발이었을까, 아니면 남편의 마음을 사로잡은 불법을 그녀도 접해 보고 싶었던 것일까. 이유는 알 수 없으나 그녀는 출가의 길을 선택했다. 그 뜻을 전해 들은 위사카는 크게 기뻐하며 그녀를 황금 가마에 태워 비구니 승가로 보내 주었다. 아내의 출가를 기뻐하는 남편의 등 뒤에서 아마 아내는 섭섭한 마음을 달래며 쓸쓸하게 눈물짓고 있었으리라.

이렇게 해서 담마딘나는 비구니 승가로 들어가게 된다. 불법에 대한 강렬한 갈망도 불가피한 상황도 아닌, 필시 남편에 대한

원망 섞인 애정을 끊기 위해 입단했을 그녀였지만, 인연이 성숙해 있었던 탓일까. 입단 후 그녀는 마을에서 멀리 떨어진 인적 드문 곳에 머물며 그 누구보다 열심히 수행했고 단계적으로 성과를 획득해 갔다. 『테리가타』에는 그녀가 최초로 경지에 올랐을 때 읊었다고 하는 게송이 다음과 같이 전해진다.

'최고의 경지를 향해 의욕을 불태우는 마음으로 가득해야 하나니, 어떤 욕망에도 결박당하지 않는 자는 '흐름을 거슬러 올라가는 자'라 불린다.'

머지않아 수행을 완성시키고 아라한이 된 담마딘나는 남편과 가족들이 살고 있는 라자가하를 향해 길을 나섰다. 진리를 체득한 기쁨을 함께하고 싶었고, 또한 그들에게도 공덕을 쌓을 수 있는 기회를 만들어 주고 싶었다. 아마도 이는 남편에 대한 응어리를 풀었기에 가능해진 일이었을지도 모른다. 깨달음을 얻어 심신의 자유와 행복을 만끽하게 되었을 때, 그녀의 가슴 속에서는 욕망을 버렸다는 말과 함께 자신도 함께 버렸던 남편에 대한 원망이 형체도 없이 사라져 버렸던 것은 아니었을까.

한편, 담마딘나의 출현에 위사카는 당황했다. 승가에 있어야 할 그녀가 고향을 찾은 것은 혹시 수행을 견디지 못해 포기하고 환속했기 때문은 아닐까……. 하지만 위사카는 자신의 염려를 드러내지 않은 채 그녀에게 교의敎義에 관한 질문을 던지기 시작했다. 담마딘나의 지혜를 시험해 보기 위해서였다. 그런데 담마딘나는 조금의 막힘도 없이 대답해 갔고, 이런 그녀를 보며 위사카는 기쁨으로 가슴이 벅차올랐다. 그리고 그길로 부처님을 찾아간 위사카는 담마딘나와 나눈 문답에 대해 말씀드리며 판단을 청했다. 부처님은 말씀하셨다.

"위사카야, 담마딘나는 현자다. 담마딘나는 큰 지혜를 갖춘 여인이다. 만일 네가 나에게 물었다 하더라도 나 역시 똑같이 대답했을 것이다."

부처님께 이런 최대의 찬사를 받은 그녀는 비구니 가운데 설법제일이라는 평을 받게 된다.

이후 담마딘나는 인도 각지를 돌며 날카롭고도 적절한 법문으로 사람들을 교화하는 데 탁월한 능력을 보이며 높은 명성을 얻었다. 한때 담마딘나는 코살라 국의 사왓티 교외에 있는 한 비구니 승원에서 안거를 보내고 있었다. 그 근처에는 파세나디 왕의 병사들이 머물고 있었는데, 이들은 국왕에게 급료를 받으며 언제 갑자기 일어날지 모르는 전쟁을 위해 대기하고 있었다. 그러다 보니 전쟁이 없을 때는 남아도는 시간을 주체할 수 없어 도박 등으로 소일했고, 결국 이로 인해 급료를 거의 모두 탕진해 집에 들여놓는 돈은 얼마 되지 않았다. 덕분에 이들의 아내들은 변변한 옷 한 벌 사 입지도 못한 채 초라한 몰골로 지내고 있었다.

그러던 어느 날 이들의 집을 방문하게 된 담마딘나는 그녀들의 비참한 모습을 가엾이 여기며 급료 가운데 반드시 반은 저축하라고 가르쳤고, 병사의 아내들은 담마딘나에게서 배운 대로 저축을 했다. 그 결과 이들은 처참한 상황에서 벗어나 편안한 생활을 하게 되었고, 담마딘나에게 감사의 마음을 표하기 위해 비구니들을 식사 공양에 초대하기로 한다.

병사들이 초대의 뜻을 전하기 위해 담마딘나를 찾아가자 그녀는 그들에게 필요한 설법을 해 주었다. 설법에 감동한 병사들은 불법승 삼보에 귀의하며 평생 살생하지 않겠노라 다짐한다. 그리고 식사 초대의 뜻을 전했다. 그러자 담마딘나는 "부처님께서 지금 이 근처 기원정사에 계십니다. 먼저 부처님을 초대하시는 것이 좋을 듯합니다."라고 권유했다. 이렇게 해서 병사들은 여름 내내 부처님을 비롯한 승가에 의식주, 그리고 약을 공양했다. 그동안 많은 설법을 접하며 살생이 얼마나 큰 죄인가를 다시금 확인한 이들은 수행자와 마찬가지로 물속의 미생물을 죽이는 것조차 두려워하며 물을 걸러 마실 정도가 되었다.

그러던 어느 날이었다. 코살라 국의 변경邊境에 반란이 일어나자 국왕은 병사들에게 출동 명령을 내렸다. 그러자 대신들이 이를 말렸다.

"왕이시여, 저 병사들을 보내도 별로 도움이 되지 않을 것입니다."

"무슨 연유인가?"

"병사들은 물조차 걸러 마실 정도로 살생을 꺼리고 있습니다. 작은 벌레조차도 죽이지 못하는데 어찌 싸울 수 있겠습니까?"

왕이 사실 여부를 묻자, 병사들은 이렇게 대답했다.

"이 작은 벌레들은 아무런 나쁜 짓도 하지 않기 때문에 죽일 수 없습니다만, 왕의 법을 어기는 자가 있다면 죽일 수밖에 없습니다."

하지만 변경에 도착해 적을 만난 병사들은 모두 앉아 자심삼매慈心三昧에 들어갔다. 즉, 자애의 마음으로 상대를 완전히 감싸 안아 버린 것이다. 이 모습을 본 적들은 완전히 전의戰意를 상실해 버렸고, 결국 한 방울의 피도 흘리지 않은 채 코살라 국의 병사들은 승리를 거두고 돌아왔다. 파세나디 왕은 크게 기뻐하며 포상을 두 배로 해 주고 급료도 올려 주었다고 한다.

한 사람 한 사람이 놓인 상황을 고려한 적절한 설법을 통해 담마딘나는 많은 사람들을 교화해 갔는데, 그 스승에 그 제자라고나 할까. 그녀의 제자들도 설법에 능통했다. 그 가운데서도 유명한 것이 숙카다. 숙카 역시 담마딘나처럼 라자가하의 양가에서 태어나 부유하고도 행복한 어린 시절을 보냈다. 처음 부처님이 라자가하에 오셨을 때 재가신자가 되었는데, 그 후 담마딘나의 설법을 듣고 감동해 출가했다고 한다. 그녀 역시 수행을 시작한 후 머지않아 성자의 경지에 이르렀다. 그녀의 설법은 신들도 칭송할 정도의 것으로 『테리가타』에는 라자가하의 한 나무에 사는 신이 읊었다고 하는 다음과 같은 게송이 전해진다.

'라자가하의 사람들은 무엇을 하고 있는가. 꿀 먹은 벙어리들처럼 잠자코만 있을 뿐, 부처님의 법을 설하고 있는 숙가 비구니에게 왜 가지 않는가. 지혜를 지닌 사람은 감히 거역할 수도 없고, 질리지도 않으며, 저 맛 좋은 가르침을 들이마시나니. 마치 길 가는 나그네가 빗물을 마시듯……. 나는 이렇게 생각한다네.'

한 남자의 그늘을 세상의 전부라 여기며 살았던 귀부인 담마딘나. 어느 날 예고도 없이 남편은 그 그늘을 거두어 갔지만, 현명한 담마딘나는 사라져 버린 그늘에 매달려 연연해하지 않았다. 이미 세속적인 욕망의 덧없음을 알고 이를 버린 남편에게 있어 자신의 애정과 집착이 얼마나 무의미한 것일지 그녀는 알았던 것이다. 이제 해야 할, 아니 할 수밖에 없는 일은 남편에 대한 애착을 끊는 것. 그렇게 선택한 출가의 길을 통해 그녀는 넓고 넓은 세상에 법의 그늘을 만들어 갔다. 많은 사람들이 그녀의 설법을 통해 삶의 위안을 받았고, 그녀의 그늘을 나누어 받은 사람들은 또 다시 다른 이에게 자신들의 그늘을 나누어 주었다. 담마딘나로 인해 세상은 그렇게 시원해져 갔다.

우바새 優婆塞 ● 남자 재가신도

부처님의 평생 친구로 불교에 공헌한 왕
빔비사라 Bimbisāra

> 누군가 전투에서 백만 명의 사람들을 정복할지라도
> 단 한 명, 즉 자신을 정복한다면 그가 바로 최고의 승리자다.
> - 『담마파다』 103게

다섯 개의 산이 주변을 둘러싼 아늑한 땅. 적절한 기후와 비옥한 토양으로 기근이 발생하지 않는 곳. 넘쳐나는 사람들과 물품으로 항상 활기가 넘치는 도시. 바로 부처님 당시 최대 강국이었던 마가다 국의 수도 라자가하를 형용하는 말들이다. 전륜성왕의 땅이라고도 불릴 정도로 평화롭고 풍요로운 이 성의 왕은 빔비사라였다.

빔비사라 왕은 어느 날 라자가하가 한눈에 내려다보이는 높은 누각에 앉아 거리를 바라보고 있었다. 그런데 이곳저곳을 살피며 거리를 내려다보던 왕의 눈길이 한 수행자에게 멈추었다. 북적거리는 인파 사이를 뚫고 라자가하의 거리를 돌며 탁발하고 있는 그는 아직 젊은 나이에도 불구하고 더할 나위 없이 단정하고도 위엄을 갖춘 모습이었다. 도대체 어떤 자이기에 저렇듯 고고하면서도 부드러운 기품이 흘러넘치는 것일까. 왕은 곁에 있던 신하에게 말했다.

"저기 가는 저 사람 좀 보거라. 참으로 아름답고, 장대하며, 청정하구나. 시선은 앞을 향하면서도 조심스럽게 길 위를 주시하고 있다. 저 사람은 분명 고귀한 집안 출신일 것이다. 가서 저 수행자가 어디로 갔는지 알아 오너라."

신하들이 서둘러 뒤따라가 보니 젊은 수행자는 탁발을 마친 후 라자가하 성의 서쪽에 위치한 판다와 산으로 들어가 한 나무 밑에 앉아 있었다. 뒤따라갔던 자들 중 일부는 남아 그를 감시하고, 일부는 성으로 돌아와 왕에게 보고했다.

"대왕이시여, 그 수행자는 판다와 산의 앞쪽에 있는 동굴 속에 마치 사자처럼 앉아 있습니다."

왕은 서둘러 마차를 타고 판다와 산으로 향했다.

수행자를 만난 왕은 인사를 건넨 후 이렇게 말했다.

"당신은 아직 젊고 청춘입니다. 이제부터 인생은 시작이지요. 게다가 용모 또한 단아하고, 출신도 고귀한 왕족인 것 같군요. 나는 당신에게 어떤 재물이라도 드리겠습니다. 코끼리 무리를 선두로 하는 훌륭한 군대도 맡기겠습니다. 받아 주십시오. 저는 당신의 태생에 대해 궁금합니다."

그러자 그 수행승은 대답했다.

"왕이여, 저 히말라야 기슭에 한 정직한 민족이 있습니다. 예로부터 코살라 국의 주민으로 부와 용기를 갖추고 있습니다. 가계家系는 아딧차(태양의 후예)이고, 종족은 석가입니다. 저는 그런 가문에서 출가했습니다. 제가 출가한 것은 결코 욕망을 채우기 위해서가 아닙니다. 모든 욕망에는 재난이 있음을 보고, 이를 떠나는 것이 안락임을 알아 저는 도를 구해 정진하고 있는 것입니다. 이것만이 목적일 뿐 다른 그 어떤 것도 원하지 않습니다."

수행승은 왕의 매혹적인 제안을 일언지하에 거절했다.

부처님과 빔비사라 왕의 만남은 이렇게 시작되었다. 빔비사라 왕의 획기적인 제안을 뿌리친 이 수행승이야말로 이제 막 출가의 길을 걷기 시작한 고타마 싯닷타, 즉 깨달음을 얻기 전의 부처님이었다. 당시 최고의 권력을 휘두르던 대왕이 왜 한낱 젊은 수행승에게 이런 어마어마한 제안을 했는지 정확한 이유는 알 수 없다. 추측해 볼 수 있는 것은 당시 코살라 국과 2대 대국으로서 경쟁 관계에 있던 마가다 국 빔비사라 왕의 눈에 싯닷타의 남다른 모습은 함께 국력을 키워갈 적임자로 비쳤을 것이라는 점이다. 게다가 싯닷타가 코살라 국의 속국이었던 석가 족 출신이라는 점에 더욱더 호감을 느꼈을지도 모른다. 마가다 국의 입장에서 본다면, 코살라 국을 쓰러뜨리기 위해 코살라 국의 종속국인 석가 족의 나라와 동맹을 맺어 그 나라에 군사·경제적 원조를 주고 코살라 국을 협공하려고 했는지도 모른다.

여하튼 빔비사라 왕에게 싯닷타는 자신과 함께 마가다 국을 발전시켜 갈 더할 나위 없는 인재로 보였음에 틀림없다. 하지만 싯닷타는 조금의 망설임도 없이 거절했다. 설사 마가다 국의 왕좌를 물려준다는 제안이었다 하더라도 이미 세속적인 욕망이 지니는 한계를 꿰뚫어 본 그의 마음을 움직일 수는 없었을 것이다. 싯닷타의 확고한 의지를 알아차린 왕은 대신 이렇게 말했다.

"언젠가 당신이 목적을 이루어 깨달음을 얻는다면 가장 먼저 나에게 법을 설해 교화해 주십시오."

세속적인 욕망이 아닌, 진리를 함께 나누는 사이가 되자는 약속을 다지며 두 사람은 헤어졌다.

그 후 몇 년이 지난 후, 두 사람은 다시 만나게 된다. '깨달은 자'가 된 부처님은 불(火)을 신봉하던 캇사파 3형제를 제도한 후, 이들 3형제와 그 제자 1,000명을 데리고 라자가하로 가서 교외에 있는 랏티 숲에 머물렀다. 지난 날 빔비사라 왕과 했던 약속을 지키기 위해서였다. 한편, 사문 고타마가 최상의 깨달음을 얻어 붓다가 되어 성 밖에 와서 머물고 있다는 소문을 들은 왕은 많은 군신群臣들을 동반하고 부처님을 찾아갔다. 그런데 그곳에서는 이해하기 힘든 광경이 펼쳐지고 있었다. 당시 유명한 종교가로 많은 신도를 확보하고 있던 캇사파 3형제가 제자들과 함께 부처님을 모시고 있는 것이 아닌가. 아직 부처님에 대해 모르던 군신들은 수군거렸다.

"도대체 저 젊은 사문과 연로한 우루웰라 캇사파는 무슨 사이일까? 누가 스승이고 누가 제자야?"

그러자 우루웰라 캇사파는 일어나 스승에 대한 예를 갖추며 "부처님이야말로 저의 스승이십니다. 저는 그 제자입니다."라고 선언했다. 이 선언의 파장은 참으로 큰 것이었다. 당시 정치·경제·종교·문화 모든 면에서 최고를 달리며 많은 사람들로 북적였던 라자가하에서의 이 선언은 부처님과 승가의 존재를 각인시키는 최대의 사건이었음에 틀림없다.

부처님은 빔비사라 왕과 군신들을 위해 '보시를 실천하고 계를 지키는 생활을 하면 하늘에 나게 된다. 여러 애욕에는 환난과 공허함과 번뇌가 있으니 애욕에서 벗어나면 큰 공덕이 드러난다'는 내용의 설법을 하셨다. 그리고 이어서 고집멸도 사성제의 진리도 말씀하셨다. 이를 통해 왕과 군신들은 그 자리에서 청정한 법안을 얻게 되었다. 이때 왕은 부처님께 이렇게 말씀드렸다.

"부처님, 저는 예전에 왕자였을 때 다섯 가지 원을 세웠습니다만, 이제 그 모두를 성취했습니다. 첫째는 왕위에 오르는 것이었으며, 둘째는 저의 영토에 온전히 깨달으신 분이 오시는 것이 있으며, 셋째는 그분께 예배드리는 것이었으며, 넷째는 그분의 가르침을 듣는 것이었으며, 다섯째는 그 가르침을 명료하게 이해하는 것이었습니다. 이제 이 모든 소원을 다 이루었습니다."

왕은 참으로 기뻤다. 예전에 자신과 한 약속을 지키기 위해 부처님이 라자가하를 찾아 주셨다는 사실, 그리고 자신의 마음을 밝혀 주는 진리를 가르쳐 주셨다는 사실 이 모든 것이 가슴 벅차게 기뻤다. 왕은 우바새가 되겠다는 의지를 밝히고 부처님과 많은 수행승들이 함께 머물 수 있도록 자신의 소유인 아름다운 웰루와나, 즉 죽림을 바쳤다. 높이 80척에 이르는 대나무가 뿜어내는 신비로운 청색 기운이 사방에서 매혹적인 빛을 발하는, 뭐라 형용할 수 없을 정도로 시원하고 평화로운 곳이었다. 게다가 라자가하 시내로 탁발하러 나가기에도 그다지 멀지 않고, 또 지나치게 가까워 마을에서 소음이 들리는 일도 없는 그야말로 수행하기에 최적의 장소였다.

이렇게 다시 시작된 부처님과 빔비사라 왕의 인연은 평생 이어지게 된다. 빔비사라 왕은 부처님보다 다섯 살 연하였다. 15세에 즉위하고, 즉위한 지 16년째 되는 해에 부처님께 귀의해 이후 37년 동안 부처님과 친구처럼 지냈다고 한다. 부처님과 불법에 대한 왕의 신뢰는 절대적인 것으로, 심지어 사랑하는 왕비 케마가 출가의 뜻을 보였을 때는 마차를 준비해 출가시켰다고 할 정도이다. 왕은 날마다 죽림에 가서 부처님께 예를 올렸으며 승가의 의식주 생활을 지원했다. 승가의 가장 중요한 행사인 포살과 안거가 처음 도입된 것도 왕의 제안에 의한 것이었다. '왕이 있기에 많은 사람들이 불교를 믿고 삼보를 공양하게 되었다'고 할 정도로 불교의 발전에 있어 왕이 미친 영향은 실로 지대한 것이었다. 온화하고도 지혜로운 왕의 성품은 부처님과의 만남을 통해 더욱더 빛을 발했고, 그 빛은 그가 다스리던 마가다 국과 앙가 국 국민들 모두에게 따스하게 미쳤다. 왕을 존경하는 사람들은 왕을 따라 부처님을 찾고 의지했다. 부처님 역시 생애의 많은 시간을 죽림에서 보내는 등 라자가하에 특별한 애정을 보이셨다.

아쉽게도 부처님도 빔비사라 왕도 노년에는 각각 제자와 아들의 배신이라는 쓰라린 경험을 하게 된다. 데와닷타와 아자타삿투, 이 둘은 각각 불교 교단의 지도자와 마가다 국의 왕이라는 지위를 탐해 부처님과 왕을 내쫓고 그 자리를 차지하자고 모의한다. 부처님은 데와닷타의 행동을 저지할 수 있었지만, 빔비사라 왕은 결국 아들에 의해 유폐당하고 만다. 성 안에 갇혀 꼼짝도 할 수 없는 몸. 하지만 이때도 왕은 유폐된 방의 동쪽 창문으로 부처님이 계시는 영축산을 바라보며 예배드렸다고 한다. 이를 안 아자타삿투가 창문을 막아 버리고 왕의 발을 찔러 일어서지 못하도록 했지만, 간절한 왕의 마음은 부처님께 전해졌고, 세간의 모든 일을 아시는 부처님은 2대 제자 중 하나인 목갈라나를 불러 왕이 유폐되어 있는 곳으로 보내 잠시나마 그의 절망과 슬픔을 위로하게 하셨다.

싯닷타와 세속적 욕망을 함께 나누고 싶어 했던 빔비사라. 그 바람은 이루지 못했지만, '깨달은 자'가 된 부처님과의 만남으로 그는 세속적 욕망과는 비할 수도 없는 진리를 깨달았다. 그리고 덧없는 욕망을 쫓는 어리석은 군주가 아닌, 보시와 덕德으로 세상을 거느리는 현명한 군주가 될 수 있었다. 어느 순간이든 부처님과 함께하고 싶었던 대왕 빔비사라. 이런 든든한 친구이자 외호자를 비참하게 잃어버린 부처님의 마음은 얼마나 침통하고 쓸쓸하셨을까 싶다.

부처님을 모델로 선정을 펼친 왕
파세나디 Pasenadi

> 모든 일은 마음이 먼저 가고 마음이 가장 중요하며 마음으로 이루어진다.
> 만약 나쁜 마음으로 말하거나 행동하면, 그로 인해 고통이 그를 따른다.
> 수레바퀴가 소의 발을 따르듯이.
> -『담마파다』1게

부처님 당시, 갠지스 강 서북쪽에서 강대한 국력을 지니고 융성하고 있던 코살라 국. 그곳의 왕은 파세나디였다. 코살라 국은 당시 16대국 중에서도 특히 번영을 이룬 나라로, 경전의 묘사를 통해 추측해 보건대 상상을 초월할 정도의 화려함과 풍요로움이 가득했던 곳이다. 이런 대국의 왕이었던 파세나디는 어느 날, 세상에 붓다가 출현했다는 소문을 듣는다. 평소 출가 수행자들의 가르침에 관심을 갖고 있던 파세나디는 자신의 눈으로 직접 확인하고자 부처님이 계신 기원정사를 찾았다. 그런데 왕의 눈에 비친 부처님의 모습은 예상과는 달리 너무 젊었다. '이 자가 정말 붓다일까?' 내심 석연찮게 여기며 부처님과 인사를 나눈 왕은 당시 대중에게 널리 존경을 받고 있던 유명한 사문들의 이름을 거론하며 이렇게 말한다.

"그들조차 깨달았다고 말하지 않는데, 어찌 나이도 어리고 출가한 지 얼마 되지도 않는 고타마 당신은 깨달았다고 하는가?"

그러자 부처님은 어리거나 작다 해서 깔보거나 업신여겨서는 안 될 것으로 무사武士, 뱀, 불씨, 수행승 4종을 드시며, 어린 무사라 할지라도 무시하면 가차 없이 공격을 당하게 되고, 어린 뱀도 물리면 죽을 수 있으며, 불씨도 능히 모든 것을 다 태워 버릴 수 있고, 어린 수행자도 언젠가는 큰 깨달음을 얻을 수 있다고 말씀하셨다. 이 가르침을 들으며 부처님의 위엄과 지혜에 감탄한 파세나디 왕은 부처님이야말로 완전한 깨달음을 얻은 지혜로운 분이라는 사실을 인정하며 불법승 삼보에 귀의하게 된다.

그날 이후, 왕은 틈나는 대로 부처님을 찾아뵙고 가르침을 청했다. 권력의 남용과 오만, 여색, 재물이나 쾌락에 대한 집착, 지배하고자 하는 욕망 등과 같은, 가진 자가 쉽게 빠질 수 있는 온갖 유혹에 현혹되지 않도록 부처님은 파세나디 왕에게 충고와 조언을 아끼지 않으셨다. 세간의 지도자가 올바른 생각과 현명한 판단력을 지니지 못한다면, 백성들은 어두운 그늘 속에서 고통스러운 삶을 살게 된다. 이런 점에서 부처님과 파세나디 왕의 만남은 코살라 국의 백성들에게 있어 더할 나위 없는 행운이었던 것이리라.

한번은 왕이 부처님께 이런 질문을 했다.

"태어난 자 가운데 늙음과 죽음을 비껴간 자가 있습니까?"

'불로장생', '영생永生'. 모든 것을 다 가진 왕으로서 한 번쯤 꿈꿔 볼 만한 일이다. 실제로 역사상의 많은 왕들이 불로장생이나 영생을 꿈꾸며 희귀한 약초와 약을 구하고자 혈안이 되지 않았던가. 또 자신의 사후 관리를 위해 얼마나 많은 백성을 고되게 했던가. 파세나디도 부족할 것 없는 자신의 삶에서 늙음과 죽음이라는 이 두 가지 사실을 제거하고 싶었던 것이리라. 그러나 부처님의 대답은 단호했다.

"대왕이여, 태어난 자 가운데 늙음과 죽음을 비껴간 자는 없습니다. 아무리 재물과 곡식이 풍부한 권세 있는 귀족이라도 늙음과 죽음을 비껴간 자는 없습니다. 번뇌를 다한 아라한으로 생존의 속박을 끊은 해탈한 수행자라 하더라도 이 몸은 부서져야 하고 버려져야 합니다. 하지만, 참다운 법만은 노쇠하지 않습니다."

또 이런 일도 있었다. 어느 축제 날이었다. 파세나디 왕은 온갖 장식으로 훌륭하게 치장된 흰 코끼리 등에 올라타고 거리를 시찰하고 있었다. 왕을 친견하려는 사람들이 몰려들어 북새통을 이루고 있는 가운데, 저 멀리 보이는 긴물의 창문에서 한 여인이 얼굴을 내밀었다. 그녀는 잠깐 왕을 보고는 곧 안으로 들어가 버렸다. 그런데 무심코 위를 올려다보던 파세나디 왕의 눈에 그녀의 아름다운 모습이 들어왔다. 완전히 마음을 뺏겨 버린 왕은 서둘러 왕궁으로 돌아와서는 대신에게 그녀의 신상 조사를 명했고, 그 결과 그 여인에게 가난하고 보잘것없는 남편이 있다는 사실을 알게 되었다. 그러자 왕은 그를 데려오게 한 후 자신의 신하로 삼았다. 무언가 트집을 잡아 처형시키고 그의 아내를 빼앗으려는 속셈이었다. 그녀에게 반해 버린 왕의 마음이 판단력을 잃고 자신의 권력을 이용해 해서는 안 될 행동을 하고 있는 것이었다.

하지만 위기를 느낀 이 남자는 열심히 일했고 좀처럼 실수하는 법이 없었다. 참다못한 왕은 "이보거라. 근처 강에 가서 하얗고도 파란 연꽃과 적토赤土를 가져오거라. 만약 오늘 내 목욕 시간까지 대령하지 않는다면 너를 죽일 것이다."라고 억지스러운 명령을 내렸다. 하얗고도 파란 연꽃이라니……. 공포에 질린 남자는 집으로 가서 도시락을 챙긴 후 강으로 뛰어갔다. 그는 밥을 조금 덜어 낸 후 나머지를 먹기 시작했다. 마침 걸식자가 지나가자 덜어 낸 밥을 건네주었다. 그리고 나머지 한 주먹은 물속에 던져 넣고 입을 헹구고는 큰 소리로 외쳤다.

"이 부근에 사는 금색의 용신龍神이시여. 부디 제 부탁 좀 들어주세요. 왕은 저를 처형하고자 찾을 수도 없는 하얗고도 파란 연꽃과 적토를 가져오라고 합니다. 저는 지금 제 식사의 일부를 걸식자에게 주었고, 또 물고기들에게도 주었습니다. 이 선행의 과보를 모두 당신에게 드릴 터이니, 부디 하얗고도 파란 연꽃과 적토를 강 속에서 찾아 주세요."

남자가 이렇게 크게 세 번 외치자 이 목소리를 듣고 나온 용신은 그의 바람을 이루어 주었다.

한편 파세나디 왕은 혹시 그가 진짜 하얗고도 파란 연꽃과 적토를 구해 오면 어쩌나 노심초사하다가, 그가 들어오지 못하도록 궁궐 문을 잠그라는 지시를 내렸다. 남자는 궁궐 밖에서 이러지도 저러지도 못한 채 헤매다 근처 승원에 가서 지쳐 드러누웠다. 왕은 내일 아침이 밝으면 그놈을 죽이고 여자를 데려와야겠다는 생각에 뜬눈으로 밤을 지새우고 있었는데, 새벽녘에 어디선가 음침한 울림을 내는 목소리가 들려왔다. 두려움에 떨던 왕은 급기야 사제를 불러 의논했다. 사제는 사실 무슨 영문인지 전혀 알 수 없었지만, 혹시라도 무능력하다는 말을 듣게 되면 어쩌나 싶어 "대왕이시여. 큰일입니다. 당신의 생명에 위험이 닥쳐오고 있습니다."라고 대답한다. 왕은 두려움에 온몸을 부르르 떨며 물었다.

"그럼 어찌해야 하느냐?"

"너무 걱정하실 필요는 없습니다. 코끼리 100마리, 말 100마리, 암소와 수소 각각 100마리, 신양 100마리, 양 100마리, 닭 100마리, 남자아이 100명, 여자아이 100명, 이 모두를 모아 희생제를 하면 됩니다."

왕의 명령을 받은 신하들은 이를 끌어 모으기 위해 온 도시를 휘젓고 다녔고 두려움에 떠는 사람들과 동물들의 울부짖는 소리가 대지를 진동시켰다.

이 모습을 본 말리카 왕비는 "지금껏 다른 생류를 죽이고 그 대신 자신의 생명을 구했다는 사람을 본 일이 있습니까?"라고 왕의 잘못된 판단을 일깨우며, 부처님을 찾아뵙고 가르침을 청할 것을 권유했다. 여전히 두려움에 떨고 있는 파세나디 왕에게 부처님은 왕이 새벽녘에 들은 소리는 죄를 짓고 죽어 아비지옥阿鼻地獄에 떨어진 사람들이 울부짖는 소리라고 하시며 다음과 같은 게송을 읊으셨다.

'온갖 악행을 반복하고, 가진 재산을 단 한 번도 베푸는 일 없이, 거대한 부를 지녔다 해도 그 모두를 쾌락에 다 써 버리고 세상 떠났구나.

지옥의 괴로움을 받으면서 6만 년이 지났구나. 죽음보다 고통스러운 이 괴로움의 끝은 어디인가.

분명 끝은 없으리라. 징조조차 발견할 수 없구나. 그도 그럴 것이……. 이 괴로움은 과거에 범한 악행의 결과 발생한 몸의 과보이니…….

만약 다시 인간으로 태어난다면 선을 행하고 계를 지켜 몸을 닦으리라.'

이 게송을 들은 파세나디 왕은 남의 처를 갖고자 욕심을 내

저질렀던 악행, 그리고 그 악행을 덮기 위해 하마터면 수많은 생물의 목숨을 빼앗을 뻔했던 어리석음을 크게 뉘우치며 후회했다. 그리고 부처님께 이렇게 말씀드렸다.

"부처님이시여, 저는 그 밤만큼 길게 느낀 밤은 없습니다."

이에 대해 부처님은 '잠들지 못하는 자의 밤은 길고, 지친 자의 길은 멀기만 하구나. 범부의 윤회 또한 길고 길구나'라는 게송으로 답하셨다. 왕궁에 못 들어가고 헤매다 승원에서 머물고 있던 그 남자는 파세나디 왕의 악행을 일깨워 준 부처님께 감사드리며 자신도 예류과를 얻었다고 한다.

부처님을 통해 파세나디 왕은 헛된 욕망의 무상함을 깨닫고, 나아가 한 나라의 왕이기에 더욱더 철저히 갖추어야 할 윤리적 삶에 눈뜨게 된 것이었다. 또한 파세나디 왕은 세간의 지도자로서 승가라는 출세간 세계의 지도자인 부처님을 훌륭한 지도자의 모델로 여겼다. 왕과 왕이 싸우고, 귀족과 귀족이 싸우며, 심지어 부모와 자식이, 형제가 싸우며 살아가는 이 세상에서 서로에 대한 존경과 화합을 강조하고 또 실천하며 살아가는 승가가 있었다. 최대의 권력을 지닌 자신 앞에서조차 귀족들은 말을 가로막고 나서며 큰소리치건만, 부처님께서 대중에게 설법하실 때는 기침 소리 하나 들리지 않았다. 많은 사람들을 움직이는 건 결코 권력이나 힘이 아니라는 사실을 파세나디 왕은 인정할 수밖에 없었다.

대국의 왕으로 최고의 자리에 있으면서도 깨달음을 얻은 지혜로운 부처님의 가르침을 소중히 실천하고자 했던 파세나디 왕. 그리고 그런 왕의 정신적 지주로서 조용히 자리를 지켜 주셨던 부처님. 훗날 아들 위두다바의 모반으로 비참한 노후를 보냈던 파세나디 왕은 사랑하는 말리카 왕비마저 잃은 어느 날, 비탄에 빠져 이리저리 헤매고 다니다 부처님을 찾았다. 몸을 숙여 부처님의 발에 입을 맞추는 그에게 부처님이 연유를 묻자, "부처님도 여든이시고, 저도 여든이네요."라고 혼잣말하듯 중얼거렸다고 한다. 한때의 영화를 뒤로 하고 이제 모든 것을 잃어버린 쓸쓸한 노후……. 왕으로서의 권력도 빛나는 젊음도 주변의 넘쳐나던 사람들도 모두 덧없이 사라져 간 지금 이 순간, '진리'라는 가장 소중한 것을 자신에게 아낌없이 주신 부처님께 진심으로 귀의하며 마지막 인사를 고하고 싶었던 것은 아닐까.

막대한 재산을 올바로 사용할 줄 안
수닷타 Sudatta

> 재물은 어리석은 자는 해치지만, 피안彼岸을 추구하는 이들은 해치지 못한다.
> 재물에 대한 갈애 때문에 어리석은 자는 다른 사람을 해치듯 자신을 해친다.
> — 『담마파다』 355게

부처님께서 활동하시던 기원전 5~6세기 무렵, 갠지스 강의 중류 지방으로 이주해 온 아리야 인들은 적극적인 개간을 통해 놀라운 경제적 성장을 이루고 있었다. 상공업의 발달은 생활 물자의 풍요, 화폐 경제의 발전으로 이어졌고, 이는 사람들이 모이는 도시를 형성하게 했다. 도시에 막대한 부가 축적되자 상공업자들은 다수의 조합을 조직해 도시 내부의 경제적 실권을 장악하기에 이르렀는데, 이로 인해 막대한 재산을 지닌 자산가들이 사회의 새로운 실세로 등장하게 된다. 특히, 조합장과 같은 위치에 있던 장자長者라 불리는 사람들은 상상을 초월할 정도의 자산을 지닌 이들로 때로는 몇 개의 조합을 소유하며 대단한 세력과 명성을 떨치고 있었다. 초기 불교 문헌에서는 이들이 초기 불교 교단의 교화 거점을 제공하는 중요한 지원자로 거론되는 것을 종종 볼 수 있다.

성도 후 얼마 지나지 않았을 무렵, 부처님은 제자들과 함께 마가다 국의 수도 라자가하로 들어가 빔비사라 왕이 보시한 죽림에 머물고 계셨다. 이곳에는 아직 정사라 불릴 만한 건물은 없었기 때문에 부처님을 비롯한 제자들은 그저 대나무 숲 안에 있는 나무 밑이나 돌 위에 앉아 생활하고 있었다. 그러던 어느 이른 아침이었다. 산책을 즐기다 이곳을 지나가게 된 라자가하의 한 장자는 수행승들의 위의 있는 모습을 보고 감동해 다가가 물었다.

"제가 만약 방사房舍 같은 것을 만들어 드린다면 그곳에 머무시겠습니까?"

아직 방사에서 생활해 본 적이 없던 비구들은 망설이며 부처님께 장자의 뜻을 전했다. 부처님께서는 흔쾌히 허락하셨고, 장자는 크게 기뻐하며 서둘러 하룻밤 사이에 60개의 방사를 지어 기진寄進했다고 한다. 아쉽게도 이 장자의 이름은 알려져 있지 않다.

그는 라자가하에서 활동하던 유명한 장자로, 다른 나라에서 무역을 위해 찾아오는 장자들과도 친분이 깊었다. 그중에는 코살라 국의 사왓티에서 온 수닷타라는 장자도 있었다. 수닷타는 라자가하를 찾을 때마다 이 장자의 집에 머물며 친하게 지냈는데, 장자의 여동생과 결혼하게 됨으로써 두 사람의 관계는 더욱더 친밀해졌다. 수닷타가 부처님을 알게 된 것도 이 장자 때문이었다. 사업차 라자가하를 찾은 수닷타는 여느 때와 마찬가지로 그 장자의 집에 머물고 있었다. 그런데 여느 때와는 달리 몹시 흥분한 모습으로 장자가 온 집안 사람들에게 "내일 아침에는 일찍 일어나 죽을 끓이고 음식을 만들어라.", "국을 끓여라.", "맛난 과자를 만들어라."라며 손수 공양 준비 지시를 하고 있는 걸 보았다. 수닷타는 '예전에 이 사람은 내가 오면 만사를 제쳐 두고 오로지 나와 이야기 나누는 것을 즐겼는데 오늘은 무슨 일일까?' 하고 생각하며, "형님, 도대체 무슨 잔치를 준비하기에 이리도 요란스럽게 음식 준비를 하십니까?"라고 물었다. 그러자 장자는 대답했다.

"내일 붓다와 그 제자들을 초대하기로 했다네."

"붓다라고 하셨습니까?"

"그렇다네."

"정말 붓다라고 하셨지요?"

수닷타는 세 번이나 되물으며 확인한 후, 이렇게 물었다.

"이 세상에서 붓다라 불리는 자는 그 음성을 듣는 것조차 어려운 일입니다. 지금 당장 그분을 뵈러 가도 될까요?"

내일 아침 적당한 때를 보아 가라는 장자의 권유에 일단 잠자리에 들었지만, 내일이면 붓다를 만날 수 있다는 설렘에 수닷타는 깊은 잠을 이룰 수 없었다. 결국 날도 채 새기 전에 부처님을 찾아 발걸음을 재촉했다.

수닷타가 부처님을 찾아갔을 때 부처님은 한림寒林에 머물고 계셨다. 한림이란 시체를 매장하는 곳으로 당시 도시의 주변에 있던 한적한 곳이었다. 썩어 가는 사람의 육체를 관찰하며 부정관不淨觀을 닦기에도 좋고, 또한 죽은 사람들의 영혼이 쉬고 있는 곳이므로 마음의 평안을 얻기에도 좋다 해서 명상을 위한 최적의 장소로 여겨지는 곳이었다. 부처님께 다가간 수닷타는 예를 갖춘 후 이렇게 물었다.

"간밤에 편안히 주무셨습니까?"

부처님은 대답하셨다.

"욕망에 사로잡히지 않고, 청정하고, 집착이 없으며, 모든 장애를 여읜 자는 항상 어디서든 편안하게 잘 수 있는 법이니……. 일체의 집착을 끊고, 마음의 고뇌를 제어하고, 평안함에 도달하고, 마음의 적정을 얻은 자는 편안하게 자느니라."

이어 부처님은 보시, 지계, 생천의 가르침, 그리고 여러 가지 욕망이 초래하는 재난과 해악, 더러움, 그리고 출리의 뛰어난 이익에 대해 말씀하셨다. 부처님께서는 수닷타가 건전한 마음과 유연한 마음, 편견에 사로잡히지 않은 마음, 기뻐하는 마음, 맑은 마음이 된 것을 꿰뚫어 보시고는 고집멸도의 진리를 가르쳐 주셨고, 수닷타는 마치 한 점의 얼룩도 없는 새하얀 천이 물들듯 부처님의 가르침을 받아들이며 그 자리에서 진리를 보는 눈을 얻었다고 한다.

우바새가 된 수닷타는 내일 자신이 준비한 공양에 부디 꼭 참석해 달라는 말을 남긴 채 장자의 집으로 돌아왔다. 이튿날 맛난 음식을 준비해 부처님과 그 제자들을 대접한 수닷타는 "부처님, 부디 제자들과 더불어 사왓티에서 우안거를 지내 주십시오."라며 내년에는 꼭 제자들과 함께 사왓티를 방문해 달라는 청을 올렸다. 그리고 자신은 사왓티를 향했다. 사왓티를 대표하는 장자로, 아는 사람도 많았던 수닷타는 지인을 만날 때마다 "승원을 만드시게.", "정사를 세우시게.", "보시를 하시게.", "이 세상에 붓다가 출현하셨다네.", "그분은 내 초대를 받아 이 길을 지나가실 것이네." 하며 권유했고, 많은 사람들이 그의 권유대로 승원을 만들고 정사를 세우고 또 보시를 했다.

사왓티로 돌아온 수닷타는 주변을 돌아보며 부처님과 그 제자들이 머물 만한 토지를 물색했다. 마을에서 그리 멀지도 않고, 지나치게 가깝지도 않으며, 왕래하기 편하고, 원하는 모든 사람들이 접근하기 쉬우며, 소음이 적고, 인적이 드물며, 번거롭지 않고, 명상하기 적합한 그런 곳을 찾아 헤메던 수닷타는 어느 날 마음에 꼭 드는 곳을 찾아냈다. 그것은 사왓티 성 밖의 남쪽에 있는 동산이었다. 그런데 하필 그 토지는 코살라 국 파세나디 왕의 아들인 제타 태자의 소유지였다. 수닷타는 자신이 보시할 이상적인 절의 후보지로 이 토지보다 완벽한 조건을 갖춘 곳은 없다고 생각하며 제타 태자를 찾아가 "왕자님, 저에게 이 동산을 주십시오. 승원을 만들고 싶습니다."라고 말했다.

태자는 농담 삼아 "원하는 땅 위에 황금을 깐다면, 그만큼의 토지를 그 황금과 교환해 너에게 팔겠노라." 하고 조건을 내걸었다. 설마 그렇게까지 할까 싶어 내건 조건이었으나, 수닷타는 매우 기뻐하며 토지 위에 황금을 깔아 갔다. 대부분의 땅을 황금으로 뒤덮었는데, 마지막에 황금이 모자라 약간의 땅이 남았다. 이를 보고 있던 태자는 수닷타의 신심에 놀라며 나머지 땅은 자신이 보시하겠노라고 했다. 수닷타가 땅 위에 깔았던 황금은 당시의 가치로 18억 금이었는데, 그는 또 18억 금을 내어 정사를 세우고, 또 18억 금을 더 내어 승가에 공양했다고 한다.

이렇게 완성된 기원정사祇園精舍는 다양한 시설을 구비한 이상적인 불교 사원이었다. 부처님께서는 이곳에서 19회나 안거를 보내셨다고 한다. 당시 사왓티는 바라문이나 자이나교·아지비카교 등과 같은 이교도의 세력이 강했던 곳으로 불교 교단이 정착하기에는 많은 어려움이 있었지만, 기원정사의 건립을 계기로 교화의 거점을 확보하게 된 것으로 보인다.

수닷타는 신심이 매우 깊어 부처님의 가르침을 믿지 않는 집안과는 사돈을 맺지 않을 정도였다. 또한 자신의 집에 오는 자는 모두 청정한 신앙을 얻어, 죽은 후 천계에 태어나는 자뿐이라고 자신했다. 부처님께서 그 연유를 묻자 "저희 집에서 일하고자 하는 자에게는 먼저 3귀의를 시키고 또 5계를 준 후 일하도록 하고 있기 때문입니다."라고 대답했다고 한다. 수닷타는 '잘 베푸는 사람'이라는 뜻의 이름인데, 가난한 사람이나 고독한 사람, 사문·바라문 같은 종교인들에게 한없는 자선을 베풀었기 때문에 '고독한 사람에게 먹을 것을 나누어 주는 자'라는 의미의 아나타핀디카(給孤獨)라 불렸고, 언제부턴가는 본래의 이름보다 이 말이 더 자주 사용되었다. 부처님께서는 그를 '보시제일'이라 칭하며 칭찬하셨다고 한다.

당시 인도의 새로운 시대의 기수旗手이자 대표적인 사회적 존재였던 장자들. 막대한 부의 축적으로 인해 경제적으로는 최고의 위치에 있었지만, 정신적인 면에서는 무언가 부족함을 느끼고 있었던 걸까. '깨달은 자'와의 만남을 고대하는 그들 앞에 부처님이 나타나셨을 때 그들은 부처님의 가르침 속으로 뛰어들었다. 재물이란 쌓이면 쌓일수록 그만큼 욕망도 늘어 가는 법. 재물의 노예가 되어 눈앞의 이익만을 쫓으며 살아갈 수도 있는 그들을 부처님은 올바르게 재물을 사용함으로써 재물에 대한 집착에서 벗어날 수 있는 길로 인도해 주셨다.

"노력해 부를 얻었다 해도 자신만이 그 재산을 독점해서는 안 된다. 재산을 축적하고자 하는 욕망의 망자亡者로만 남아 있다면 무슨 의미가 있으리. 재산은 살려서 사용해야 한다. 재산을 올바르게 사용한다는 것은 쉽지 않은 일이니라. 어리석은 사람은 막대한 부를 얻어도 스스로 즐길 줄도 모르고 주위 사람들을 즐겁게 해 주지도 못하다 결국 몰수당하거나, 도둑맞거나, 화재나 홍수로 잃거나, 자신이 원하지 않는 상속인에게 빼앗기곤 한다. 올바로 사용하지 않는다면 재산이란 이렇게 사라져 버리고 마는 것이다. 재산이 적다 해서 못 베푸는 것도, 재산이 많다 해서 더 베푸는 것도 아니다. 공덕을 쌓기를 원하며 올바르게 진리를 꿰뚫어 보는 자야말로 베풀 수 있는 법이니라."

뛰어난 의술과 환자에 대한 진정한 자비, 명의
지와카 Jīvaka

> 마치 어머니가 목숨을 걸고 외아들을 아끼듯이,
> 모든 살아 있는 것에 대해 한량없는 자비심을 가져라.
> 또한 온 세계에 대해 한량없는 자비를 행하라.
> 위 아래로, 또 옆으로 장애와 원한과 적의가 없는 자비를 행하라.
> - 『숫타니파타』 149~150게

왓지 국의 웨살리가 창녀 암바팔리로 인해 크게 발전하고 있다는 이야기를 전해 들은 마가다 국의 빔비사라 왕은 그녀를 능가하는 아름다움으로 자국을 번영시켜 줄 여인을 물색했다. 선발된 것은 청순미가 돋보이는 사라와티라는 여인이었다. 고급 창녀가 되는 교육을 받고 기예까지 갖추게 되자, 사라와티의 명성과 인기는 나날이 높아졌다. 웨살리에 암바팔리가 있다면 라자가하에는 사라와티가 있다는 말이 나올 만큼 그녀의 존재감은 하루가 다르게 커져 갔다.

그러던 어느 날이었다. 사라와티는 자신이 임신했다는 사실을 알게 되었다. 순간, 그녀의 마음은 복잡했다. 임신 사실이 퍼지면 더 이상 남자들은 자신을 찾지 않을 것이고, 그렇게 되면 그동안 힘들게 쌓아 온 명성도 사라질 것이기 때문이었다. 고민 끝에 그녀가 내린 결론은 사람들 모르게 아기를 낳아 버리는 것이었다. 결국 태어나자마자 그 가엾은 핏덩어리는 작은 바구니에 담겨 쓰레기 더미 속에 버려졌다.

그러나 부모와 자식의 인연은 우연이 아닌 운명이라 했던가. 마침 그곳을 지나가다 아기를 발견하고 멈추어 선 것은 다름 아닌 빔비사라 왕의 아들 아바야 왕자였다. 아바야 왕자야말로 이 아기의 아버지였던 것이다. 아기를 발견하고 소스라치게 놀란 왕자는 주위 사람들에게 물었다.

"아기는 살아 있느냐?"

아기를 살펴본 사람들이 대답했다.

"예, 아직 살아 있습니다."

사람들의 이 대답은 그대로 아기의 이름이 되어 '지와카(살아 있는)'라 불렸다.

자식이 없던 아바야 왕자는 지와카를 데려다 소중하게 키웠다. 자신의 아들인 줄 꿈에도 생각하지 못했지만, 왕자는 마치 친자식을 대하듯 지와카를 귀여워했다. 그러나 부모를 그리워하는 마음까지 채워 주지는 못했던 것일까. 성장한 지와카는 어느 날 자신의 출생에 대해 아바야 왕자에게 물었지만, 부모에 대한 그 어떤 얘기도 들을 수 없었다. 낙담한 지와카는 그저 왕가에 의존해 하루하루 살아가는 자신의 삶에 불안과 회의를 느끼며 당시 교육의 중심지였던 서북인도의 탁실라로 의술을 배우기 위해 떠났다.

학업에 전념하며 하루하루를 보내던 지와카에게 7년 과정의 교육이 끝난 어느 날 스승은 호미 한 자루를 주며 이렇게 말했다.

"탁실라 근교에서 약재로 사용할 수 없는 모든 식물을 채집해 오너라."

지와카는 열심히 찾아다녔지만 약재로 사용할 수 없는 식물은 단 한 점도 발견할 수 없었다. 할 수 없이 빈손으로 돌아와 스승에게 말했다.

"스승님, 가는 곳마다 찾아보았지만 약재가 될 수 없는 식물은 단 하나도 없었습니다."

이 대답을 들은 스승은 얼굴 가득 미소를 띤 채 말했다.

"지와카야, 훌륭하구나. 넌 시험에 합격했느니라."

스승에게서 약간의 여비를 받은 지와카는 고향으로 돌아가고자 길을 떠났다. 그런데 도중에 사케타라는 곳에서 어느 장자의 아내를 치료하게 되었다. 그녀는 오랜 세월 고질병으로 두통을 앓고 있었는데, 지와카는 단 한 번의 치료로 그녀의 병을 깨끗하게 치료해 주었다. 그러자 장자는 크게 기뻐하며 치료해 준 대가로 지와카에게 거액의 돈을 지불했다. 고향으로 돌아온 지와카는 자신을 정성껏 키워 준 아바야 왕자의 은혜에 조금이라도 보답하고픈 생각에 장자에게서 받은 돈을 모두 왕자에게 건넸다.

그러나 아바야 왕자는 사양하며 대신 라자가하에서 살아 달라고 부탁한다. 아들과도 다름없는 사랑스러운 지와카를 그저 곁에 두고 바라보며 살고 싶은 아바야 왕자의 간절한 마음이 담긴 부탁이었다. 왕자의 청을 받아들여 라자가하에 머물게 된 지와카는 치질을 앓고 있던 빔비사라 왕을 치료한 후 왕궁의 주치의가 되었고, 이후 모든 의사들이 포기한 난치병을 거뜬하게 고치며 명의로서 명성을 높이게 되었다.

타고난 재능과 노력으로 당시 최고의 명의 자리에 올랐으나, 지와카는 아직 기술이 뛰어난 의사일 뿐 병으로 고통 받는 병자에 대한 진정한 연민과 자비는 갖추지 못했던 것 같다. 다음과 같은 일화가 전해진다. 왕궁의 주치의가 된 후 얼마 지나지 않은 어느 날, 라자가하의 한 대상인이 중병에 걸렸는데 모든 의사가 치료 불가능하다며 손을 들었다. 그러자 빔비사라 왕은 자신의 주치의인 지와카에게 그 상인을 치료하도록 했다. 지와카는 치료 조건으로 자신과 왕에게 각각 10만 금이라는 거액의 보수를 줄 것, 그리고 환자는 처음 7개월 동안은 한쪽 옆구리로, 그 다음 7개월 동안은 다른 쪽 옆구리로, 또 그 다음 7개월 동안은 똑바로 천장을 보고 누워 안정을 취할 것을 요구했다.

환자가 요구를 받아들이자 지와카는 그를 침대에 묶고 두피를 절개해 그 상인의 생명을 위협하고 있던 벌레 두 마리를 끄집어 낸 후 상처를 꿰맸다. 그러나 환자는 도저히 한쪽 옆구리로 7

개월씩이나 누워 있을 수는 없었다. 간신히 일주일을 버텼을 뿐이다. 하지만 그는 3주 후에 완전히 건강을 회복했다. 그러자 지와카는 "그때 7개월이라고 말해 두었기 때문에, 그나마 일주일이라도 누워 있을 수 있었던 것입니다."라고 변명했다고 한다. 뛰어난 의술로 병을 고쳐 주기는 했지만, 오랜 세월 병으로 고통받아 온 사람에 대한 배려나 연민은 조금도 찾아볼 수 없는 차가운 모습이다.

이런 지와카가 어느 날 부처님을 만나게 되었다. 죽림정사에 머물고 계시던 부처님이 병이 나자, 시자 아난다가 빔비사라 왕에게 청해서 지와카를 부른 것이다. 치료가 다 끝난 후, 부처님은 병과 의사로서의 마음가짐에 대해 다음과 같은 가르침을 주셨다.

"지와카야, 육체의 병보다 마음의 병인 번뇌야말로 더 큰 병이니라. 병은 무엇보다 그 근본을 먼저 치료해야 하느니라. 그리고 의사는 자비심으로 환자를 돌보아야 한다. 결코 이익에 집착해서는 안 되느니라."

남다른 의술을 갖춘 지와카가 인간의 미묘한 심신의 움직임을 종합적으로 바라보고 이해함으로써 좀 더 적확한 치료를 하고, 또한 병자의 아픔을 곧 자신의 아픔으로 받아들일 수 있는 자비심을 갖춘 훌륭한 의사로 거듭나기를 부처님께서는 바라셨던 것이리라. 이 가르침을 들은 지와카는 크게 감복해 부처님이야말로 의사 중의 의사, 의왕醫王이라 칭송하며 신심을 일으키게 되었다고 한다.

부처님의 가르침은 지와카의 의술 속에서도 빛을 발하게 된다. 지와카는 부처님께서 말씀하신 사성제四聖諦를 병자의 치료에 적극적으로 활용했다. 즉, 환자의 몸에 나타난 각종 증세를 병이라는 괴로움으로 보고, 이 증세가 나타나게 된 원인을 정확하게 분석함으로써 필요한 치료법을 파악, 결과적으로 병의 치유에 이르게 된다는 것을 그는 사성제의 가르침을 통해 보다 명확하게 인지하게 된 것이다. 이는 지와카로 하여금 환자의 질병에 대한 좀 더 세심한 관찰과 성의 있는 치료를 하게 만들었다. 부처

님과의 만남을 통해 지와카는 진정한 '명의 지와카'로 거듭나게 된 것이었다.

부처님의 인격과 그 가르침에 크게 감복한 지와카는 부처님과 그 제자들이 건강하게 수행에 전념할 수 있도록 최선을 다했다. 위생 상태가 좋을 리 없는 고대 인도 사회에서 지와카가 유행 생활이나 공동체 생활을 해야 하는 출가자들에게 얼마나 고마운 존재였을지 상상하기 어렵지 않다. 부처님이 감기에 걸리셨을 때도, 데와닷타가 던진 돌에 맞아 발에 상처를 입으셨을 때도, 변비나 설사로 고생하실 때도 지와카는 성심성의껏 치료해 부처님이 건강을 회복하도록 했다. 또한 부처님과 제자들이 분소의, 즉 공동묘지나 쓰레기장에서 주운 옷을 입는 것 때문에 질병에 걸리는 일이 많다는 것을 알고는 부처님께 수행자들이 새로운 가사를 입을 수 있도록 허용해 달라는 청을 올리기도 했다. 부처님은 이 제안을 받아들이셨고, 더러운 옷이라도 햇볕에 잘 말려 입도록 당부하셨다고 한다. 또한 뜬눈으로 밤새워 정진하다 눈먼 아누룻다 장로를 치료하기도 했으며, 창병瘡病에 걸린 아난다를 치료해 병을 고쳐 주기도 하는 등 부처님의 제자들에게도 정성을 다했다.

그 정성이 얼마나 지극한지 병 치료를 위해 임시방편으로 승가에 출가하는 사람들까지 출현할 정도였다. 당시 라자가하 주변에 나병이나 피부병과 같은 전염병이 돌자 치료받기 어려워진 일반인들이 지와카의 치료를 받기 위해 무더기로 승가에 출가한 것이었다. 병이 나은 자들은 물론 그 즉시 환속했고, 이로 인해 출가자들 사이에는 불신이 생겨 혼란스러워졌다. 이 사태를 염려한 지와카는 부처님께 중병을 지닌 사람은 병을 치료한 후 출가하도록 하자는 청을 올렸고, 이것이 받아들여져서 구족계를 받을 때 건강 유무를 확인하는 이른바 신체검사 같은 절차가 제정되기도 했다고 한다.

만약 부처님을 만나지 못했다면 지와카는 눈에 보이는 상처만을 기계적으로 치료하는 그저 의술이 뛰어난 의사로 끝났을지도 모른다. 그러나 부처님과의 만남을 통해 그는 인간의 심신이 유기적인 관계에 있으며, 이를 잘 관찰해 근본적인 원인을 알아내고 이를 올바른 방법으로 치유했을 때 비로소 진정한 치료가 이루어진다는 사실을 알게 된 것이었다. 이는 병자가 안고 있는 고통에 대한 깊은 이해, 그리고 고통 받는 병자에 대한 진정한 연민 없이는 실천 불가능한 일이다. 명의 지와카, 그의 살아 숨 쉬는 의술은 생류에 대한 깊은 통찰과 자비심으로 생류의 아픔을 함께하고자 했던 부처님의 가르침을 통해 생명을 부여받은 것이었다.

권력욕 때문에 아버지를 죽음으로 내몬
아자타삿투 Ajātasattu

> 자기 스스로 행한 악은 자신에게서 생겨난 것이며
> 자신에게서 비롯된 것이다.
> 악은 어리석은 자를 산산조각 낸다.
> 금강석이 돌로 만들어진 보석을 산산조각 내듯.
> – 『담마파다』 161게

　부처님 말년의 어느 날, '라자가하의 비극'이라 불리는 대사건이 발생했다. 당시 인도의 최대강국 가운데 하나였던 마가다 국의 빔비사라 왕이 자신의 아들인 아자타삿투에게 폐위당해 라자가하 성 밖의 한 옥중에 있다 숨진 것이었다. 이 소식을 접한 백성들은 통곡했다.

　"우리들을 행복하게 해 주셨던 정법왕正法王이 돌아가셨구나. 이 정법왕의 나라에서 우리들은 그동안 얼마나 행복하게 살았던가. 죽는 날까지 부처님을 찬탄讚歎하셨던 빔비사라 왕께서 돌아가셨구나."

　15세에 왕의 자리에 오른 빔비사라는 즉위 16년경에 부처님께 귀의, 이후 37년 동안 부처님과 친구처럼 지내며 승가의 외호자로서 큰 역할을 했을 뿐만 아니라, 자비심 깊고 현명한 처사로 세속의 왕으로서도 뛰어난 선정을 베푼 인물이었다. 그러나 당시 인도의 복잡한 정치 상황과 권력·재물에 대한 인간의 욕망은 아들이 아버지를 죽음으로 내모는 경악할 사건을 불러일으킨다.

빔비사라 왕에게는 케마를 비롯해 여러 명의 왕비가 있었는데, 아자타삿투는 그중 웨데히 왕비와의 사이에서 태어난 아들이었다. 왕위를 물려줄 마땅한 자식이 없어 근심하던 빔비사라 왕은 어느 날, 한 점성가를 찾아가 의논했다. 그러자 그는 말했다.

"라자가하 성에서 그다지 멀지 않은 비후라 산에 한 명의 선인仙人이 살고 있는데, 3년 후면 죽어 왕의 자식으로 웨데히 왕후의 태내胎內로 들어올 것입니다."

이 말을 들은 빔비사라 왕은 어찌 3년이나 기다릴까 생각하며 몰래 자객을 보내 그 선인을 살해했다. 선인은 죽기 직전에 자객에게 이렇게 말했다.

"왕에게 내 말을 전해라. 내 목숨이 아직 다하지 않았건만 왕은 마음에 살의를 품고 입으로 명령해 사람을 보내 나를 죽이려 하는구나. 만약 내가 다시 태어나 왕의 자식이 된다면, 마음에 살의를 품고 입으로 명령해 사람을 보내 왕을 죽일 것이다."

이 말을 남긴 채 선인은 살해되었다.

선인이 죽은 지 얼마 지나지 않아 웨데히 왕비는 정말 임신했다. 빔비사라 왕은 크게 기뻐하며 점성가를 불러 아들인지 딸인지 물었다. 점성가는 대답했다.

"아들임에 틀림없습니다. 그러나 이 아이는 언젠가 왕에게 해를 가할 것임에 틀림없습니다."

말도 안 되는 소리라며 흘려 버리려 했지만, 마음 한구석에 머물던 걱정은 날이 갈수록 눈덩이처럼 커져 갔다. 결국 모든 사정을 웨데히 왕비에게 털어놓은 왕은 아이가 태어난 후 곧바로 높은 누각으로 데려가 떨어뜨리자고 제안했다. 왕비는 망설였지만 결국 왕의 제안을 받아들일 수밖에 없었다. 그러나 높은 누각에서 떨어진 아기는 새끼손가락 하나가 부러졌을 뿐 다른 곳은 멀쩡했다. 아자타삿투란 '태어나기 전부터 원한을 가진 자'라는 의미의 이름이다. 빔비사라 왕의 명령을 받고 온 자객에게 살해된 선인의 원한을 가지고 태어난 자라는 뜻에서 이런 이름이 붙여졌다고 한다.

자신의 한순간 잘못된 판단으로 아들에게 입혔을 심신의 상처를 가슴 아프게 여기며 왕은 아들에게 한없는 애정을 쏟았다. 그렇게 세월은 흘러갔다. 빔비사라 왕의 머리에서도 점성가의 예언은 점차 희미해져 가고 있었다. 그러던 어느 날이었다. 아자타삿투는 앙가 국의 수도인 참파에 무거운 세금을 부과했고, 이를 전해 들은 빔비사라 왕은 대노해 그를 나무랐다. 앙가는 빔비사라 왕에게 특별한 곳이었다. 빔비사라 왕 때까지 마가다는 건립 7~8백 년을 맞이하고 있었지만 그다지 대국은 아니었다. 그런데 일약 대국으로 성장할 계기가 되는 사건이 일어난다.

 빔비사라 왕이 태자로 있을 무렵, 마가다는 앙가의 속국 상태였는데, 어느 날 앙가의 관원이 마가다에 와서 징세하는 것을 본 태자 빔비사라는 크게 분노하며 그를 쫓아 버렸다. 이로 인해 마가다와 앙가 사이에 전쟁이 벌어졌고, 승리한 마가다는 앙가를 병합하게 되었다. 이후, 빔비사라는 마가다와 앙가, 이 두 나라의 왕이 되어 양쪽 나라의 백성들에게 칭송받는 선정을 베풀었다. 일찍이 앙가의 과다한 세금 부과로 마가다의 백성들이 받았던 고통을 너무나도 잘 아는 그였기에 앙가의 국민들에게는 그런 고통을 주지 않으려고 노력해 왔다. 그런데 부왕의 뜻을 어기고 아자타삿투는 앙가에 중세를 부과하고자 했던 것이다.

 왕에게 호된 꾸지람을 들은 아자타삿투는 순간 끓어오르는 분노를 느끼며 왕을 원망하는 마음을 갖게 되었다. 그런데 이에 기름을 들이붓는 계기가 생겼다. 바로 데와닷타의 유혹이다. 데와닷타는 부처님의 친인척으로 부처님께서 성도 후 카필라 성에 가셨을 때 다른 석가 족 청년들과 함께 출가한 인물이다. 신통력 등을 보여주며 아자타삿투의 마음을 사로잡은 데와닷타는, 어느 날 아자타삿투에게 그의 출생에 얽힌 비밀을 들려주며 마음을 동요시켰다. 부왕에 대한 그의 분노는 한층 커졌다. 이를 감지한 데와닷타는 제안했다.

"만약 왕자님이 부왕을 죽인다면, 저 역시 사문 석존을 죽일 것입니다. 왕자님은 부왕을 죽이고 새로운 왕이 되고, 저는 사문 석존을 죽여 교단의 새로운 통치자가 되는 것입니다. 이 얼마나 통쾌한 일입니까?"

아버지에 대한 분노, 그리고 왕의 자리에 대한 욕망, 이 두 가지가 결합되면서 아자타삿투는 가서는 안 될 길을 선택하고야 만다. 쿠데타를 일으켜 아버지를 폐위시키고 왕위에 오르는 인륜을 저버리는 행동을 했던 것이다.

아자타삿투는 부왕을 옥에 가두게 하고 먹을 것도 주지 못하게 지시했다. 웨데히 왕비의 걱정과 슬픔은 그 누구보다 컸다. 어느 날 웨데히는 온몸에 꿀을 바르고 보석 장식품 속에 먹을 것을 숨겨 몰래 빔비사라 왕을 만나러 갔다. 이를 알게 된 아자타삿투의 분노는 극에 달했다. 그는 어머니마저 죽이려 했지만, '일찍이 어머니를 죽인 왕은 없다'는 지와카의 충고를 받아들여 옥에 가두는 데 그쳤다. 지와카란 아자타삿투와 형제 관계인 아바야 왕자의 아들로 부처님과 그 제자들을 위해 의료醫療를 펼친 것으로 유명한 바로 그 지와카를 말한다.

왕위에 오른 아자타삿투는 데와닷타에게 날마다 수레 500대분의 음식 등을 보내 공양했다. 때마침 기근이 발생해 탁발을 할 수 없었던 500여 명의 비구들은 부처님을 버리고 데와닷타에게 가 버렸다. 한때 이로 인해 부처님의 지위가 흔들리기도 했지만,

극악무도한 아자타삿투의 소행이 알려지자 코살라 국의 파세나디 왕을 비롯한 인근 나라의 왕들이 군대를 일으켜 라자가하를 공격했다. 특히 빔비사라 왕에게 시집보낸 자신의 여동생 코살라가 자비심 깊은 왕의 예기치 못한 몰락을 슬퍼하다 급사하고 말았다는 소식을 접한 파세나디 왕의 분노는 이루 말할 수 없었다. 그는 대노해 마가다를 공격, 아자타삿투를 포획하고 코살라를 시집보낼 때 지참금으로 보냈던 카시 국을 다시 빼앗아 왔다. 이 전쟁으로 인해 마가다 국은 순식간에 폐허가 되어 버렸는데, 거기다 홍수와 역병까지 겹쳐 형용할 수 없는 비참한 상황으로 몰락하고 말았다. 그러나 자비심 깊고 따뜻한 마음의 소유자였던 파세나디는 아자타삿투가 조카라는 점을 생각해 그를 풀어주었다. 또 카시 국도 되돌려 주었으며, 심지어 바즈라 공주를 함께 보내 아내로 삼게 했다고 한다.

이런 저런 일을 겪으며 크게 상심한 아자타삿투는 두려움과 후회로 번민했다. 한때 아들의 병을 걱정하는 자신을 바라보며 어머니인 웨데히 왕비가 했던 말도 떠올랐다.

"아자타삿투야, 예전에 네가 아플 때면 너의 아버지도 걱정으로 밤을 지새우곤 했단다."

후회의 눈물을 흘리며 아자타삿투는 서둘러 대신을 보내 부왕을 풀어 주도록 지시했다. 그러나 이미 옥중에서 기력이 다해 버린 빔비사라 왕은 대신의 발자국 소리를 듣고 혹시 자신을 죽이러 온 것은 아닐까, 이보다 더 고통스러운 형벌이 가해지는 것은 아닐까, 두려움에 떨다 의식을 잃고 그대로 숨이 끊겼다고 한다. 그의 나이 67세였다.

부왕이 죽었다는 소식을 접한 아자타삿투는 심각한 병에 걸릴 정도로 자책하며 괴로워하다 지와카에게 부탁해 함께 부처님을 찾았다. 부왕이 평소에 그토록 존경하며 따랐던 정신적 지도자. 조금이라도 빨리 부처님의 가르침에 귀를 기울였더라면 지금 이런 모습으로 서 있지는 않을 텐데……. 돌이킬 수 없는 과거에 절망하며 아자타삿투는 부처님을 마주하고 있었다. 부처님 또한 이루 말할 수 없는 심정이었다. 40여 년 가까운 세월을 친구처럼 지내 온 빔비사라 왕이 아들의 손에 죽임을 당하고, 이제 그 아들이 부처님의 가르침을 구하며 이렇게 앞에 서 있는 것이다. 부처님은 만신창이가 된 아자타삿투의 마음을 따뜻하게 어루만져 주셨다. 그리고 한편으로는 인과법의 도리를 말씀하시며 그의 어리석음을 깨우쳐 주셨다. 참회하며 아자타삿투가 떠나자 부처님은 말씀하셨다.

"아자타삿투는 실로 아끼운 사람이다. 그가 만약 아버지를 죽이지 않았다면 그는 지금쯤 이 장소에서 깨달음을 얻을 수 있었을 것을……."

부처님과의 만남 이후, 아자타삿투는 승가의 외호자가 되었다. 날마다 세 번씩 부처님을 찾아 참회하고, 부처님을 맞이해

90일 동안 궁중에서 안거를 보내시도록 하기도 했다. 또한 라자가하 근교에 포살당을 지어 불교의 흥륭興隆에 기여하기도 했다. 그의 불사는 부처님의 열반 후에도 이어졌다. 불멸후佛滅後에 그의 제자 500명이 라자가하의 칠엽굴에 모여 불전편찬회의를 했을 때도 그는 물질적인 후원을 아끼지 않았다. 또한 자신의 몫으로 차지했던 부처님의 사리를 봉안하기 위해 라자가하에 탑을 세우기도 했다. 결국 아자타삿투 역시 인과의 도리를 벗어나지 못한 채 아들 우다야밧다카에게 죽임을 당하는 최후를 맞이했지만, 부처님과의 만남을 통해 그는 탐진치가 불러일으키는 무서운 결말과 인과의 도리를 꿰뚫어 보며 진정한 참회의 삶을 살 수 있었던 것이리라.

부처님의 고향 석가 족을 멸망시킨
위두다바 Viḍūḍabha

> 남에게 고통을 주면서 자신의 행복을 구하는 자,
> 그는 원한으로 얽히고 얽혀 원한에서 벗어나지 못한다.
> - 『담마파다』 291게

"왕이시여, 저쪽 히말라야 산기슭에는 한 정직한 민족이 있습니다. 예전부터 코살라 국의 주민으로 부와 용기를 갖추고 있습니다. 가계는 아딧차(태양의 후예)이고, 종족은 석가입니다. 저는 그런 가문에서 출가했습니다."

이는 고타마 싯닷타가 출가해 깨달음을 얻기 전, 당시 최대 강국인 마가다의 왕 빔비사라에게서 태생에 관한 질문을 받고 답한 말이다. 이 대답에서도 드러나듯이, 석가 족은 자기 종족의 계보에 대해 매우 큰 자부심을 느끼고 있었다. 전설에 의하면, 석가 족의 시조는 아리아 족의 태양계 씨족의 첫 왕인 감자甘蔗 왕이라고 한다. 석가 족은 자신들을 고귀한 민족이라 여기며, 자국이야말로 당시 최고의 대국인 마가다나 코살라보다 오랜 전통을 가진 나라라는 자부심을 가지고 살았다. 이런 자부심으로 인해 석가 족 사람들은 약간 오만한 면도 있었던 것 같은데, 순수 혈통에 대한 자만과 집착은 훗날 석가 국을 피바다로 물들이는 계기를 제공한다.

부처님 당시, 석가 국은 코살라 국의 속국이었다. 코살라는 마가다와 더불어 당시 2대 강국으로 파세나디 왕이 다스리고 있었다. 파세나디는 부처님과 아주 친한 사이였다. 죽기 전 그가 부처님께 남긴 "부처님께서도 왕족이시고, 저도 왕족입니다. 부처님께서도 코살라 사람이고 저도 코살라 사람입니다. 부처님도 80세이시고 저도 80세입니다."라는 말에서도 알 수 있듯이, 왕은 자신의 속국인 석가 국 출신의 부처님에게 매우 친근감을 느끼고 있었다. 불법승 삼보에 귀의한 왕은 재가신도로 살며 부처님과 모든 일을 의논해 결정할 정도로 신심이 깊었다. 부처님을 향한 존경의 마음은 그로 하여금 부처님과 같은 종족인 석가 족에서 왕비를 맞이하고 싶다는 열망으로 나타났다. 즉 석가 족과 친인척 관계를 형성하고 싶었던 것이다. 게다가 석가 족은 명문으로도 명성이 자자한 바였다. 왕은 서둘러 석가 국으로 사신을 보냈다.

"나는 석가 국에서 왕비를 맞이하기를 바랍니다. 당신들과 친척이 되기를 원하니 부디 내게 어울리는 왕녀를 보내 주시오."

한편, 파세나디의 전갈을 받은 석가 족 사람들은 시큰둥했다. 석가 족은 코살라 왕가를 천하다고 여기고 있었기 때문에 왕족 가운데 그 누구도 자신의 딸을 코살라의 왕비로 보내려 하지 않았다. 하지만 싫다고 안 보낼 수는 없는 노릇이었다.

"우리들은 코살라 왕의 지배를 받고 있지 않은가. 만약 왕족의 여인을 보내지 않는다면 큰 원한을 사게 될 것이네. 하지만 보낸다면 우리들의 순수한 혈통은 파괴되고 말 것일세. 어찌하면 좋단 말인가?"

보낼 수도 안 보낼 수도 없는 상황. 그때였다. 당시 석가 국의 왕이었던 마하나마는 자신의 딸 와사바캇티야를 보내자고 제안한다. 와사바캇티야는 마하나마가 자신의 노비인 나가문다와의 사이에서 얻은 딸이었다. 이 행동이 훗날 석가 족의 비참한 멸망을 불러일으키게 될 것이라는 사실은 꿈에도 생각하지 못한 채, 석가 족 사람들은 마하나마의 제안을 받아들여 그의 딸을 코살라 국의 수도인 사왓티로 보낸다.

파세나디에게 시집온 와사바캇티야는 왕의 첫 번째 아내가 되었다. 그리고 사내아이를 낳았다. 이름은 위두다바. 성장해 16세가 된 그는 무예를 닦기 위해 어머니의 고향인 석가 국을 찾았다. 당시 석가 족은 용맹하기로 유명했기 때문에 유학차 떠난 것이었다. 그런데 그는 매우 폭력적이고도 거친 성격의 소유자로 석가 국에 가서도 무례하기 짝이 없었다. 거만한 그의 태도를 못

마땅하게 생각한 석가 족 사람들은 그를 싫어했고, 특히 그가 노비의 자식이라는 점을 거론하며 경멸했다. 그러던 어느 날이었다. 공회당에서 그가 앉았던 의자를 가리키며 한 여자가 비아냥거렸다.

"이게 그 와사바캇티야라는 노비가 앉았던 의자구나."

그러고는 우유를 섞은 물로 씻어내는 것이었다. 어머니의 혈통을 경멸하는 말을 들은 위두다바는 감당할 수 없는 분노에 치를 떨며 마음속으로 굳게 결심했다.

"이제야 어머니의 과거를 알았구나. 그래, 내가 앉았던 자리를 우유 섞은 물로 씻어내려면 씻어내라. 내가 왕위에 오른다면 너희들의 숨통을 끊어 그 피로 내가 앉았던 자리를 씻어내고야 말겠다."

어머니에 얽힌 불편한 진실, 혈통을 근거로 한 어머니와 자신에 대한 조소와 경멸……. 아직 어린 그의 마음은 심하게 상처받았고, 가슴 속에 걷잡을 수 없는 분노를 불러일으켰다. 게다가 이 일을 계기로 와사바캇티야의 혈통은 코살라 국에도 알려지게 되었고, 파세나디는 그녀와 위두다바를 예전처럼 대우하지 않았다. 자신의 호의를 무시한 채 자신을 감쪽같이 속인 석가 족에 대한 서운함 내지 분노 때문이었을까. 파세나디는 그들을 노비처럼 대했다. 이 일을 전해 들은 부처님은 왕에게 이렇게 말씀하셨다고 한다.

"왕이시여, 석가 족이 한 일은 옳지 못합니다. 주려면 왕족의 여인을 주었어야 합니다. 하지만 이것만은 기억하십시오. 와사바캇티야는 왕녀이며 크샤트리아 족의 왕 밑에서 관정灌頂을 받았습니다. 또한 위두다바는 크샤트리아 족의 왕에 의해 태어났습니다. 예로부터 현자들도 '어머니의 성姓이 무엇이든 아버지의 성이야말로 표준이다'라고 말하고 있습니다."

부처님께 가르침을 들은 파세나디는 '그래, 아버지의 성이야말로 표준이 아니겠는가'라며 옹졸했던 자신의 행동을 뉘우치고 예전처럼 와사바캇티야와 위두다바를 대해 주었다고 한다.

하지만 위두다바의 가슴 속에 자리 잡은 분노의 불길은 거세게 타올라 갔다. 석가 국에서 있었던 일을 계기로 부왕과의 관계도 서먹해진 그는 결국 부왕을 폐하고 왕위를 빼앗게 된다. 파세나디가 궁을 비운 사이, 위두다바는 평소 파세나디의 깊은 신임을 받고 있던 장군 카라야나와 함께 반란을 일으켰다. 한 전승에 의하면, 이때 파세나디는 부처님을 찾아뵙고 담화를 즐기고 있었는데, 이야기가 끝난 후 밖으로 나와 보니 수행차 따라왔던 카라야나는 온데간데없고 한 필의 말과 시녀 한 명만이 그를 기다리고 있었다고 한다. 또 다른 전승에 의하면, 위두다바의 야망을 안 카라야나가 그에게서 파세나디의 목숨을 지키기 위해 왕이 부처님과 함께 있는 동안 왕권의 상징물을 빼앗아 위두다바에게 넘겼다고도 한다.

여하튼 부처님과의 즐거운 대화를 끝내고 나온 왕에게 들려온 소식은 아들 위두다바에 의한 반란. 모든 것이 끝났음을 안 왕은 왕궁으로 향하지 않고 그길로 조카가 나라를 다스리고 있는 마가다 국으로 발걸음을 옮겼다. 하지만 왕이 도착했을 때 이미 밤은 깊어 성문은 닫혀 있었고, 근처 공회당에 지친 몸을 뉘었으나 결국 피로와 노쇠로 인해 탈진 상태에 이른 왕은 세상을 떠나고 만다. 다음 날 이 사실을 알게 된 마가다 국의 왕 아자타삿투는 숙부 파세나디를 위해 성대한 장례식을 치러 주었다고 한다.

한편, 왕위에 오른 위두다바는 이제야 원한을 갚을 때가 왔다고 생각하며 대군을 일으켜 카필라 성을 향해 출발했다.

"내 오늘 석가 족을 완전히 몰살시켜 버리리라."

그날 부처님은 아침 일찍 세상을 두루 관찰하시다가 석가 족 사람들이 위두다바에 의해 멸망할 것이라는 사실을 알게 되었다. 이미 출가해 깨달음을 얻은 성자이지만, 어찌 친족에 대한 정과 측은함이 없을 수 있을까. 위두다바의 노여움을 가라앉히고 친족을 구해야겠다고 생각하신 부처님은 카필라 성 근교에 있는, 앙상해서 그늘도 지지 않는 나무 밑에 앉아 계셨다. 그곳에서 멀지 않은 위두다바 왕국의 경계선 근처에 잎이 무성한 큰 나무가 있었지만, 부처님은 굳이 이 나무를 선택하신 것이었다. 대군을 이끌고 카필라 성을 공격하러 가던 위두다바는 나무 아래에 앉아 있는 부처님을 발견했다. 그러자 다가가 예를 갖춘 후 이렇게 말씀드렸다.

"부처님, 어찌해서 이렇게 더운 날씨에 앙상해 그늘도 지지 않는 나무 밑에 앉아 계십니까? 저기 푸른 잎으로 우거진 나무 밑에 앉으십시오."

그러자 부처님은 말씀하셨다.

"그냥 두십시오. 대왕이시여, 친족의 나무 그늘이 시원한 법입니다."

이 말을 들은 위두다바는 부처님이 석가 족 사람들을 보호하기 위해 와 계신 것이라 생각하며 예를 갖춘 후 대군을 철회해 사왓티 성으로 되돌아갔다.

하지만 석가 족에 대한 증오심은 가라앉지 않았다. 위두다바는 결국 다시 대군을 일으켜 카필라 성으로 향했다. 그러나 다시 똑같은 나무 아래에 앉아 계신 부처님을 발견하고는 되돌아갈 수밖에 없었다. 그렇게 하기를 세 번. 하지만 네 번째 출병했을 때 부처님은 더 이상 그 자리에 모습을 보이지 않으셨다. 석가 족이 이전에 지은 악업을 관찰하신 부처님은 그들이 저지른 악업이 마치 강물 속에 던져진 독과 같이 더 이상 걷잡을 수 없는 것임을 아셨기 때문이다.

카필라 성으로 들어간 위두다바는 남녀노소를 불문하고 닥치는 대로 석가 족 사람들을 해쳤고 그들의 목을 따 얻은 피로 일찍이 자신이 앉아 모욕을 받았던 의자를 씻은 후 돌아갔다. 승리를 거둔 위두다바는 사왓티로 돌아가 왕궁에서 축하 연회를 열었는데, 이때 하늘이 울며 큰 폭풍우가 몰아쳐 왕궁은 불타 강에 떠내려가고 왕과 군사들 역시 사라져 갔다고 한다. 이것이 사실인지 아닌지는 알 수 없으나, 예기치 못한 불행으로 위두다바가 생을 마친 것만은 분명한 듯하다.

부처님의 만년에 일어난 석가 족의 멸망. 어떻게든 친족의 비참한 최후를 막고 싶어 하셨던 부처님의 간절한 마음, 그리고 이와는 달리 분노의 끝을 향해 질주한 위두다바의 광적인 행동이 묘하게 엇갈리면서 서글픔을 남긴다.

우바이 優婆夷 ●여자 재가신도

말리 화원의 옥의 티, 노예 출신
말리카 Mallikā

> 사람은 출생에 의해 천한 자가 되는 것이 아니다.
> 출생에 의해 바라문이 되는 것도 아니다.
> 행위에 의해 천한 자가 되고, 행위에 의해 바라문이 된다.
> -『숫타니파타』 136게

코살라 국의 수도 사왓티의 한 변두리에 위치한 아름다운 말리 화원. 당시 이름난 대부호 바라문이었던 야즈냐닷타 소유의 화원으로, 흐드러지게 핀 말리 꽃이 바람에 꽃잎을 흩날릴 때면 은은한 향기까지 더해져 그야말로 낙원을 연상시키는 아름다운 곳이었다. 이곳에는 말리 꽃을 손질하며 화원을 지키는 한 소녀가 있었다. 환상적인 화원의 모습과는 달리 초라하기 그지없는 그녀의 이름은 카필라. 야즈냐닷타 소유의 노예였던 그녀는 말리 화원의 옥玉의 티라고 느껴질 정도로 볼품없는 외모의 소유자였다. 노예로 태어나 가진 재산도 권력도 없는 데다 타고난 미모도 없는, 그야말로 살아가는 데 있어 조금이라도 기대 볼 만한 곳이라곤 전혀 없는 처량한 신세였지만, 그녀는 항상 간절히 꿈꾸었다.

'어떻게 하면 노예 신분에서 벗어나 한 여자로 행복하게 살 수 있을까?'

그러던 어느 날이었다. 이른 아침에 도시락을 챙겨 화원으로 향하던 그녀는 도중에 한 사문을 발견했다. 왠지 그 순간 문득 이런 생각이 들었다.

'저 사문에게 이 밥을 보시하면 혹시 그 공덕으로 내게도 무슨 좋은 일이 생기지는 않을까?'

수행자에 대한 보시야말로 큰 공덕을 낳는다는 이야기를 들은 카필라는 이 선행으로 인해 자신에게도 행운이 찾아올지 모른다는 일말의 기대감을 품었던 것이다. 그녀는 노예라는 자신

의 신분을 의식하며 조심스럽게 사문에게 밥을 건넸다. 사문은 조금의 망설임도 없이 음식을 받아 주었다.

한편 그녀가 말리 화원으로 들어갔을 무렵, 코살라 국의 파세나디 왕은 병사들을 거느리고 숲에서 사냥을 하고 있었다. 사슴 무리를 발견하고 정신없이 뒤를 쫓다 일행과 헤어지게 된 왕은 우연히 말리 화원을 발견하고 안으로 들어갔다. 왕이라고는 상상도 못했지만 한눈에 범상치 않은 사람이라는 걸 안 그녀는 자신이 입고 있던 웃옷을 한 장 벗어 자리에 깔고 앉을 것을 권했다. 그리고 그에게 "발을 씻으시겠습니까?" 하고 물어, 왕이 "그리하겠노라."라고 하자 연꽃잎에 물을 담아 와서 발을 씻겨 주었다. 또 그에게 "마실 물을 준비할까요?"라고 물어, 왕이 "그리하겠노라."라고 하자 그녀는 마실 물을 가져다 주었다. 그러고는 왕을 편안하게 눕게 한 후 온몸을 시원하게 안마해 주었다. 길을 잃고 헤매 다니다 지칠 대로 지쳐 있던 왕은 피곤이 싹 풀렸다. 외모는 볼품없었지만 모든 것을 알아서 미리 대처해 주는 그 소녀의 현명함에 감탄한 왕은 그녀의 주인인 야즈냐닷타를 불러 고액을 지불한 후 '처로 삼겠다'며 그녀를 왕궁으로 네려갔다.

갖가지 장신구와 아름다운 옷으로 치장되어 궁전에 들어선 카필라는 그때야 자신을 데려온 사람이 파세나디 왕이라는 것을 알게 되었다. 이후 카필라는 왕의 여자가 되기 위한 예의범절과 교양을 갖추기 위한 여러 가지 교육을 받았다. 사람들은 그녀가 말리 화원에서 왔다고 해서 말리카라고 불렀다. 파세나디 왕의 총애를 받으며 성숙함을 더해 가던 어느 날 말리카는 왕의 500여 명의 여인 가운데 제1부인으로 선발되었다. 다른 여인들에 비해 모든 조건은 뒤떨어졌지만 세심하고도 배려 깊은 그녀의 언행과 마음씨에 애정을 느낀 왕이 그녀를 선택한 것이었다.

어느 날 사왓티가 한눈에 다 내려다보이는 높은 누각에 오른 말리카는 지난날을 회상하다 생각했다.

'한낱 노예에 지나지 않던 내가 무슨 업보로 오늘날 이와 같이 왕비의 자리에까지 올랐을까? 이는 필시 그 사문에게 밥을 보시한 공덕이리라.'

말리카는 옆에 있던 시녀에게 물었다.

"혹시 이러이러한 모습의 사문을 너는 알고 있느냐?"

"예, 알고 있습니다. 아마 부처님을 말씀하시는 듯합니다."

이 대답을 들은 왕비는 크게 기뻐하며 왕의 허락을 얻은 후 부처님이 계신 기원정사로 향했다.

빛나는 용모, 모든 감각기관을 제어하고 있는 듯한 평온함, 코끼리 왕과도 같은 위엄, 청정무구한 모습……. 바로 자신이 지난날 밥을 보시했던 그 사문이었다. 안도감과 기쁨을 느끼며 말리카는 부처님에게 다가갔다. 그리고 이렇게 질문했다.

"부처님이시여, 같은 여자로 태어났으면서도 어떤 여자는 얼굴도 못생기고 가난하며 신분도 천합니다. 그런가 하면 또 어떤 여자는 얼굴도 예쁘고 재산도 풍부하며 신분도 높습니다. 무슨 이유로 이런 차이가 나타나는 것입니까?"

그녀에게는 인생에 있어 더할 나위 없이 큰 문제이자 의문이었다. 지금은 한 나라의 왕비가 되었으나, 한때 그녀는 아무것도 가진 것 없는 못생긴 여자 노예에 불과했다. 말리 화원에서 꽃놀이를 즐기는 고귀한 집안의 아름다운 여인들을 바라보며 카필라는 수도 없이 생각했을 것이다. '무슨 연유로 나는 저 여인들처럼 아름답지도 부유하지도 못하게 태어난 것일까? 나도 저 여인들처럼 아름다운 용모에 고귀한 신분으로 태어났다면 지금 얼마나 행복할까.' 부처님은 대답하셨다.

"화를 잘 내며 즐겨 사람을 괴롭히고 심한 잔소리나 꾸중을 늘어놓는 여자는 얼굴이 미워지느니라. 욕심이 많아 사문이나 바라문, 가난한 자, 노인 등에게 보시하지 않고, 의복이나 음식, 마차, 향화, 장신구 등을 베풀지 않는 여자는 가난해지느니라. 다른 사람의 성공을 질투하는 여자는 신분이 낮아지느니라."

마음을 잘 다스리지 못해 항상 분노하며 남을 책망하는 사람의 얼굴에는 그 감정이 다 드러나기 마련이다. 부처님께서는 인간의 외적인 아름다움도 정신적인 바른 변화와 실천을 통해 바뀔 수 있다고 생각하셨던 것이다. 또한 보시하지 않는 이는 더욱더 가난해지고 다른 사람의 성공을 질투하는 이는 결코 스스로도 성공할 수 없다고 말씀하심으로써, 자신밖에 모르는 인색한 사람은 눈앞의 이익에 어두워 앞으로 진보하는 길을 발견할 수 없음을 가르치셨다.

부처님의 가르침을 들은 말리카는 자신이 아름답지도 부유하지도 또한 고귀하지도 못하게 태어난 것은 전세에 이런 잘못을 저질렀기 때문이라 생각하며, 앞으로는 성내는 일 없이 널리 베풀며 너그러운 마음으로 살 것을 다짐했다.

"부처님이시여, 왕궁에는 왕족 출신의 여자도 바라문 출신의 여자도 장자 계급 출신의 여자도 있습니다만, 저는 그들에게 주권을 행사하는 입장입니다. 저는 오늘부터 화내지 않겠습니다. 많이 번뇌하지도 않겠습니다. 이것저것 전해 들어도 집착하지 않고 화도 내지 않으며 본성을 잃지 않고 고집부리지 않을 것입니다. 그리고 사문과 바라문을 비롯해 가난한 이들에게 많은 것을 베풀도록 하겠습니다. 질투심을 없애고 다른 사람의 이익을 바라며 공경, 존경, 예배, 그리고 공양을 아끼지 않겠습니다."

이어지는 부처님의 설법을 다 들은 후, 말리카는 불법승 삼보에 귀의하며 평생 우바이로 살아갈 것을 맹세하고 오계를 수지했다. 이후 그녀는 평생 신심 깊은 우바이로서 부처님과 그 제자들을 성심성의껏 모셨다.

권력을 둘러싼 암투와 이간질, 왕의 총애를 차지하려는 여인들의 질투……. 자칫하면 말리카는 그 한가운데서 오만하고 고집스러우며 신경질적인 여인으로 변해 갔을지도 모른다. 최고 권력자인 왕의 사랑을 독차지하고 있다는 사실은 그녀를 자만하게 만들 수 있었고, 또 그녀의 환심을 사려는 주위 사람들의 갖가지 아부와 고자질은 그녀의 감정을 항상 동요시켰을 것이다. 왕비의 자리에까지 올랐지만 여전히 꼬리표처럼 따라다니는 그녀를 속박하는 자신의 출신, 그리고 자신보다 너무나도 젊고 아름다운 여인들의 빛나는 외모……. 이를 바라볼 때마다 느끼는 열등감도 그녀를 괴롭히는 큰 요인 가운데 하나였을 것이다. 그러나 이미 부처님의 가르침을 통해 그 누구보다 아름다운 여인으로서의 삶을 발견한 말리카는 항상 자신의 마음을 다스리며 현명하게 대처해 나갔다.

한 나라의 왕비인 만큼, 말리카의 총명하고도 현명한 처사는 남편 파세나디 왕에게도 영향을 미쳐 선정善政으로 이어지게 했다. 한때 파세나디 왕은 주변의 잘못된 충고를 받아들여 자신의 생명을 구하고자 대희생제를 하고자 했지만, 말리카는 왕의 어리석은 행동을 깨우치며 부처님께 인도했다. 이때 목숨을 구한 수많은 사람들은 그녀를 '생명의 어머니, 생명의 은인'이라 칭송했다고 한다. 파세나디 왕도 말리카 못지않게 신심 깊은 우바새였으나 국정으로 바빠 부처님을 자주 찾아뵐 수 없었다. 이런 왕을 위해 말리카는 자신이 불법을 배워 틈나는 대로 알려드리겠다고 제안했다.

어느 날 자식을 잃은 사람이 찾아오자 부처님께서는 "애정이야말로 괴로움의 원인이니라." 하는 가르침을 주셨다. 왕에게 이를 전하자, 왕은 애정이 어떻게 괴로움의 원인이 될 수 있다는 말인지 처음에는 전혀 이해할 수 없었다. 그런 왕에게 왕비는 알기 쉬운 예를 들며 설명했다.

"왕이시여, 만약 제가 이 세상을 떠난다면 왕은 어떠시겠습니까?"

"너무 슬퍼 괴로움에 몸부림칠 것이다."

"바로 그렇습니다. 왕이 저에 대해 애정이 없다면 슬프거나 괴로울 이유도 없습니다. 애정이 있기 때문에 괴로움도 있는 것입니다."

혹독한 계급사회에서 노예라는 제일 낮은 신분의 여자로 태어나 한 나라의 왕비에까지 오른 말리카. 부처님께 자신의 끼니를 공양한 인연이 정말 그녀에게 극적인 행운을 가져다주었는지 아닌지는 차치하고라도, 부처님과의 재회를 통해 그녀는 한 여인으로서, 나아가 한 나라의 왕비로서 스스로도 행복하고 다른 이도 행복하게 하는 지혜로운 길을 발견했음에 틀림없다. 이토록 아름답고 현명한 말리카이기에 평생 파세나디 왕과 국민들의 사랑을 잃지 않을 수 있었고, 또 그녀가 이 세상을 떠난 후에도 왕과 국민들이 그녀의 죽음을 진정 애통해했던 것이리라.

시아버지를 교화한 며느리
위사카 미가라마타 Visākhā Migāramātā

> 실로 인색한 자들은 신들의 세계에 가지 못한다.
> 어리석은 자들은 보시를 칭찬하지 않는다.
> 그러나 현명한 이는 보시를 기뻐하며 그것으로 인해 그는 내세에 편안해진다.
> -『담마파다』177게

부처님 당시, 마가다 국에는 막대한 재산을 소유한 거부巨富 장자 다섯 명이 살고 있었다. 조티야, 자틸라, 멘다카, 푼나카, 카카왈리야가 그들이다. 이들이 축적한 재산은 상식적인 숫자로 표현하기 어려울 정도로 어마어마했으며, 이로 인해 왕조차도 그들을 마음대로 하지 못했다. 이들 가운데 특히 멘다카는 재산도 재산이지만, 높은 인격과 덕으로 인해 많은 사람들에게 존경받는 장자였다. 원래 푸라나 캇사파라는 외도를 섬기고 있었으나, 부처님께 귀의해 열성적인 불교 신도가 되었다고 한다. 그에게는 다난자야라 불리는 아들이 있었고, 다난자야에게는 위사카라는 무남독녀가 있었다.

어느 날, 부처님께서 앙가 국의 한 도시인 밧디야를 방문한다는 소식을 들은 멘다카는 사랑하는 손녀딸 위사카를 부처님께 소개하고자 마음먹었다. 멘다카는 위사카에게 말했다.

"네 자신의 행복을 위해, 또한 우리 모두의 행복을 위해, 가서 부처님을 만나 가르침을 청해 들어라."

위사카는 500명의 시녀를 동반하고 부처님을 찾아가 예를 갖춘 후 한쪽에 앉았다. 아직 일곱 살밖에 안 된 어린아이였지만, 고고한 외모나 품위 있는 행동거지가 눈길을 사로잡았다. 부처님은 그녀를 위해 법을 설하셨고, 아직 어리지만 총명한 위사카는 그 자리에서 깨달음의 첫 번째 단계인 예류과를 얻었다고 한다. 그녀와 부처님의 만남은 이렇게 시작되었다.

그녀가 성장해 가던 어느 날, 일가가 코살라로 이주해 가게 되는 사건이 발생한다. 당시, 마가다 국의 빔비사라 왕과 코살라 국의 파세나디 왕은 서로의 여동생을 처로 삼는 등 친하게 교류하고 있었는데, 마가다의 거부 장자를 부러워한 파세나디 왕이 그들 가운데 한 명을 자신의 영토로 이주시켜 달라고 요구했다. 거부 장자의 이주로 인한 경제적 이익은 실로 엄청난 것이었다. 빔비사라 왕은 거절의 뜻을 내비쳤지만, 막무가내로 고집을 부리는 파세나디를 이기지 못하고 결국 멘다카의 아들인 다난자야와 상의한 끝에 그의 일가가 옮겨 가기로 했다. 파세나디 왕을 따라 코살라 국의 수도 사왓티로 향하던 다난자야 일족은 도중에 비옥한 땅을 발견하자 왕의 허가를 얻어 그곳에 정착하기로 했다.

그 많은 식솔이 모두 사왓티에 거주하는 것은 무리라는 판단에서였다. 이 마을은 사케타라 불렸다.

한편, 사왓티에는 미가라 장자가 살고 있었다. 다난자야의 재산과는 비교도 안 되는 수준이었지만, 그래도 사왓티에서는 유명한 장자였다. 그에게는 푼나왓다나라는 아들이 있었는데 결혼 적령기임에도 결혼을 회피하며 속을 썩이고 있었다. 결혼을 재촉하는 부모에게 그가 내건 조건은 다섯 가지 요소, 즉 아름다운 머리카락, 아름다운 입술, 아름다운 치아, 아름다운 피부, 그리고 젊음을 갖춘 미인을 데려오라는 것이었다. 고민 끝에 미가라 부부는 여덟 명의 바라문에게 돈을 주고 그런 조건을 갖춘 여인을 찾아오라고 부탁했다. 인도 곳곳을 찾아 헤매던 바라문들이 발견한 것은 다름 아닌 위사카였다. 인연이었던 것일까, 위사카는 호의적인 반응을 보였고, 다난자야는 딸의 의견을 존중해 미가라와 사돈을 맺는다.

그런데 미가라 장자가 아들 결혼식의 축연을 하고 있을 때의 일이었다. 그의 집 근처 정사에 부처님이 제자들과 함께 머물고 있었음에도 불구하고, 미가라는 다른 종교의 나체 수행자들을 불러 공양하려 했다. 이 나체 수행자들은 자이나교도 혹은 아지비카교도라고 한다. 미가라는 불교 신도가 아니었던 것이다. 미가라는 상다리가 휘어지도록 맛난 음식을 준비한 후 나체 수행자들을 초대했다. 그리고 위사카를 불렀다.

"위사카야, 이리 와서 아라한들에게 인사드려라."

위사카는 그녀 자신 예류과에 도달한 불제자였으므로 최고의 깨달음을 얻었다는 의미의 아라한이라는 말을 듣자 떨 듯이 기뻐하며 달려왔다. 하지만 공양을 받고 있는 자들은 나체 수행자들이었다. 그녀는 아연실색해서 "부끄러워하는 마음이 없는 자들은 아라한이 아닙니다."라고 하며 자신의 처소로 가 버렸다. 그런 그녀의 태도에 화가 난 나체 수행자들은 미가라에게 당장 며느리를 쫓아내라고 부추겼다.

그러던 어느 날이었다. 미가라는 큰 의자에 앉아 금으로 된 그릇에 담긴 달콤한 주스를 마시고 있었다. 마침 그때 한 비구가 탁발하러 장자의 집으로 들어왔다. 미가라에게 부채질을 하며 곁에 서 있던 위사카는 자신이 직접 먹을 것을 내주고 싶었지만, 나설 자리가 아니라 생각하며 시아버지의 행동을 지켜보고 있었다. 그런데 미가라는 모른 척하며 계속 주스만 마시고 있는 것이 아닌가. 이를 본 위사카는 비구에게 말했다.

"스님, 부디 다른 곳으로 가서 탁발해 주세요. 지금 저의 시아버님은 오래된 것을 마시고 있습니다."

이를 들은 미가라는 격노했다. 나체 수행자들이 그녀를 쫓아내라고 했을 때 이를 만류했던 그이지만, 지금은 도저히 화를 억누를 길이 없었다. 하인들에게 위사카를 끌어내라고 소리쳤다. 하지만 위사카의 편이었던 하인들은 꼼짝도 하지 않았다. 위사카는 말했다.

"아버님, 이 정도의 일로 저를 내쫓지 말아 주세요. 제가 무슨 하녀로 이 집에 와 있는 것도 아니고……. 이런 일이 있을 것을 대비해 저의 아버님이 저를 시집보낼 때 여덟 명의 상인을 함께 보내며 만약 저에게 무슨 과실이 있다면 잘 조사해 달라고 부탁하지 않았습니까? 그러니 그분들을 불러 제 과실을 조사하도록 해 주세요."

일리가 있다고 생각한 미가라는 여덟 명의 상인을 불러 자초지종을 설명하며 그들의 판단을 구했다. 사실 여부를 묻는 그들에게 위사카는 대답했다.

"저는 그런 의미로 말한 것이 아닙니다. 어떤 탁발승이 문 앞에 서 있는데도 아버님은 달콤한 주스를 마시며 인사도 하지 않았습니다. 저는 아버님이 '이 세상에서 보시하는 공덕은 쌓지 않고, 그저 과거에 행한 공덕으로 지금 달콤한 주스를 마시고 있구나. 말하자면 오래된 것을 마시고 있는 셈이구나', 이렇게 생각해서 말한 것입니다. 제가 잘못입니까?"

그녀의 대답을 들은 여덟 명의 상인은 모두 그녀의 대답에 납득하며 미가라에게 그녀에게는 아무런 잘못도 없다고 했다. 미가라는 무언가 트집을 잡기 위해 계속 그녀를 비방했지만 결국 아무런 과실도 찾지 못했고, 여덟 명의 상인은 아무 잘못도 없는 위사카를 쫓아내려 했다며 미가라를 질책했다. 친정으로 가겠다는 위사카를 만류하는 미가라에게 그녀는 말했다.

"아버님, 저는 부처님의 가르침을 신앙하는 집에서 태어나 성장했습니다. 저희들은 승가 없이는 생활할 수 없습니다. 만약 마음껏 승가를 돌볼 수 있게 해 주신다면 저는 떠나지 않겠습니다."

미가라는 대답했다.

"알겠다. 네가 하고 싶은 대로 해라. 네가 존경하는 스님들을 돌보아라."

어느 날 위사카는 부처님을 초대한 후, 시아버지에게 오시라는 전갈을 보냈다. 나체 수행자들의 방해로 미가라는 천막 밖에서 부처님의 설법을 들을 수밖에 없었지만, 부처님의 목소리는 마치 각각의 한 사람을 향한 것인 듯했다. 마치 달이 하늘 한가운데로 왔을 때 모든 사람이 자기 위에 달이 있다고, 달이 자신을 비추고 있다고 여기듯이, 부처님은 그 누가 어디 있든 그 사람을 마주하고 법을 설하시는 것만 같았다. 천막 밖에서 듣고 있던 미가라의 귀에도 부처님의 설법은 도달했다. 그리고 그 역시 깨달음의 첫 번째 단계인 예류과를 얻고 부동不動의 신심을 갖추고 불법승 삼보에 귀의하고자 하는 마음이 견고해졌다. 환희심을 일으킨 미가라는 급히 천막을 제치고 들어와 며느리 위사카의 손을 잡고 말했다.

"오늘부터 너는 나의 어머니다."

며느리에 대한 고마움과 존경의 마음을 이렇게 표현한 것이었다. 이후, 위사카는 '미가라의 어머니'라는 의미의 '미가라마타'라 불렸다고 한다. 미가라는 부처님 앞으로 다가가 이렇게 말씀드렸다.

"저는 지금까지 보시의 공덕을 몰랐습니다. 며느리 덕분에 이제야 그 진리를 알게 되었습니다. 모든 괴로움에서 벗어났습니다. 위사카가 우리 집에 들어온 덕분에 저는 여기 올 수 있었습니다."

이후 미가라의 집은 불법으로 충만했고, 위사카도 더욱더 보시 등의 선행에 힘썼다. 수닷타 장자가 우바새 가운데 보시제일이라면, 위사카는 우바이 가운데 보시제일이었다. 그녀는 부처님과 승가를 위해 보시를 아끼지 않았는데, 그중에서도 특히 사왓티 동쪽 성 밖에 있던 뿝바라마(東園)에 세웠던 녹자모강당(鹿子母講堂)은 당시 수닷타가 사왓티 남서쪽에 세웠던 기원정사와 더불어 코살라 국의 2대 교화 거점으로 중요한 역할을 하게 된다.

불심 깊은 집안에서 자라 7세에 할아버지인 멘다카의 권유로 부처님을 만난 그녀. 그녀의 신심이 허술한 것이었다면, 결혼 후 시아버지와의 갈등에 좌절하며 그 신심의 끈을 놓아 버렸을지도 모른다. 하지만 부처님의 말씀에서 진리를 보고 또 그 진리의 실천 속에서 다시 진리를 보았던 그녀는 불법에 대한 확고한 신념을 지니고 있었다. 부처님과의 만남을 권유하며 멘다카가 말했듯이 그녀와 부처님의 만남은 그녀뿐만이 아닌, 그녀 주위의 모든 이들을 행복으로 이끄는 길이었다. 위사카를 본 사람들은 말했다.

"참으로 아름다운 사람이구나. 저 아름다운 모습을 언제까지나 보고 있고 싶구나. 그 모습만 보아도 마음이 정화되다니 정말 신기하구나."

인간으로서 최상의 조건을 지니고 태어난 그녀가 그저 부잣집 딸로 자신의 욕구만을 충족시키는 이기적인 삶을 추구했다면, 그보다 더 아까운 일이 어디 있겠는가. 하지만 부처님의 가르침을 통해 보시의 공덕을 알고 있던 그녀는 많은 사람들을 위해 아낌없이 베푸는 자애로운 삶을 살았고, 이런 그녀의 모습은 보는 사람들에게 더할 나위 없는 삶의 위안이 되었다.

남편의 시중을 들어 달라는 제안을 받은 유녀
시리마 Sirimā

> 욕망은 실로 다양하며, 꿀처럼 달콤하고 감미롭기 때문에
> 여러 가지 형태로 마음을 산란하게 만든다.
> 욕망의 대상에 우환이 있음을 알고 무소의 뿔처럼 혼자서 가라.
> - 『숫타니파타』 50게

풍요롭고 활기찬 기운이 넘치는 도시 라자가하. 이곳에서 활동하던 유녀들 가운데 시리마라 불리는 매력적인 여인이 있었다. 그녀는 부처님의 시의侍醫로 유명한 지와카의 여동생이자, 역시 라자가하에서 이름을 떨쳤던 아름다운 유녀遊女 사라와티의 딸이었다. 어머니의 미모를 쏙 빼닮은 시리마는 남자들의 마음을 뒤흔들며 명성을 떨치고 있었다. 어머니가 그랬듯이 그녀의 몸값 또한 하룻밤에 천금을 부를 정도로 치솟으며 사그리질 줄 모르는 인기를 누렸다. 그런 시리마에게 어느 날 흥미로운 제안이 들어온다.

"보름 동안 제 남편의 시중을 들어 준다면 만 오천 금을 드리겠습니다."

아름다운 눈꼬리를 살짝 치켜뜨며 고민하던 시리마는 이내 대답했다.

"그렇게 하지요."

무슨 사연인지는 알 수 없으나 재미있는 제안이라 여긴 시리마는 곧 짐을 챙겨 그녀를 따라 나섰다. 그들이 향한 곳은 수마나 장자의 집이었다. 시리마에게 제안을 한 여인은 바로 수마나의 며느리 웃타라였다. 집에 도착하자 웃타라는 서둘러 시리마를 남편에게 데리고 가서는 이렇게 말했다.

"오늘부터 보름 동안 이 여인이 당신의 시중을 들도록 해 주세요. 저는 그동안 부처님과 제자들을 초대해서 공양을 올리고 가르침을 청해 들으려 합니다."

순간 당황했지만 앞에 서 있는 시리마의 아름다움에 이미 푹 빠져 버린 남편은 거절할 이유를 찾지 못했다.

"마음대로 하구려."

웃타라는 부처님과 승가에 공양을 올리고 설법을 들을 수 있다는 생각에 한없이 기뻤다. 사실 이 일은 웃타라의 아버지인 푼나 장자가 생각해 낸 묘안이었다. 원래 푼나는 수마나에게 고용되어 일하던 신분이었다. 하지만 그는 가난함 속에서도 부처님의 가르침을 믿고 승가에 대한 보시를 아까워하지 않았다. 그러던 어느 날 사리풋타에게 공양을 올리게 되었는데, 그 공덕 때문인지 어느 날 갑자기 많은 돈을 얻어 갑부가 되었다. 이를 지켜본 수마나는 느끼는 바가 있어 푼나의 딸을 며느리로 삼고 싶다는 제안을 건넸다. 하지만 수마나는 다른 종교를 믿는 자였다. 푼나는 그런 집에 딸을 보내고 싶지 않았으나 수마나의 간곡한 청과 친지들의 설득에 지고 만다. 결과는 예상대로였다. 수마나의 집으로 들어간 웃타라는 공양은커녕 부처님의 설법을 들을 기회조차 얻을 수 없었다. 어릴 때부터 불법을 접하며 신심을 키웠던 웃타라는 삶의 의욕을 잃었고, 딸에게서 이 소식을 전해 들은 푼나가 생각해 낸 것이 바로 시리마를 그 집으로 들여보내는 것이었다. 사위가 유녀에게 정신이 팔려 있는 동안 웃타라는 자유로울 수 있을 거라는 계산이었다.

이런 속사정을 아는지 모르는지 시리마는 자신의 치마폭에서 헤어날 줄 모르는 한 남자와 함께 즐거운 시간을 보내고 있었다. 그러던 어느 날이었다. 그가 부엌을 들여다보며 빙긋이 웃고 서 있는 것이 아닌가. 그가 자리를 뜨기를 기다린 시리마는 다가가서 부엌 안을 들여다보았다. 그 안에서는 웃타라가 하녀들과 함께 부처님께 올릴 공양 준비를 하느라 법석을 떨고 있었다. 순간 시리마의 가슴에 질투의 불길이 솟구쳐 올랐다.

'부부 사이가 안 좋은 줄 알았더니 그게 아니었던 거야? 저 모습에 그렇게 흐뭇한 미소를 떠올릴 정도라면 애정이 없는 게 아니잖아. 그럼 난 뭐야.'

뭔지 모를 배신감에 주체할 수 없는 분노를 느낀 시리마는 미친 듯 부엌으로 쫓아 들어갔다. 자신이 유녀로 그저 보름 동안 돈을 받고 고용된 몸이라는 사실을 잊은 채 질투의 화신이 된 그녀는 극단적인 행동을 선택한다. 요리를 하기 위해 마련되어 있던 펄펄 끓는 기름을 떠서는 웃타라를 향해 욕설을 퍼부으며 달려들었던 것이다. 웃타라는 놀랐지만 침착하게 말했다.

"나는 당신의 선택 덕분에 부처님께 공양할 기회를 얻었고 또 가르침을 들을 수 있었습니다. 당신은 나의 은인입니다. 만약 내게 당신을 원망하는 마음이 있다면 이 기름이 내게 화상을 입히겠지만, 그렇지 않다면 화상을 입히지 못할 것입니다."

하지만 이미 질투심으로 뒤덮여 버린 시리마의 귀에 웃타라의 자비로운 말은 조롱처럼 들렸다. 더욱더 감정이 격해진 시리마는 조금의 망설임도 없이 웃타라의 얼굴을 향해 기름을 끼얹었다. 하지만 그 순간 기름은 차갑게 식어 버렸고 웃타라에게 아무런 해도 끼치지 못했다. 순식간에 벌어진 일에 멍하니 서 있던 하인들은 서둘러 시리마를 끌어내려 했다. 하지만 오히려 웃타라는 이를 저지하며 그녀를 다독거려 주었다.

흥분이 가라앉은 시리마는 허탈하고 부끄러웠다. 웃타라는 결코 자신이 질투의 대상으로 삼을 여인이 아니었다. 한순간 질투와 분노의 감정을 이기지 못해 자신이 저질렀던 행동을 돌아보며 그녀는 고통스러워했다. 게다가 그런 자신을 비난하기는커녕 따뜻하게 감싸 준 웃타라의 모습은 그녀를 더욱더 혼란스럽게 했다. 이런 저런 생각을 하며 괴로워하던 그녀는 웃타라의 권유로 부처님을 만나기로 결심한다. 모든 것을 알고 계셨던 부처님은 그녀가 찾아오자 '분노는 분노하지 않는 것에 의해 이겨 내야 하며, 악은 선에 의해 이겨 내야 하며, 아까워하는 마음은 보시에 의해 이겨 내야 하며, 거짓은 진실한 말에 의해 이겨 내야 한다'는 취지의 설법을 해 주셨다. 이미 분노를 다스리지 못해 엄청난 죄를 저지를 뻔했던 뼈저린 경험을 갖고 있던 시리마에게 부처님의 설법은 너무나도 절실하게 느껴졌다. 시리마는 그 자리에서 부처님께 귀의했고, 이후 열성적인 신도가 되어 매일 여덟 명의 불제자를 초대해 공양을 올렸다.

아름다운 유녀가 손수 수행승에게 매일 공양을 올린다는 소문은 입에서 입으로 전해졌고, 수행승들 사이에서 그녀의 인기는 날로 높아갔다. 그러던 어느 날이었다. 시리마의 공양을 받은 적이 있는 한 수행승이 다른 지방에 갔다가 그곳에 있는 수행승들에게 자랑삼아 시리마의 이야기를 늘어놓았다.

"라자가하에 시리마라는 유녀가 있는데 그녀는 매일 여덟 명의 수행승에게 손수 공양을 올린답니다. 음식도 훌륭하지만 그보다 더 훌륭한 것은 그녀의 외모지요. 정말 보기 드문 미인이랍니다."

아직 시리마를 본 적이 없던 수행승들은 흥미진진하게 그의 이야기를 들었다. 그런데 이야기를 듣고 있던 수행승들 가운데 한 명은 정말 시리마에게 애타는 연모의 감정을 품게 되었다. 한 번도 만난 적 없는 여인을 가슴에 품고 끙끙대던 그는 드디어 라자가하를 향해 발걸음을 재촉했다. 시리마를 만나기 위해서였다. 시리마가 공양하던 승가에 들어간 그는 순서를 기다렸다. 그리고 드디어 시리마의 공양을 받는 날이 다가왔다.

꿈에도 그리던 시리마를 바로 눈앞에서 보게 된 수행승의 마음은 터질 것만 같았다. 안타깝게도 시리마는 그때 중병에 걸린 상태로 다소 초췌해진 모습이었지만, 아름다움은 여전했다. 수행승은 생각했다.

'중병에 걸렸는데도 이토록 아름다운 걸 보면 예전에는 정말 눈부셨겠구나. 어찌 저리도 고울까?'

공양을 받고 정사로 돌아온 후에도 수행승의 머릿속에서는 시리마의 모습이 떠나질 않았고 그는 결국 상사병으로 드러눕고 말았다. 한편 병마를 이겨내지 못한 시리마는 저세상으로 떠나고 말았다. 시리마의 소식은 승가에도 전해졌다. 그러자 부처님께서는 "시리마의 시체를 화장하지 말고 그대로 묘지로 옮긴 후 짐승들이 입을 대지 못하도록 해 주시오."라며 왕에게 특별히 부탁했다. 왕은 부처님의 당부대로 실행하도록 대신들에게 지시했다.

그렇게 하루, 이틀, 사흘이 지났다. 아름다운 시리마의 육체는 부풀어 오르며 부패해 갔다. 곳곳에서 우글우글 구더기가 기어

나왔고 부패한 시체에서 흘러내리는 액체는 사방으로 지독한 냄새를 풍겼다. 그러자 왕은 부처님의 지시대로 사람들을 불러 모으고 부처님에게도 이 사실을 알렸다. 부처님은 곧 모든 수행승들에게 시리마의 시체가 있는 곳으로 가라고 하셨다. 시리마에 대한 연모의 정을 이겨내지 못하고 몸져누워 있던 수행승은 죽은 시리마라도 한 번 더 보고 싶은 마음에 일어나 그곳으로 갔다. 도시의 사람들과 수행승들이 모이자 부처님은 왕에게 물으셨다.

"왕이시여, 이 여인은 누구입니까?"

"이 여인은 지와카의 여동생 시리마입니다."

그러자 부처님은 그곳에 모인 자들에게 물으셨다.

"천금을 내고 이 여인과 하룻밤을 함께하고 싶은 사람이 있느냐?"

침묵이 흘렀다.

'역한 냄새를 풍기며 썩어 가고 있는 이 시체가 정말 그 아름답던 시리마란 말인가!'

사람들은 할 말을 잃었다. 하룻밤은커녕 잠시 보고 있는 것조차도 고역이었다. 그녀를 연모했던 수행승 역시 당황스럽기는 마찬가지였다. 심하게 마음이 동요했다. 그리고 다음 순간 그는 정신이 들었다.

'영원할 것 같던 아름다움이 죽음 앞에서는 이렇듯 추하게 변하고 마는구나. 도대체 나는 그동안 무엇에 그토록 집착하며 고통스러워했단 말인가?'

무상의 이치를 깨달은 수행승은 부처님을 향해 시선을 옮겼다. 부처님은 조용히 그를 바라보고 계셨다. 그 순간 시리마 역시 얼굴에 미소를 띠지 않았을까. 신심 깊은 웃타라와의 기묘한 인연을 통해 부처님과의 만남을 이루었던 시리마. 이후 여덟 명의 수행승에게 날마다 손수 공양을 올릴 정도로 그녀의 신심은 남다른 것이었다. 아마도 부처님은 그녀의 공덕을 완성시켜 주고 싶으셨던 것이리라. 죽어서까지 자신의 육체를 불살라 수행승들에게 가르침을 줄 수 있었던 시리마. 그 어떤 공덕이 이보다 더 클 수 있겠는가.

이교도 교리의 모순을 적나라하게 지적한
푼니카 Puṇṇikā

> 저급한 가르침을 따르면 안 되고, 나태하게 살아서도 안 된다.
> 잘못된 견해를 따르면 안 되고, 속세에 빠져서도 안 된다.
> - 『담마파다』 167게

    부처님 당시 인도 종교계는 바라문과 사문의 대립 구도였다. 바라문이란 베다를 중심으로 제식祭式 위주의 종교 활동을 하고 있던 기존 세력이었으며, 사문이란 반反바라문이라는 공통된 입장하에 유물론, 회의론, 숙명론, 요소설要素說 등 제각기 다양한 설을 주장하는 자유사상가들이었다. 부처님 역시 사문 종교가 가운데 한 명이었다. 사람들은 바라문교의 전통적인 가르침, 그리고 하루가 멀다 하고 새롭게 등장하는 수많은 주장을 앞에 두고 어떤 것이 진정 자신에게 평안을 안겨 줄 수 있는 가르침인가 고민하며 방황했다.

    부처님을 만난 사람 가운데에도 이교도였다가 불교로 개종한 인물들이 많다. 10대 제자로 꼽히는 사리풋타와 목갈라나, 그리고 캇사파 3형제는 자신들의 제자까지 모두 이끌고 개종한 대표적인 인물들이다. 사리풋타와 목갈라나는 육사외도 가운데 한 명인 산자야 벨라티풋타의 제자였다가 불교로 개종했으며, 캇사파 3형제는 불을 섬기다가 부처님과의 만남을 통해 개종한 인물들이다. 특히 후자는 바라문 출신으로 불에 의한 정화淨化 의례를 중시하던 자들이었는데, 부처님의 가르침을 접한 후 모든 제사 도구를 강에 떠내려 보내고 1,000여 명에 이르는 제자와 함께 불교에 귀의했다. 캇사파 3형제의 귀의 후, 부처님은 이들을 데리고 마가다 국의 라자가하로 들어가 사람들 앞에서 다음과 같이 공언하게 했다고 한다.

"이분이야말로 저의 스승입니다. 저는 이분의 제자입니다."

당시 마가다 국은 정치·문화·경제의 중심지로서 대국의 비호庇護를 바라며 많은 자유사상가들이 모여 생활하고 있는 곳이었다. 당시 이름을 날리며 활동하던 명망 높은 캇사파 3형제의 이 고백이 사람들에게 주었을 영향은 새삼 언급할 필요도 없을 것이다.

한편, 쿠루 국에서 한 바라문의 딸로 태어난 난듯타라는 바라문교의 전통적인 가르침에 따라 목욕, 제화 등을 중시하며 정화의 날들을 보냈다. 그러다 출가하게 되었는데 처음 입문한 것은 자이나교였다. 과거의 악업을 제거하고 새로운 업을 쌓지 않도록 계율을 지키고 혹독한 고행을 실천했다. 그러나 마음의 평안을 얻을 수는 없었다. 다른 자유사상가들의 가르침에 따라 쾌락을 즐기기도 해 보았다. 역시 마찬가지였다. 그러던 어느 날이었다. 당시 유명한 종교가들의 가르침을 다양하게 배워 온 그녀는 자신의 능력을 자만하며 목갈라나에게 신통력 겨루기를 제안한다. 하지만 결과는 그녀의 패배. 이를 계기로 그녀는 부처님을 만나 제자가 된다. 이들 일화를 통해 당시의 격동적인 상황과 그 속에서 출가 수행자들이 겪었을 갈등 등을 짐작해 볼 수 있다.

차라라는 비구니의 일화에서도 당시 수행승들이 많은 이설異說을 앞에 두고 얼마나 마음의 갈등을 느꼈을지 엿볼 수 있다. 마가다 국 나라카 마을에 살던 바라문 여성 루파사리는 1남 3녀의 자식을 키우고 있었다. 그 가운데 가장 위인 아들이 바로 훗날 지혜제일이라 불리는 사리풋타였다. 평소 오빠를 따르며 존경하던 여동생들은 오빠가 따를 정도의 가르침이라면 믿을 수 있다고 판단하며 울며 만류하는 많은 친족들을 뿌리치고 출가했다. 그 가운데 차라는 가장 큰 언니였는데, 어느 날 탁발을 마치고 한 그루 나무 밑에서 휴식을 취하고 있노라니 이런 생각이 들었다.

'도대체 무엇을 하기 위해 삭발했습니까? 당신은 여성 출가자 같은데, 어찌 이교를 선택하지 않고 어리석게도 이런 행行을 실천하고 있는 것입니까?'

이것은 물론 차라의 내면에서 울려 나온 목소리였다. 하루가 멀다 하고 등장하는 새로운 사상과 주장을 접하며 자신이 선택한 이 길이 진정 올바른 길인가, 혹시 더 훌륭한 다른 길이 있는 것은 아닌가, 오고 가며 접한 이교의 학설이 문득문득 뇌리를 스치며 차라의 마음을 뒤흔들고 있는 것이었다. 하지만 이어서 차라는 대답한다.

"다른 종교가들은 잘못된 견해에 의존하고 있습니다. 그들은 진리를 보지도 못하고 신봉하지도 못하고 있습니다. 석가 족에서 필적할 자 없는 부처님이 나타나셨습니다. 그분은 저에게 모든 잘못된 견해를 뛰어넘는 진리의 가르침을 말씀해 주셨습니다. 그분의 말씀을 들은 후 저는 그 가르침을 즐기며 하루하루를 보내고 있습니다. 3종의 명지를 얻었습니다. 부처님의 가르침은 성취되었습니다."

3종의 명지란 자기 자신 혹은 타자가 과거, 현재, 미래에 생을 반복하고 있다는 사실을 알고 그 반복에서 빠져나와 재생하지 않고자 하는 자각을 얻는 것을 말한다. 오로지 부처님이 말씀하신 가르침 속에서만 평안의 길을 발견할 수 있다는 믿음을 재확인하는 차라였다.

이와 같이 다양한 사상 속에서 방황하다 불법과의 만남을 통해 길을 찾아갔던 수행승들과는 달리, 부처님의 가르침을 접한 이후 그 어떤 동요도 없이 다른 종교들이 갖는 교리의 모순을 적나라하게 지적하며 이교도들을 불법으로 인도한 여인이 있으니 바로 푼니카다. 원래 푼니카는 수닷타 장자의 집에서 일하던 노예였다. 수닷타란 코살라 국의 수도 사왓티에 기원정사를 건립해 부처님과 그 제자들에게 보시했던 그 유명한 장자다. 이 수닷타의 집에서 일하던 하녀가 여자아이를 낳았는데 그 아이가 바로 푼니카다. 아버지에 대해서는 이름도 직업도 아무것도 알려진 바가 없다. 푼니카는 자신의 어머니가 해 왔던 대로 날마다 강에 가서 물 길어 오는 일을 했다. 그런 어느 날이었다. 부처님은 수닷타 장자가 세운 기원정사에 머무시며 설법을 하고 계셨다. 푼니카는 오가며 설법을 듣게 되었고, 영특하고 순수한 그녀는 어느 순간부터 진리에 눈떴다. 그리고 이제 더 이상 악업으로 물들지 않는 경지에까지 이르렀다.

　매서운 바람이 몰아치는 추운 겨울날이었다. 그날 아침도 여느 때와 마찬가지로 푼니카는 물을 긷기 위해 강으로 내려갔다. 그런데 그때 차가운 강물 속에서 목욕을 하고 있는 한 바라문의 모습이 그녀의 시선을 사로잡았다. 노예 신분이었던 그녀에게 있어 바라문은 하늘과도 같은 존재. 하지만 아무리 성스러운 바라문일지라도 얼음과도 같은 강물의 차가움이 고통스럽지 않을 리는 없었다. 도대체 저 바라문은 이 추운 겨울 아침에 왜 강물 속에 들어가 있는 것일까? 그녀는 다가가서 조심스럽게 말을 건넸다.

　"제 일은 물을 긷는 것입니다. 그래서 아무리 추울 때라도 항상 물속에 들어가야 합니다. 안 그러면 주인 마나님이 몽둥이를 들거나 혹은 욕을 퍼부을지도 모릅니다. 저는 그것이 두렵습니다. 그런데 바라문께서는 누가 두려워서 차가운 강물에 들어가 있는 것입니까? 손발을 떨고 있는 것을 보니 추위를 느끼고 있는 것이 분명한데 도대체 무엇 때문에 물속에서 그러고 계신지요?"

그러자 바라문은 대답했다.

"늙은 사람이든 젊은 사람이든 악한 행위를 한 자는 목욕을 함으로써 악업에서 벗어날 수 있는 법이니라."

푼니카는 순간 당황했다. 지금껏 자신은 주인 마나님의 꾸중과 체벌이 두려워서 혹독한 추위를 참으며 물을 긷기 위해 강으로 들어갔건만, 이 바라문은 자신이 지은 악업의 과보가 두려워 그 악업을 씻어내기 위해 강에 들어간다고 말하고 있는 것이다. 푼니카는 되물었다.

"그렇다면 개구리나 거북이, 뱀, 악어, 그 외 물속에 사는 다른 모든 생물들은 당연히 천계에 갈 수 있다는 말씀이십니까? 그렇다면 도축屠畜가, 어부, 사냥꾼, 도적, 사형 집행인 등등 악업을 지은 그 어떤 사람도 강물에서 목욕만 한다면 악업에서 벗어날 수 있다는 이야기군요. 만약 이 물살이 당신이 이전에 저지른 악업을 씻어낼 수 있다면 이들은 선업 또한 씻어낼 수 있겠지요. 그리고 당신은 선과 악, 이 양자와는 무관하게 존재하는 사람이 되어버리겠지요."

차가운 강물 속에서 몸을 바들바들 떨며 목욕을 하고 있던 바라문은 푼니카의 말에 순간 온몸이 얼어붙는 것 같았다. 바라문교에서 목욕은 일종의 정화 의례로서 매우 중요한 의미를 지니고 있었다. 자신이 진리라 여기며 날마다 실천하고 있던 행동이 지니는 모순을 한낱 노예에 불과한 여인에게 지적당한 바라문은 어찌할 바를 몰랐다. 너무나도 적확한 그녀의 지적. 결국 바라문은 자신의 잘못된 믿음을 인정할 수밖에 없었다.

"잘못된 길을 걷고 있던 나를 당신은 존중할 만한 길로 인도해 주었습니다. 성스러운 여인이여, 이 목욕옷을 당신에게 드리지요."

바라문은 이제 목욕을 그만 두겠다는 뜻을 보이며 옷을 건넸다. 하지만 푼니카는 사양하며 다시 바라문에게 말했다.

"만약 당신이 진정 괴로움을 두려워하고 괴로움을 혐오한다면, 다른 사람이 알든 모르든 절대 악행을 해서는 안 됩니다. 그리고 만약 당신이 앞으로 혹은 지금이라도 악행을 한다면 당신은 영원히 괴로움에서 벗어날 수 없습니다. 불법승 삼보에 귀의하십시오. 그리고 모든 계율을 받아 지키십시오. 그러면 당신에게 이익이 있을 것입니다."

이를 들은 바라문은 삼보에 귀의할 것을 맹세했다.

"일찍이 저는 범천의 친족이었습니다. 이제 저는 참된 바라문이며 세 가지 명지를 갖춘 참된 목욕자이며, 학식 풍부한 참된 베다학자입니다."

정淨과 부정不淨의 관념을 중시하는 바라문교에서는 부정을 정화하는 행위로 목욕을 중시하지만, 진정한 청정의 세계는 목욕이 아닌 올바른 심신의 행行이 일구어 낼 수 있음을 일깨워 주고 있다. 그 후 푼니카가 99개의 병을 물로 가득 채웠을 때, 수닷타 장자는 그녀의 출가를 허락했고 머지않아 그녀는 깨달음을 얻었다고 한다. 사성 계급 제도에서 가장 하위인 수드라, 즉 노예 계급이었지만, 강물을 길어 물병을 채우듯 부처님의 가르침으로 지혜롭게 내면을 채워 간 푼니카였다.

부처님과의 만남이 누구보다 아쉬운 여자
마간디야 Māgandiyā

> '그것은 내게 오지 않을 것이다'라며 악행을 가벼이 여기지 말라.
> 한 방울씩 떨어지는 물로도 항아리는 가득 찬다.
> 어리석은 자는 조금씩 악을 쌓으면서 악으로 가득 차게 된다.
> - 『담마파다』 121게

부처님과의 만남은 많은 사람들에게 마음의 평안과 삶의 위안을 안겨 주었지만, 때로는 그 소중한 만남 속에서 미처 진리를 발견하지 못한 채 탐진치의 우리 속에 자신을 가두고 고통의 시간을 보낸 안타까운 사례도 있었다. 대표적인 예가 바로 마간디야다. 마간디야는 쿠루 국의 한 바라문의 딸이었다. 빛나는 외모로 인해 어릴 적부터 사람들의 찬사와 부러움을 한몸에 받으며 자란 탓일까. 성품이 오만방자하기 이를 데 없었다. 결혼 적령기가 된 아름다운 그녀를 차지하기 위해 인도 곳곳에서 내로라하는 집안의 청년들이 몰려들었지만, 그 누구도 그녀의 마음을 사로잡지는 못했다. 마간디야의 아버지 역시 딸과 어울릴 만한 멋진 사위를 찾기 위해 혈안이었다. 그러던 어느 날이었다.

마간디야의 아버지는 우연히 마을에서 탁발을 하고 있던 한 수행자를 발견했다. 빛나는 외모에 위엄 있는 모습⋯⋯. 바로 부처님이었다.

부처님이 자신의 사위로 손색이 없다고 생각한 바라문은 아름답게 장식한 마간디야를 데리고 부처님을 찾아가 자신의 딸과 결혼해 달라고 요청했다. 그러자 부처님은 이렇게 대답하셨다.

"내가 출가해서 수행할 때 악마 마라는 내 수행을 방해하려고 계속 따라다녔다. 내가 네란자라 강가의 보리수 밑에서 깨달음을 얻자 그는 절세미인인 세 명의 딸을 보내 나를 유혹하려 했지만, 내게는 그녀들과 음욕姪欲을 행하고 싶다는 손톱만큼의 욕망도 일어나지 않았다. 아무리 아름다운 외모의 소유자라 해도 결국 똥오줌으로 가득 차 있는 육체⋯⋯. 도대체 이 여인이 무엇이란 말인가. 나는 그녀의 몸에 손가락 하나 대고 싶은 욕망이 없구나."

부처님의 대답을 들은 마간디야는 엄청난 수치심을 느끼며 분노했다. 모든 사람들이 우러러보며 부러워했던 자신을 '분뇨로 가득 찬 손도 대고 싶지 않은 여자'로 몰아 버린 이 자를 도대체 어떻게 응징하면 좋을까. 그녀는 부들부들 떨며 언젠가 반드시 이 수모를 혹독하게 되갚아 주리라 다짐했다.

한편, 이때 부처님의 말씀을 듣고 감동한 마간디야의 아버지는 그길로 출가해 버렸다. 그녀는 숙부에게 맡겨졌는데, 훗날 그 아름다운 미모에 반한 우데나 왕이 데려다 왕비로 삼았다. 우데나는 당시 인도의 5대 국왕 가운데 한 명으로 꼽히던 왕으로, 갠지스 강과 야무나 강을 양쪽으로 끼고 위치한 왐사 국의 수도 코삼비를 통치하고 있었다. 왕에게는 이미 사마와티라는 어질고 현명한 왕비가 있었다. 사마와티는 코삼비 원을 지어 부처님과 승가에 보시했던 바로 그 유명한 고시타 장자의 양녀다. 그녀의 아버지는 밧다와티의 대부호 밧다와티야로 고시타 장자와는 친구였다.

밧다와티에 전염병이 돌자 친구 고시타에게 의지하고자 가족 모두 코삼비로 피난을 떠났지만, 도중에 밧다와티야와 아내는 죽고 우여곡절 끝에 사마와티만 고시타가 마련한 급식소에 이르렀다. 당장 고시타를 만날 수 없었던 사마와티는 며칠 동안 음식을 얻어먹으며 때를 기다리고 있었는데, 보고 있자니 입구도 출구도 없는 급식소에 많은 사람들이 몰려 그야말로 아수라장을 이루고 있었다. 사마와티는 급식소의 관리자에게 칸막이를 세워 입구와 출구를 구분할 것을 제안했고 이로 인해 사람들은 질서정연하게 움직일 수 있게 되었다. 관리인에게서 이 상황을 보고받은 고시타는 그녀를 눈여겨보았고, 그녀가 다름 아닌 자신의 친구 밧다와티야의 딸이라는 것을 알게 된다. 그리하여 그녀는 고시타의 양녀가 되었다. 우데나 왕은 우연히 목욕하러 강으로 향하는 사마와티의 모습을 보고 첫눈에 빠져 왕비로 삼았다고 한다.

한편, 왕비가 된 마간디야의 욕망은 끝을 모르고 치달렸다. 타고난 미모와 가문, 게다가 한 나라 왕의 사랑을 얻어 왕비 자리에까지 오른 그녀지만, 오만한 성격과 불같은 질투심은 그녀를 평온하게 두지 않았다. 특히 사마와티는 눈엣가시 같은 존재였다. 하루 빨리 사마와티를 없애고 자신이 제1왕비로 등극할 날만을 꿈꾸며 욕망을 불태웠다. 하지만 현명하고도 자비로운 언행으로 왕을 비롯한 주변 사람들의 사랑과 신뢰를 듬뿍 받고 있던 사마와티를 몰아내기란 생각만큼 쉽지 않았다. 그러던 어느 날, 마간디야는 사마와티를 궁지에 몰아넣을 트집거리를 찾아냈다.

사마와티에게는 쿳줏타라라는 시녀가 있었다. 태어나면서부터 곱추였기 때문에 '쿳자(곱추) 웃타라'라 불렸다. 우데나 왕은 항상 쿳줏타라에게 여덟 개의 동전을 주며 꽃을 사서 사마와티에게 전해 주도록 했다. 사랑하는 사마와티에 대한 왕의 배려였다. 그런데 어느 날 쿳줏타라는 평소 가지고 오던 꽃보다 배나 되는 양의 꽃을 들고 와서 사마와티에게 주었다. 사마와티가 그 연유를 묻자 그녀는 이렇게 대답했다.

"왕이 준 여덟 개의 동전 가운데 항상 네 개만 꽃을 사는 데 쓰고 나머지는 제가 가지곤 했습니다. 그런데 오늘 꽃을 사러 수마나의 집으로 갔더니 부처님께서 설법을 하고 계셨습니다. 부처님의 말씀이 얼마나 감동적이던지……."

쿳줏타라는 부처님께서 악행을 멈추고 모든 사람에게 항상 자비를 베풀라고 하셨다며, 그 말씀에 지금까지의 자신의 악행을 깊이 반성하며 오늘은 여덟 개 동전만큼 전부 꽃을 사 왔다고 했다. 이미 고시타 장자의 영향으로 불교에 귀의하고 있었으나 왕궁에 들어온 후 좀처럼 부처님의 법을 들을 기회가 없어 아쉬워하던 차에 사마와티는 그녀에게 부탁했다.

"앞으로 다른 일은 하지 말고, 너는 그저 부처님을 찾아가 설법을 듣고 잘 기억해서 내게 말해 주렴."

그날 이후 쿳줏타라는 열심히 부처님의 법을 사마와티와 궁녀들에게 전하는 역할을 했고, 덕분에 쿳줏타라는 훗날 부처님에게 '박식博識제일'이라는 평가를 받았다고 한다.

또한 사마와티가 부처님을 뵙고 싶다고 하자 쿳줏타라는 궁전의 담에 구멍을 뚫어 지나가는 부처님을 보게 해 주기도 했다. 그런데 이 모든 행동들은 마간디야가 궁중 곳곳에 풀어놓은 첩자들에 의해 그녀에게 보고되고 있었다. 드디어 때는 왔다. 사마와티가 열심히 법을 전해 듣는 사람이 다름 아닌 부처님이라는 사실을 알게 된 그녀는 예전의 그 지옥스러운 기억을 떠올렸다. 증오의 대상인 두 사람을 동시에 없애 버릴 수 있는 절호의 기회라 여긴 마간디야는 우데나 왕에게 거짓을 고했다.

"사마와티는 은밀히 시녀 웃타라를 부처님이 계신 곳으로 보내곤 합니다. 두 사람이 정을 통하고 있는 것이 분명합니다. 게다가 벽에다 구멍을 뚫어 놓고는 부처님이 지나가실 때마다 그 구멍으로 목이 빠져라 내다보고 있습니다."

하지만 항상 정숙하고 반듯한 사마와티였기에 왕은 그녀를 찾아 자초지종을 듣고 더 이상 문제 삼지 않았다.

그러나 마간디야의 끊임없는 계략에 우데나 왕도 순간 이성을 잃게 되는 사건이 발생했다. 어느 축제의 날, 궁중의 여인 500명이 모두 모였으나 사마와티의 모습은 보이지 않았다. 그러자 마간디야는 "사마와티도 참석하라고 하세요."라며 왕을 부추겼다. 거듭 세 번에 걸친 부름에도 사마와티가 응하지 않자, 왕은 대노하며 사람을 시켜 그녀를 끌어냈다. 그리고 기둥에 묶어 세워둔 채 그녀를 향해 활시위를 당겼다. 사마와티는 영문을 몰라 당황했지만 결코 두려워하지 않았다. 왕은 직접 활시위를 당겼으나 화살은 도리어 왕을 향해 되돌아와 그 앞에 떨어졌다. 활을 다시 쏘아도 화살은 다시 왕을 향해 날아왔다. 두려움을 느낀 왕은 그녀에게 물었다.

"도대체 무엇이 너를 지켜 주는 것이냐?"

"저는 그저 여래를 의지하고, 삼보에 귀의해, 팔재계八齋戒(재가 신도의 계율)를 실천하고 있을 뿐입니다. 화살을 맞지 않는 것은 부처님께서 보살펴 주시기 때문이겠지요."

이 말을 들은 우데나 왕은 분노와 두려움을 거두고, 그녀에게 편안히 정사를 방문해 부처님의 법을 듣도록 허락했다. 그리고

자신도 이 사건을 계기로 불교에 귀의했다고 한다.

마간디야는 분해서 견딜 수가 없었다. 갖가지 욕망으로 가득 찬 마간디야의 혼탁한 마음을 들여다본 우데나 왕은 이제 더 이상 그녀에게 애틋한 눈길을 보내지 않았다. 왕의 총애마저 잃어버린 그녀는 이성을 잃었다. 어느 날 왕이 적국敵國에 병난兵難이 일어나 스스로 출정했다는 소식을 들은 그녀는 숙부와 공모해 사마와티와 시녀들을 모두 한 방에 가두고 불에 태워 죽이는 만행을 저질렀다. 결국 이 음모는 발각되었고, 대노한 우데나 왕은 마간디야의 숙부는 외국으로 추방하고 마간디야는 땅속 굴에 유폐시켰다고 한다. 또 다른 전승에 의하면, 숙부와 하인들은 불에 태워 죽이고, 마간디야는 살을 도려내 펄펄 끓인 기름에 튀겨 그녀 스스로 먹게 한 뒤 마지막에는 기름에 조렸다고도 한다. 사마와티를 잃은 슬픔과 천인공노天人共怒할 악행을 저지른 마간디야에 대한 왕의 분노가 얼마나 큰 것이었는지를 엿볼 수 있는 내용이다.

부처님이 던진 말 속에서 진리를 발견했다면 그녀 자신도, 그리고 그녀와 얽힌 주변 사람들도 이렇게 고통스러운 최후를 맞이하지는 않았으련만……. 아무리 아름다운 육체라 한들 결코 의지할 만한 것은 못 된다고 하는 이 평범한 진리를 자기애自己愛가 너무 강했던 그녀는 받아들일 수 없었던 것일까. 그녀의 마음을 뒤덮은 탐진치의 어둡고도 깊은 번뇌는 결국 그녀를 돌이킬 수 없는 자멸의 길로 몰아넣었다. 부처님과의 만남이 그 누구보다 아쉽게 끝난 그녀다.